डॉ. विद्या विन्दु सिंह

डॉ. विद्या विन्दु सिंह का जन्म 2 जुलाई, 1945 को ग्राम जैतपुर, सोनावाँ, फैजाबाद, उत्तर प्रदेश में हुआ। उन्होंने आगरा विश्वविद्यालय से एम.ए. (हिन्दी भाषाविज्ञान), काशी हिन्दू विश्वविद्यालय से पी-एच.डी., गोरखपुर विश्वविद्यालय से बी.एड. और आगरा विश्वविद्यालय से डी.लिट. की उपाधि प्राप्त की।

उपन्यास, कहानी, कविता, लोक साहित्य आदि विधाओं में उनकी 96 पुस्तकें प्रकाशित हैं। उन्होंने कई पुस्तकों और पत्रिकाओं का सम्पादन भी किया है। उनके कविता-संग्रह 'सच के पाँव' का नेपाली, जापानी, अंग्रेजी समेत विभिन्न भारतीय भाषाओं में अनुवाद हो चुका है। आकाशवाणी, दूरदर्शन के विभिन्न केन्द्रों से निरन्तर प्रसारण तथा देश-विदेश की संस्थाओं, विश्वविद्यालयों से सम्बद्ध रहीं। भारत के नियंत्रक-महालेखा परीक्षक कार्यालय की संयुक्त हिन्दी सलाहकार समिति के लिए राजभाषा विभाग द्वारा नामित सदस्य। उत्तर प्रदेश हिन्दी संस्थान, लखनऊ से संयुक्त निदेशक पद से सेवानिवृत्त हुईं।

उन्हें मार्च 2022 में 'पद्मश्री' से विभूषित किया गया। 'सच के पाँव' (कविता-संग्रह) के लिए साहित्य अकादेमी से पुरस्कृत हुईं। इसके अतिरिक्त देश-विदेश की 156 से अधिक संस्थाओं द्वारा उन्हें सम्मान एवं पुरस्कार मिले हैं।

सम्प्रति : कृष्णप्रताप विद्या विन्दु लोकहित न्यास की संस्थापक अध्यक्ष तथा साहित्य और समाज सेवा।

ई-मेल : 45srivatsa@gmail.com

अवध के प्रमुख व्रत-पर्व-त्योहार एवं रीति-रिवाज

डॉ. विद्या विन्दु सिंह
(पद्मश्री)

लोकभारती पेपरबैक्स

लोकभारती पेपरबैक्स में
पहला संस्करण : 2024

लोकभारती पेपरबैक्स : उत्कृष्ट साहित्य के लोकप्रिय संस्करण

लोकभारती प्रकाशन
पहली मंजिल, दरबारी बिल्डिंग, महात्मा गांधी मार्ग
प्रयागराज-211 001
द्वारा प्रकाशित
शाखाएँ : 1-बी, नेताजी सुभाष मार्ग, दरियागंज, नई दिल्ली-110 002
अशोक राजपथ, साइंस कॉलेज के सामने, पटना-800 006
1, अनमोल सोराबजी सन्तुक लेन, धोबी तलाव, मरीन लाइंस, मुम्बई-400 002
वेबसाइट : www.lokbhartiprakashan.com
ई-मेल : info@lokbhartiprakashan.com

बी.के. ऑफसेट
नवीन शाहदरा, दिल्ली-110 032
द्वारा मुद्रित

मूल्य : ₹399

AWADH KE PRAMUKH VRAT-PARVA-TYOHAR
EVAM RITI-RIVAJ
by Dr. Vidya Vindu Singh

ISBN : 978-81-19133-08-6

साश्रु नमन

प्रातः स्मरणीय डॉ. योगेन्द्र प्रताप सिंह

श्रीराम की अवध की संस्कृति के ध्वजवाहक
अयोध्या शोध संस्थान, संस्कृति विभाग
उ.प्र. के पूर्व निदेशक

आपकी प्रेरणा ने जाने कितनी कृतियों का सृजन कराया।
श्रीराम के साकेत-धाम पहुँचकर आप हम सबकी
स्मृतियों में अमर हो गए।

क्रम

बदलते परिवेश में व्रत-पर्व-त्योहारों और रीति-रिवाजों की प्रासंगिकता 11

चैत्र महीने के मुख्य व्रत-पर्व-त्योहार **19**

होली 21
खलमास (खरमास) 24
श्री झूलेलाल जयन्ती-चैती चाँद 26
शीतला सप्तमी एवं बसौरे की अष्टमी 28
पापमोचिनी एकादशी 32
अरुन्धती व्रत 34
वासन्ती नवरात्र 35
गणगौर 37
राम नवमी 40
कामदा एकादशी 43
काम महोत्सव 45
हनुमान जयन्ती 47
महावीर जयन्ती 49

वैशाख महीने के मुख्य व्रत-पर्व-त्योहार **51**

आस-माई की दूज 53
अक्षय तृतीया 58
गंगा सप्तमी 63
जगन्नाथ जी का सोमवार 64
नृसिंह चतुर्दशी 71
बुद्ध जयन्ती / बुद्ध पूर्णिमा 73
सत्तू संक्रान्ति / मेष संक्रान्ति 75

ज्येष्ठ महीने के मुख्य व्रत-पर्व-त्योहार **77**

महावीर जी का मेला (बड़ा मंगल) 79
वट-सावित्री व्रत / बरगदाही / बरमावस 80

गंगा दशहरा 82
भीमसेनी निर्जला एकादशी 84

आषाढ़ महीने के मुख्य व्रत-पर्व-त्योहार 85

रथ-यात्रा 87
देवशयनी एकादशी 89
गुरु पूर्णिमा / आषाढ़ पूर्णिमा / व्यास पूर्णिमा 91

श्रावण महीने के मुख्य व्रत-पर्व-त्योहार 93

नागपंचमी 95
रक्षाबन्धन 98

भाद्रपद महीने के मुख्य व्रत-पर्व-त्योहार 101

बहुरा चौथ 103
बलराम जयन्ती / हल षष्ठी (हरछठ, ललही छठ) 105
श्रीकृष्ण जन्माष्टमी 107
हरितालिका तीज व्रत 108
कलंकी चौथ / गणेशोत्सव 110
बड़ा इतवार (रविवार) व्रत 112
अनन्त चतुर्दशी 113

आश्विन महीने के मुख्य व्रत-पर्व-त्योहार 115

पितृ-पक्ष 117
जीवित्पुत्रिका / जिउतिया 118
शरद पूर्णिमा 120

कार्तिक महीने के मुख्य व्रत-पर्व-त्योहार 121

करवा चौथ 123
श्रीकच्छपावतार 126
धनतेरस (धन्वन्तरि जयन्ती) 127
नरक चतुर्दशी 130
दीपावली 132
अन्नकूट / गोवर्द्धन पूजा / चित्रगुप्त पूजा 135
चिरैया गौर 140
यम द्वितीया / भैयादूज 141
सूर्यषष्ठी / डाला छठ 144

सन्तान सप्तमी 146
गोपाष्टमी 147
अक्षय नवमी / आँवला नवमी 148
देवोत्थान एकादशी 152
कार्तिक पूर्णिमा / तुलसी विवाह 155
भीष्म-पंचक 156

अगहन (अग्रहायण) महीने के मुख्य व्रत-पर्व-त्योहार 157

गणेश चतुर्थी 159
नवान्न पर्व 160
वैतरणी व्रत 161
सीताराम विवाह पंचमी 162
अगहन पूर्णिमा- दत्तात्रेय जयन्ती 163
नरक पूर्णिमा 166

पौष महीने के मुख्य व्रत-पर्व-त्योहार 167

पुत्रदा एकादशी 169
सुरूपा द्वादशी 170
पौष पूर्णिमा 171

माघ महीने के मुख्य व्रत-पर्व-त्योहार 173

गणेश चतुर्थी / संकट चौथ 175
षटतिला एकादशी 179
मौनी अमावस्या 181
मकर संक्रान्ति 182
गौरी चतुर्थी 184
वसन्त पंचमी—सरस्वती पूजा 185
शीतला छठ 186
अचला सप्तमी/नर्मदा सप्तमी 187
भीष्म अष्टमी 188
जया एकादशी 189
वाराह द्वादशी / भीष्म द्वादशी 190
माघी पूर्णिमा 191
रविदास जयन्ती 192

फाल्गुन महीने के मुख्य व्रत-पर्व-त्योहार 193

गणेश चतुर्थी 195

जानकी अष्टमी 196
विजया एकादशी 197
महाशिवरात्रि 198
फुलेरा दूज 200
कामदा सप्तमी 201
आनन्दा नवमी 202
आमलकी एकादशी / रंगभरनी एकादशी 203
अशोक पूर्णिमा 204
महाप्रभु चैतन्य जयन्ती 205
होलिका दहन 206

कुछ अन्य लोकपर्व-व्रत-पूजन 207

औसान माई का पूजन (दुरदुरिया) 209
संकटा माई का पूजन 212
वैभव लक्ष्मी 215
सम्पदा देवी की पूजा 217
सन्तोषी माता का व्रत 220
चातुर्मास व्रत 226
दशाफल व्रत 227
पुरुषोत्तम मास / मलमास / अधिक मास 228
प्रदोष व्रत 229
श्रीसत्यनारायण व्रत 230
सातों वारों के व्रत (रविवार से शनिवार तक) 234
सूर्य ग्रहण / चन्द्र-ग्रहण / स्नान-दान 246
सोमवती अमावस्या 247
कुम्भ / अर्द्धकुम्भ / महाकुम्भ 249

अन्य सम्प्रदायों के व्रत-पर्व-त्योहार 251

मुस्लिम सम्प्रदाय के व्रत-त्योहार 253
पारसी समुदाय का उत्सव 256
ईसाइयों के मुख्य पर्व-त्योहार 258
कुछ प्रमुख रीति-रिवाज एवं प्रथाएँ 261

आभार 271

बदलते परिवेश में व्रत-पर्व-त्योहारों और रीति-रिवाजों की प्रासंगिकता

संस्कृति का मुख्य लक्ष्य है अपनी राष्ट्रीय अस्मिता की पहचान कराना। देश की पहचान से ही देशवासियों की पहचान होती है। भारत की विशाल समृद्ध संस्कृति के कारण ही भारत की व भारतवासियों की विशिष्ट पहचान रही है। आज भूमंडलीकरण के कारण हम बहुत तीव्रगति से अपने देश की **और** अपनी पहचान खोते जा रहे हैं। हम आधुनिकता के नाम पर अपनी संस्कृति से विमुख होते जा रहे हैं। आज सबसे अधिक आवश्यकता है उस सेतु की जो नये से पुराने को जोड़े। जो यह अनुभव कराए कि आधुनिकता केवल अन्धी दौड़ नहीं है, आधुनिकता है अपने विवेक का सही उपयोग। जीवन-व्यवहार का ढंग सिखाती है संस्कृति। यह संस्कृति जीवन की सरस अभिव्यक्ति के तमाम उपाय भी सुझाती है।

भारत की लोक-संस्कृति चिर पुरातन है। उसकी अक्षय धारा चिर प्रवाहित रही है। मानव-मन सौन्दर्य का चितेरा है। अपनी भावनाओं की अभिव्यक्ति वह वाणी से तो करता ही रहा है रेखाओं और रंगों के माध्यम से भी वह अपनी अभिव्यक्ति आदिकाल से करता रहा। यह परम्परा इसलिए अक्षय रही कि इसमें लोक-मानस की सहज अभिव्यक्ति होती रही और लोकचित्रों का भाव सदैव लोकमंगल से जुड़ा रहा। इस लोकमंगल के भाव से जुड़े होने के कारण ही सभी संस्कारों, अनुष्ठानों, व्रत, पर्व, त्योहारों पर लोकचित्र उरेहे जाते रहे हैं। लोक-कलाएँ पूरे भारत में रची जाती रही हैं। उनके विविध नाम और रूप हैं किन्तु भारत के हर क्षेत्र की लोक-कलाओं में भारतीय संस्कृति के मूल भाव को व्यक्त करनेवाले कुछ सार्वभौम तत्त्व ऐसे हैं जो भारतीय संस्कृति की एकरूपता और उसके विश्व मंगलभाव को स्पष्ट करते हैं।

लोक-कलाओं में मानव की सहज संवेदना के दर्शन होते हैं। उसकी आत्मीयता, उसकी सामाजिकता या समूह भावना द्योतित होती है। यह कला तमाम विसंगतियों के बीच भी सामाजिक सन्दर्भों से मनुष्य को जोड़ती है। उसे प्राचीन सन्दर्भों और इतिहास की स्मृति बनाए रखने में योगदान करती है। व्यक्ति को यह स्मरण दिलाती रहती है कि वह केवल व्यक्ति नहीं है बल्कि समस्त सृष्टि का एक अंश है और पूरे परिवेश से जुड़ा हुआ है। समूचे परिवेश से जुड़कर ही उसके व्यक्तित्व की सार्थकता है, पूर्णता इस जुड़ाव से ही उसका व्यक्तित्व निखार पाएगा, यह विश्वास लोक-परम्पराएँ जगाती हैं।

लोक-जीवन की समरसता ही आज के संस्कार विच्छिन्न होते जा रहे समाज को जोड़ने में सक्षम है। क्योंकि यह भारतीय दर्शन अध्यात्म चिन्तन, धर्म, नीति और पूरे विश्व में एक सत्ता का आभास करानेवाली संस्कृति का विश्वास जगाती है।

आज विश्व का सबसे बड़ा संकट है अपनी सांस्कृतिक विरासत से निरन्तर कटते जा रहे समाज की संवेदनशून्यता। इस सांस्कृतिक संकट की चर्चा तो बहुत होती है पर उससे उबरने का सकारात्मक उपाय नहीं सुझाया जाता। यह सकारात्मक उपाय है अपनी लोक-संस्कृति से जुड़ना, लोक-संस्कृति से जुड़ने का अर्थ है अपनी जड़ों से जुड़ना और यह अनुभव करना कि भारतीय संस्कृति की जड़ें कितनी गहरी हैं और भीतर-ही-भीतर परस्पर जुड़ी हैं, विभिन्न क्षेत्रों की विविध संस्कृति की विभिन्न रंगते हैं, अभिव्यक्ति की विविध विधाएँ हैं। ये हमें आश्वस्त करती हैं कि हमें खंड-खंड बाँटने की हर कोशिश व्यर्थ होगी क्योंकि हम भावना के स्तर पर एक हैं।

लोक-रीतियाँ मानव सभ्यता के विकासक्रम का जीवन्त दस्तावेज हैं। इनका महत्त्व मानव-जीवन में इसलिए सर्वाधिक है कि यह सामाजिक सन्दर्भों से जोड़ती है। वे मानव-मन की गहन संवेदनाओं से सम्पृक्त होती हैं। विभिन्न संस्कृतियों के गहन चिन्तन की सहज अभिव्यक्ति होती हैं लोक-कलाएँ। इनकी अभिव्यक्ति का आधार ही करुणा और स्नेह तथा मंगलभाव होता है। किसी भी देश की लोक-कला उसके चिन्तन-दर्शन और साहित्य का सारतत्त्व होती है। यह ऐसी सांस्कृतिक विरासत है जो कल्पबेल की तरह जीवन की निरन्तरता का सन्देश देती है।

वर्तमान युग में लोक-संस्कृति की प्रासंगिकता का प्रश्न लोग उठाने लगे हैं। वे नहीं जानते हैं कि यह प्रश्न ही अस्वाभाविक है। क्योंकि लोक-कलाएँ एवं व्रत-पर्व-त्योहार तथा रीति-रिवाज हमारी आदिम संस्कृति की निरन्तरता का प्रमाण हैं। प्रासंगिकता एक नया नारा है। लोक-संस्कृति बिना किसी बहस या परिचर्चा के निरन्तर अपनी अभिव्यक्ति करती रही है।

प्रासंगिकता के साथ ही प्रतिबद्धता का प्रश्न भी उठने लगा है। इस सम्बन्ध में भी निःसंकोच कहा जा सकता है कि लोक-संस्कृति बिना कोई शब्द दिये निरन्तर जीवन से प्रतिबद्ध रही है। उसकी प्रतिबद्धता सम्पूर्ण सृष्टि के लिए होती है, जीवन-मूल्यों के प्रति, मानवता के प्रति और सबके लिए शिव भाव के प्रति होती है। यह प्रतिबद्धता का ढिंढोरा नहीं पीटती, इसकी प्रतिबद्धता दिखाई भी नहीं देती, बस जीवन के अनुभव में उतरती है। इससे जुड़ा हुआ व्यक्ति अपनी इकाई की अलग पहचान देने को उत्सुक नहीं लगता, बल्कि स्वयं को समष्टि के अंग के रूप में अनुभव करता है। लोक-संस्कृति जीवन का अंग होती है, जीवन को बाहर से ही नहीं देखती बल्कि जीवन से ओतप्रोत होती है।

आज जब जीवन से कलाओं की एकात्मकता और जुड़ाव ही लुप्त होता जा रहा है तब आज के तथाकथित प्रासंगिकता और प्रतिबद्धता के पैमाने पर भी लोक-कलाएँ पूरी तरह अनुकूल सिद्ध हो रही हैं, यह मानना भी आज की अनिवार्य आवश्यकता है।

आज इनकी प्रासंगिकता और प्रतिबद्धता इसलिए भी स्वीकार करनी है कि इनसे दूर होकर हम संस्कारविहीन होते जा रहे हैं। हम यह भूल रहे हैं कि संस्कृति नकल से नहीं आती, अनुवाद से नहीं आती, संस्कृति अनुभव की पुनरावृति से आती है। समय के अनुरूप विकास और परिवर्तन की दिशाएँ जब ओढ़ी हुई होती हैं तब वे जीवन को सही दिशा नहीं देतीं, किन्तु जब जीवन के अनुभव से आवश्यकताओं के बीच से होकर परिवर्तन होता है तब वह हर युग में स्वागत योग्य होता है। लोक-संस्कृति हमारे आचरण को सँभालते रहने का कार्य करती रहती है। इसी के माध्यम से हम अपने वेद, पुराण, उपनिषद और शास्त्र जीते रहे हैं।

किसी प्रसिद्ध पाश्चात्य समाजशास्त्री का कथन है कि लोक में जितना समाज है वह परस्पर सम्बद्ध भाव से कार्य करता है। भारत में एक ओर

विभिन्न जातियाँ हैं दूसरी ओर यह सम्बद्धता है कि पूरे समुदाय के प्रति हर व्यक्ति का दायित्वबोध हो। इसलिए हर युग में इनकी प्रासंगिकता रहती है और आगे भी रहेगी।

आज उपभोक्तावाद के अन्धाधुन्ध प्रसार के कारण अपसंस्कृति का प्रभाव निरन्तर बढ़ता चला जा रहा है। इस संकट से बचने के लिए हमें अपनी परम्पराओं से जुड़ने की अनिवार्य आवश्यकता का अनुभव होने लगा है।

लोक-संस्कृति में परस्पर सम्बद्धता की व्यापक अनुभूति होती है। स्थानीय रंगों की अलग-अलग छटाएँ भावना और अभिव्यक्ति के स्तर पर अभिन्न दिखाई देती है। लोक-संस्कृति की कलात्मक सम्पत्ति देखने पर व्यापकता की थाह मिलती है और भारत की अखंड संस्कृति का विश्वास होता है। लोक-कला और लोक-साहित्य में समाज की जो अवधारणा है उसमें वह केवल आदमियों का समूह नहीं, आदमी-आदमी के बीच के रिश्तों का जुड़ाव है। वह केवल समाज का प्रतिबिम्ब नहीं है, सनातन सम्बन्धों की तलाश है। समाज के ठहराव को गति देने का प्रयास है और जड़ मान्यताओं के परिवर्तन का संकल्प भी है।

यह सामाजिक विरासत परस्पर प्रतिबद्धता, सम्बद्धता और सहकार की ओर नई पीढ़ी को अग्रसर करती है। सामूहिक मन की अवधारणा इन लोक-कलाओं और लोक-साहित्य के माध्यम से आकार ग्रहण करती है। व्यष्टि का आनन्द, समष्टि का आनन्द बनकर विराट रूप धारण कर पूरे समाज का आनन्द बन जाता है।

इस पुस्तक में उन्हीं व्रत-पर्व-त्योहारों के बारे में संक्षेप में जानकारी दी गई है जो अवध क्षेत्र में कुछ कम, कुछ अधिक प्रचलित हैं। वैसे तो व्रत-त्योहारों की श्रृंखला असंख्य है। अवध में कहावत है, "सात वार नौ त्योहार' अर्थ है सप्ताह में प्रति दिन से भी अधिक व्रत-पर्व-त्योहार मनाए जाते हैं। धीरे-धीरे इनकी संख्या घटती जा रही है और ऐसा भी लग रहा है कि हमारी भावी पीढ़ियाँ इनका नाम भी भूल जाएँगी। ऐसी स्थिति में व्रत-पर्व-त्योहारों और रीति-रिवाजों के महत्त्व को उजागर करते हुए समाज को उससे जोड़े रखना आवश्यक लगता है। क्योंकि ये व्रत-पर्व-त्योहार हमें मानव संस्कृति के आदिम युग से लेकर आज तक की यात्रा की कथा सुनाते हैं।

इनमें हमारे इतिहास, पुराण, लोक-जीवन की अदृश्य झाँकियाँ हैं तो इनसे जुड़ी लोक-कलाओं में इनके अभिप्राय मुखर हुए हैं। इनकी समृद्ध वाचिक परम्परा के प्रवाह में जो परिवर्तन आए हैं उनसे भी परिचित कराने का अवसर मिल सकता है। व्रत कथाओं का यद्यपि संकलन कार्य कुछ सीमा तक हुआ है किन्तु मूल के साथ इनके अलग-अलग पाठों का भी संकलन होना चाहिए। कथा कहने की जो विशिष्ट शैली थी वह भी अब लुप्त हो रही है। मूल भाषा में कथक्कड़ के मुख से पूरी भाव-भंगिमा के साथ कथा सुनने का जो आनन्द था, हुंकारी भरकर श्रोता की जागरूकता का प्रमाण देने की जो अनिवार्यता थी वह अब समाप्त हो गई है। यह तो जीवन में प्रवाहित चेतना है जो हमें हमारी पहचान बताती है, जो हमें हमारे कर्तव्य की याद दिलाती है और हमारे भीतर के शिव को निरन्तर जगाती रहती है। इसलिए इस लोक-सम्पदा का संकलन सर्वेक्षण और आज के युग के अनुरूप प्रासंगिक समीक्षाएँ अनिवार्य आवश्यकता हैं इस दिशा में अभी बहुत कार्य शेष है जिसे पूरा करने का दायित्व हम सभी का है।

लोक-साहित्य परम्परा की विरासत या धरोहर तो है किन्तु वह आवश्यकतानुसार परिवर्तन भी ग्रहण करता रहता है। उसका यह परिवर्तन सामूहिक, जातीय संकल्प से होता है। लोक-साहित्य स्वीकृत मूल्यों की जाँच भी करता रहता है और समय की कसौटी पर कसकर परीक्षा भी लेता है। आवश्यकता पड़ने पर संकेत के रूप में समाधान भी देता है। लोक-साहित्य मनुष्य को सम्पूर्ण जीवन के आदान-प्रदान की सार्थकता देता है। वह संवाद की शैली में अपनी बात को सम्प्रेषित करता है। यह संवाद लोक-कथाओं, लोक-गीतों और लोक-नाट्यों सभी में बराबर होता रहता है।

दैनन्दिन जीवन के घात-प्रतिघात, मोह-क्षोभ, ईर्ष्या-द्वेष, घृणा-प्रेम सबके बीच में अपनी उपस्थिति से, टूटने से बचाने और जोड़ने का कार्य भी लोक-साहित्य बराबर करता रहा है।

आज जब परम्परा से प्राप्त ज्ञान और अनुभव को नकारकर तथाकथित नव्य चिन्तन की आकांक्षा की जा रही है तब लोक-साहित्य के सामने एक चुनौती यह भी है कि अपने बहुमूल्य अस्तित्व से समाज को सही दिशा दे सके। लोक-साहित्य का नये से विरोध नहीं है पर वह नया ऐसा होना चाहिए जो केवल नये के नाम पर नकल न हो, जो अपनी जमीन से अंकुरित नई

पौध-सा हो जिसे यहाँ की मिट्टी और हवा-पानी स्वस्थ विकास दे सके। जो अपने परिवेश के प्रति सहृदय हो सके वही नव्य चिन्तन सड़ी-गली को तोड़कर परिवर्तन का संकल्प दे सकता है। लोक-साहित्य समाज की पीड़ा का अनुभव करके उसकी चुभन से मुक्ति देने का संकल्प रखता है। अपनी ही नहीं सबकी पीड़ा समझकर सबके मन में संवेदना का ज्वार उठता है। तभी वह सबके मन को छूता-भिगोता है।

जब हम 'फोक' कल्चर शब्द का प्रयोग करते हैं तो उसमें लोक-संस्कृति का पूरा अर्थ अभिव्यंजित नहीं होता क्योंकि फोक कल्चर में विस्मृत और अशिक्षित संस्कारों को कौतूहल की दृष्टि से देखने का भाव होता है। उसे जीवन में आत्मसात करने का भाव उतना नहीं होता।

कथित आधुनिकता के प्रभाव से अभिभूत लोक-संस्कृति को प्रदर्शनी की वस्तु या उपेक्षणीय वस्तु समझकर भले ही उसे महत्त्व न दें पर भारतीय संस्कृति का संस्कार जिनमें तनिक भी बचा है उन्हें निरन्तर यह अनुभव होता रहेगा कि लोक-संस्कृति और विशिष्ट जन की संस्कृति भिन्न नहीं है और जिस संस्कृति में लोक का अवदान नहीं होता वह निर्जीव हो जाती है। इस साहित्य के प्रति व्यावसायिक दृष्टि इसके आस्वाद को नष्ट करने पर तुल गई है।

लोक-कथाओं को और पौराणिक प्राचीन कथाओं को समसामयिक सन्दर्भों और समस्याओं से जोड़ते हुए आकर्षक प्रस्तुति की जाए तो उसका प्रभाव गहरा पड़ेगा। यहाँ यह भी उल्लेखनीय है कि भारतीय कथा-साहित्य अत्यन्त समृद्ध है। पौराणिक कथानक, पंचतंत्र, हितोपदेश, सिंहासन बत्तीसी आदि की कथाओं को मूल रूप में भी प्रस्तुत किया जाए और उनके लोक-कथाओं में रूपान्तरित स्वरूपों में भी प्रस्तुत किया जाए जिससे यह स्पष्ट होगा कि समय की आवश्यकता के अनुसार और उन्हें अधिक लोकप्रिय तथा सहज बनाने के लिए लोक-कथाओं के रूप में उनका जो स्वरूप गढ़ा गया है उसमें किस तरह से सन्देश का भावग्रहण हो रहा है।

जब हम लोक की बात करते हैं तो उसमें भौगोलिक सीमा रेखा नहीं खींची जा सकती क्योंकि लोक मुक्त चेतना का संवाहक है। मैं अयोध्या क्षेत्र की मूल निवासी हूँ। अत: स्वाभाविक है कि मेरे मन में यहाँ की कथाएँ, गीत, रीति-रिवाजों के संस्कार हैं। पर अध्ययन के दौरान मुझे यह अनुमान हुआ कि भारत की संस्कृति विशेषकर अवध की संस्कृति के केन्द्र में श्री राम-

सीता हैं। जिन्हें भौगोलिक, ऐतिहासिक चौहद्दी में नहीं बाँधा जा सकता। ये इतिहास या मिथक नहीं बने हैं। प्रतिदिन इनका जन्म और संस्कार हो रहा है। और उस उत्सव की गूँज प्रतिध्वनि बनकर पूरे विश्व में प्रसारित हो रही है।

आज की आवश्यकताओं के सन्दर्भ में आज की विसंगतियों को दूर करने के उपाय हमारी व्रत-कथाएँ और रीति-रिवाज प्रस्तुत करते हैं। आवश्यकता है कि इनमें छिपे हुए सन्देश को, इनके लोकमंगल भाव को हम पहचानें और आनेवाली पीढ़ियों को इसके वरदान का फल देने का मार्ग प्रशस्त करें। इसी दृष्टि से यह प्रयास किया गया है।

लोकभारती प्रकाशन के प्रति हार्दिक आभार व्यक्त करती हूँ।

कथा संकलन और पुस्तक के संयोजन, टंकण में जिनसे भी सहयोग मिला सबके प्रति कृतज्ञ हूँ।

यह पुस्तक अयोध्या शोध संस्थान, संस्कृति विभाग उ.प्र. शासन के निर्देश से लिखी गई है।

इस पुस्तक के प्रकाशन से मुझे सन्तोष होगा। इस पुस्तक के अध्ययन से लोक-कलाओं, और प्रातिभ कलाओं को नई रंगतें, नये आयाम और नये विषय मिलेंगे। इस तरह के कार्यों का उद्देश्य सांस्कृतिक दृष्टि से राष्ट्रीय महत्त्व का होगा, ऐसी कामना और आशा है।

—डॉ. विद्या विन्दु सिंह

महाशिवरात्रि 2023
45 गोखले विहार मार्ग, लखनऊ

चैत्र महीने के मुख्य व्रत-पर्व-त्योहार

• होली (धुलेड़ी) • खरमास • बुढ़वा मंगल • श्री झूलेलाल जयन्ती-चैती चाँद
• शीतला सप्तमी एवं बसोरे की अष्टमी • पापमोचनी एकादशी
• अरुन्धती व्रत • वासन्ती नवरात्र • गणगौर • कामदा एकादशी
• काम महोत्सव • हनुमान जयन्ती

होली

फाल्गुन मास की शुक्ल पूर्णिमा की रात में होली जलाई जाती है और चैत्र कृष्ण पक्ष प्रथमा को होली का त्योहार मनाया जाता है। यह उत्सव मंगल-भावना से प्रकृति के प्रति साहचर्य का भाव व्यक्त करके मनाया जाता है। प्रकृति के नये उल्लास के साथ लोकमन अपना उल्लास मिला देता है।

होलिका में डालने के लिए गोबर के बल्ले बनाए जाते हैं। घर के जितने भी सदस्य होते हैं उनके प्रतीक प्रति व्यक्ति के लिए पाँच के हिसाब से बनते हैं। इन्हें चारपाई के पुराने बाध (रस्सी) से नापकर उसी रस्सी में माला की तरह गूँथ लेते हैं।

एक सूरज, एक चाँद और छोटी-छोटी डिबिया बनती है। जिसमें सिर के जुआँ, खटमल व कपड़ों के चीलर उसमें बन्द कर देते हैं। यह सारी डिबियाँ, बल्ले, चाँद-सूरज के प्रतीक होलिका में जलने हेतु डालते हैं जिससे समस्त आधि-व्याधि और रोगाणु होलिका में जल जाएँ। चाँद-सूरज और पुरुष के प्रतीक बल्ले बनाए जाते हैं, उन्हें नया करके उनके दीर्घायु की कामना से कि जिस प्रकार प्रह्लाद होलिका से बचकर निकल आए उसी प्रकार ये भी हर आपदा से बचकर निकल आएँ। नारी के प्रतीक बल्ले नहीं जलाए जाते क्योंकि नारी ही अनुष्ठानों के मूल में है और वह अपनी दीर्घायु की कामना की अपेक्षा पति और पुत्र के कन्धों पर अन्तिम यात्रा के लिए जाने को ही अपना परम सौभाग्य मानती है। कहीं-कहीं स्त्रियाँ होलिका के स्थान पर बैठकर हल्दी-चावल आदि से पूजन करती हैं।

चैत्र प्रतिपदा को धुलेड़ी होती है। होली की धूल एक-दूसरे पर उड़ाकर शुभकामना की जाती है। होली जलाते समय और धूल उड़ाते समय भी समवेत स्वर में लोग कहते हैं—होली माई दया असीस लरिके जीयें लाख बरीस।

पुराण में कहा गया है कि 'होलिका हम आपकी पूजा व नमस्कार करते हैं। हमारा अर्घ्य स्वीकार करें। हमें पापमुक्त करें। हमें आयु दें, सम्पत्ति दें। होली की पूजा करके परिक्रमा करते समय आग में नारियल, गेहूँ, जौ आदि के डंठल फेंकते हैं और भुने अन्न का प्रसाद बँटता है।

दूसरे दिन धूल उड़ाने के बाद रंग खेलकर लोग स्नान करते हैं। नये उजले वस्त्र पहनते हैं। तीसरे प्रहर से होली मिलन प्रारम्भ होता है। लोग अबीर, गुलाल लगाकर परस्पर गले मिलते हैं। यथाशक्ति गुलाब जल और इत्र, मिष्ठान, लवंग, इलायची, सौंफ, गरी आदि से सत्कार किया जाता है।

कथा, श्री कृष्ण ने युधिष्ठिर को राजा रघु की कथा सुनाई। राजा रघु के पास प्रजा ने जाकर कहा कि 'ढोंढा' नामक स्त्री बच्चों को डराती है। राजा ने पुरोहित से पूछा कि यह कौन है?

पुरोहित ने बताया कि वह एक राक्षसी है जिसे शिव का वरदान मिला है कि उसे देव या मानव आदि नहीं मार सकते। वह अस्त्र-शस्त्र से या जाड़ा, गर्मी, वर्षा से भी नहीं मर सकती है। लेकिन खेल खेलते बच्चों से डर सकती है। फागुन की पूर्णिमा को शीत ऋतु समाप्त होकर ग्रीष्म ऋतु का प्रारम्भ होता है। इस दिन लोग हँसे और आनन्द मनाएँ। बच्चे लकड़ी और घास इकट्ठा करके जलाएँ, तालियाँ बजाएँ, शोरगुल, अट्टहास करें तभी यह राक्षसी मरेगी।

राजा ने ऐसा कराया और राक्षसी मर गई। तभी से होली जलाते हुए और रंग तथा मिट्टी से खेलते हुए 'अरारा' या 'सरारा' कहकर शोर मचाते हुए गाते-बजाते होली खेलते हैं।

दूसरी कथा

होलिका और प्रह्लाद की कथा कही जाती है, जिसमें हिरण्यकश्यप की बहन होलिका प्रह्लाद को जलाने के लिए आग में बैठती है। उसे आग से न जलने का वरदान था किन्तु वह जल गई और प्रह्लाद बच गए। उसी की याद में होलिका जलाई जाती है।

होली का पर्व असत्य और अन्याय के विरुद्ध सत्य और न्याय की विजय का पर्व है। यह छोटे-बड़े का भेद मिटाकर सबको गले लगाने की प्रेरणा देता

है। आपस में वैर, वैमनस्य को भुलाकर आपसी सद्भाव और स्नेह से जोड़ने का सन्देश देता है।

खलमास (खरमास)

यह होली के दिन से ही प्रारम्भ हो जाता है। पूरे महीने शुभ कार्य निषेध होता है किन्तु नवरात्र में बिना शुभ साइत का विचार किये भी सभी मंगल कार्य इस विश्वास के साथ सम्पन्न किये जाते हैं देवी माँ सारे अशुभ का निवारण करके मंगल करती हैं।

बुढ़वा मंगल

चैत्र मास में होली के बाद आनेवाले पहले मंगल को यह त्योहार मनाते हैं। इसमें हनुमान जी को मीठे मालपूआ (रोट) का भोग लगाकर प्रसाद बाँटा जाता है। यह उत्सव विशेष रूप से अवध के पूर्वी भाग में मनाया जाता है। बुढ़वा मंगल के दिन गंगा में बजरे सजाकर अलग-अलग बजरों पर सवार स्त्रियाँ व पुरुष चैती-चैता गीत गाते हैं। गंगातटों पर मेला लगता है। गाँवों में भी धूमधाम से रोट (मीठा पूआ) चढ़ाकर प्रसाद बँटता है। यह उत्सव होली से लेकर बुढ़वा मंगल तक मनाया जाता है।

कथा

एक बार श्री रामचन्द्र जी को विनोद सूझा। हनुमान जी उनसे नित्य प्रति कहते "स्वामी! आप तो रनिवास में चले जाते हैं, मैं बाहर ही रह जाता हूँ।"

श्रीराम ने उनसे कहा, "देखो यदि तुम विवाह कर लो तो तुम भी रनिवास में मेरी तरह चल सकते हो।"

हनुमान ने कहा, "स्वामी! भला मुझसे कौन विवाह करेगा?" राम जी बोले, "माता कैकेयी की दासी मन्थरा से तुम्हारा विवाह करा दूँगा। वह भी अभी कुँवारी है।"

हनुमान जी श्रीराम से तो कुछ नहीं कह सके, लेकिन रात में मन्थरा के दरवाजे पर जाकर उन्होंने अपनी पूँ छ फटकारी। मन्थरा का दरवाजा टूटकर गिर

पड़ा। कुपित मन्थरा बाहर निकली। उसने पूछा, "कौन है?" हनुमान बोले, "क्या मुझसे विवाह करोगी?" मन्थरा बोली, "मैं इतनी बड़ी राजमाता कैकेयी की दासी हूँ जिसने राम को चौदह वर्ष का वनवास दिला दिया था। भला मैं तुझ जैसे बन्दर से विवाह करूँगी?"

हनुमान तो यह चाहते ही थे। बोले, "जब श्रीराम तुम्हें दरबार में बुलाएँ तुमसे कुछ पूँछें तो यही कहना।"

दूसरे दिन हनुमान ने श्रीराम से पूछा कि आपने मन्थरा से पूछ लिया है, वह मुझसे विवाह करेगी या नहीं?

रामचन्द्र जी ने मन्थरा को अपने दरबार में बुलाया और स्वीकृति माँगी।

मन्थरा ने कहा, "स्वामी! वैसे आप जो कहेंगे वही होगा परन्तु अब इस उम्र में ब्याह आदि का झमेला मुझसे नहीं होगा। मुझे क्षमा करिए।"

फिर रामचन्द्र जी ने मुस्कुराकर स्वीकृति दे दी और हनुमान जी बाल ब्रह्मचारी के रूप में सदा श्रीराम के चरणों की सेवा करते रहे।

श्री झूलेलाल जयन्ती-चैती चाँद

चैत्र कृष्ण द्वितीया को श्री झूलेलाल जयन्ती चैती चाँद का पर्व सिन्धी समुदाय मनाता है। झूलेलाल वरुण के अवतार माने जाते हैं। वरुण समुद्र के देवता हैं और सिन्धु देश समुद्र के तट पर है। इसलिए सिन्धी वरुण के उपासक हैं।

इस पर्व पर झूलेलाल की प्रतिमा को झूले पर रखकर झुलाया जाता है। रात्रि जागरण होता है। झूलेलाल को सिन्धी मुसलमान जिन्दह पीर के नाम से पूजते हैं। अवध क्षेत्र में रहनेवाले सिन्धियों द्वारा भी यह पर्व धूमधाम से मनाया जाता है।

कथा

सन् 950 ई. में दक्षिण सिन्ध की राजधानी उट्टानगर का शासक नवाब मर्खशाह सरल चित्त था, पर अपने कट्टरपन्थी कुटिल अधिकारियों की गलत मंत्रणाओं से प्रभावित होकर हिन्दुओं को धर्म-परिवर्तन के लिए बाध्य करने लगा।

हिन्दुओं ने सिन्धु तट पर सामूहिक प्रार्थना करके प्रभु से रक्षा की गुहार की। वे तीन दिन, तीन रात उपवास करके कातर प्रार्थना करते रहे। आकाशवाणी हुई कि आप लोग अपने-अपने घर जाएँ, मैं धर्म की रक्षा के लिए अवतार लूँगा। संवत 1007 के चैत्रमास की द्वितीया तिथि, शुक्रवार को नसरपुर में एक दिव्यस्वरूप बालक ने जन्म लिया। इस बालक के पिता श्री रतन राय वीर राजपूत थे। माता का नाम था देवकी। माता-पिता ने बालक का नाम उदयचन्द्र रखा।

हिन्दुओं पर हो रहे अत्याचार काफी बढ़ गए थे। उदयचन्द्र के जन्म से उनके भीतर शक्ति और साहस जगा। वे अत्याचार का विरोध करने लगे। बालक की दिव्य लीलाएँ शुरू हो गईं। नवाब ने उन चमत्कारी घटनाओं की सूचना पाकर मंत्रियों को बालक की परीक्षा लेने भेजा, पर वे मुहँ की खाकर भयभीत होकर लौट आए। उनके अत्याचार कुछ समय के लिए कम हो गए, पर फिर मंत्रियों द्वारा बढ़ने लगे। वीर

रतन राय ने सिन्ध के सभी छोटे-बड़े राजाओं को संगठित करके सेना तैयार की। उदयचन्द्र अत्यन्त वीर और कुशल अवध के घुड़सवार थे। वे घोड़े पर चढ़कर जिधर निकलते तो मानो उड़ने लगते। लोग उन्हें उड़ेरीलाल कहने लगे और उनके दल के सैनिकों को 'झाटी' (झटका देनेवाले) कहने लगे। किशोर उदयचन्द्र अपने सैनिकों के साथ मस्ती में झूमते हुए चलते थे, इसलिए लोग उन्हें 'झूलेलाल' कहने लगे।

जहाँ कहीं नवाब के अत्याचारी कर्मचारियों के द्वारा किसी को सताया जाता, वे अपने सैनिकों के साथ पहुँच जाते, उनके साथी नारा लगाते, आयो लाल, झूलेलाल।

झूलेलाल के भय से अत्याचारियों के हौसले पस्त हो गए। झूलेलाल को नवाब ने बुलवाया। दरबार में उन्होंने नवाब और उनके मंत्रियों को धर्म का रहस्य समझाया कि ईश्वर एक है, केवल नाम-भेद है। सभी को अपने ढंग से उपासना करने का अधिकार है। कोई धर्म बड़ा-छोटा नहीं, राजा का धर्म है कि प्रजा को अपने धर्मपालन की स्वतंत्रता दे।

झूलेलाल की सेना के दो भाग थे—थल सेना और जल सेना। जल सेना में मछली के आकार की नावें थीं। झूलेलाल की मूर्ति और चित्रों में उन्हें मछली पर आसीन दिखाया गया है।

शीतला सप्तमी एवं बसौरे की अष्टमी

चैत्र के कृष्ण पक्ष सप्तमी को तथा सावन की सप्तमी को शीतला सप्तमी व्रत रखकर रात में पकवान बनाकर दूसरे दिन शीतला अष्टमी को देवी को बासी ठंडे पकवानों का भोग लगाया जाता है। इस दिन बासी ठंडा भोजन ही प्रसाद स्वरूप खाया जाता है। कहते हैं कि इस व्रत के प्रभाव से शीतला माता, चेचक तथा अन्य महामारी के प्रकोप से बचाती हैं। सावन की सप्तमी में तालाब में ही भोग अर्पित करके देवी दह (दाह) बैठाया जाता है। ये दोनों ही व्रत शीतला माता के दाह को शान्त करके इस प्रार्थना के साथ किये जाते हैं कि बाल-बच्चों को शीतला माता (चेचक) का कष्ट न हो।

कथा

एक वृद्धा स्त्री शीतला सप्तमी का व्रत करती थी। उनके नाम का कलश रखकर पंचोपचार पूजन करती, देवी के गीत गाती, सन्ध्याकाल में दूसरे दिन अष्टमी के दिन के लिए पूजन का 'बसौरा' बनाती और मुँह अँधेरे शीतला की पूजा कर आती, फिर पहले कन्या को बासी खिलाकर, दक्षिणा देकर स्वयं बासी भोजन करती थी। एक बार गाँव में आग लगी, सबका घर जला पर उसका नहीं। राजा को खबर हुई, उन्होंने वृद्धा को बुलाकर इसका कारण पूछा। उसने कहा। और तो मैं कुछ नहीं करती, पर सप्तमी को शीतला जी का व्रत करती हूँ। शायद इसी से माँ की दया से मेरी झोंपड़ी बच गई। तब से राजा ने राज्य में ढिंढोरा पिटवा दिया कि सब लोग सप्तमी-अष्टमी को यह विशेष व्रत-पूजन करें।

कथा

एक राजा की पुत्री के गौने की शुभ साइत (समय) शीतला सप्तमी को थी, राजा के पुरोहित ने बताया कि शीतला माता की पूजा के कारण वह शुभ मुहूर्त टल

गया। तब राजा ने राजपुरोहित दम्पती को भी बेटी-दामाद के साथ भेज दिया कि वहाँ शुभ मुहूर्त में वधू प्रवेश करा देंगे और ग्रहों की शान्ति करा देंगे। परन्तु हुआ क्या कि रास्ते में नदी किनारे तनिक विश्राम के लिए डोला रुका। बाराती और रक्षक सेना पानी पीने के बाद एक पेड़ के नीचे बैठ गए। तभी पेड़ की जड़ से एक साँप निकला और पंडित जी को डँसकर बिल में चला गया। अब राजकुमारी बहुत दुखी हुई। वह शीतला जी की पूजा करके ही महल से निकली थी। इस संकट में उसने उन्हीं को पुकारा। शीतला माता आईं, दर्शन दिया और दुख का कारण पूछा। उसने देवी के चरणों पर सिर रखते हुए उनसे आर्त प्रार्थना की कि मेरे मायके के पुरोहित को जीवित कर मुझे कलंक से बचाइए, मुझसे पुरोहितानी जी का आर्तनाद सुना नहीं जा रहा है। देवी ने कहा, "यदि तू अब तक के किए हुए पुण्य को पुरोहित के लिए संकल्प कर दे, तो पुरोहित के प्राण लौट आएँगे।" राजकुमारी ने ऐसा ही किया और पुरोहित के प्राण लौट आए। तभी अचानक वही नाग बाँबी से निकला और राजकुमार को डँस गया। अब राजकुमारी अधीर होकर रोने-पीटने लगी और फिर उन्हीं शीतला माता को आर्तस्वर में पुकारा। उन्होंने दर्शन दिया और रोने का कारण पूछा। उसने अपनी विपत्ति बताई और कहा कि यदि मेरा पुण्य समाप्त होने के कारण मेरे पति की मृत्यु हुई है तो मुझे कोई दुख नहीं है क्योंकि पुरोहित जी के जी जाने से मेरे मुख की लाली रह गई है। परन्तु यदि कोई अन्य कारण हो तो मुझे पति के साथ सती होने का आशीर्वाद दें, क्योंकि बिना पति के ससुराल जा भी कैसे सकती हूँ। माता ने कहा, "बेटी तूने परोपकार के लिए अपना सारा पुण्य अर्पित किया, इस कारण तेरा अमंगल नहीं हो सकता।" उन्होंने तीन बार ताली बजाई। नाग देव निकले और राजकुमार के शरीर का विष चूसकर बिल में समा गए। राजकुमार सोते से जग उठा तथा पत्नी, पुरोहित दम्पती के साथ अपने नगर में प्रवेश किया। राजमहल के द्वार पर परिछन-आरती आदि करके रानी माँ बेटा-बहू को कोहबर में ले गईं। इसी प्रकार शीतला माता सबके संकट काटें।

अन्य कथा

भारत में बेन नामक एक राजा राज्य करते थे। उनका न्याय प्रसिद्ध था। राजा रोज समुद्र स्नान करते रानी पुरइन के पत्ते पर पैर धरती, बीच समुद्र से कच्चे

करवा से, जो कच्चे सूत से बँधा होता, जल भरकर लाती और पति को नहलातीं। धोती पछारकर आकाश में सूखने डाल देतीं। राजा पूजा-पाठ व दान करके राजसभा में पहुँचकर न्याय करता। इस प्रकार बहुत दिन बीते। शीतला अष्टमी को महिलाओं को गहने-कपड़े पहने-ओढ़े मन्दिर जाते रानी देखती। एक बार उनके मन में भी पहन-ओढ़कर जल भरने जाने की इच्छा जगी तो उन्होंने राजा से कहा, "मैं इतने बड़े राज्य की स्वामिनी हूँ, पर न मेरे पास कोई गहना है न ढंग का कपड़ा, अगर आप एक-एक कौड़ी भी प्रजा पर डाँड़ (दंड) लगावें तो मैं गहनों से लद जाऊँ।" राजा ने बात मान ली और नगर में ढिंढोरा पिट गया कि सबको राजसभा में आना है। प्रजाजन हाजिर हुए। फिर सबको सुनाया गया कि राजाज्ञा से आप लोगों पर एक-एक कौड़ी डाँड़ (दंड) लगाया जाता है। क्या करते लोग? प्रजाजन ने एक-एक कौड़ी दी। कौड़ी से रुपया-पैसा और रुपये-पैसे से सोना-चाँदी आया। सुनार बैठे। जेवर तैयार हुआ। रानी पहन-ओढ़ कर राजा को नहलाने के लिए कच्चे सूत में कच्चा करवा बाँधकर पुरइन के पत्ते पर पैर रखने चलीं, पर यह क्या। जिस पत्ते पर रानी पैर रखें वह डूब जाए, सूत चरमरा जाए, करवा गल जाए। रानी गले बराबर पानी में डूब गई, तब जोर से पुकारा, "दोहाई, राजा बेन की। मैं यह पाप की कौड़ी तुरन्त लौटाऊँगी। मुझे रोज की तरह पति को नहलाने दिया जाए।" तब वह किसी तरह डूबने से बची। पानी भरकर लाईं, राजा को नहलाया। अब आसमान से धोती न उतरकर आवे। तब फिर राजा बेन की दुहाई खाई कि आज ही मैं यह पाप का सोना प्रजा को लौटा दूँगी। तब कहीं धोती आकाश से उतरकर आई। राजा ने स्नान-दान, पूजा-पाठ किया और सोना-चाँदी से रुपया, रुपये से कौड़ी भुनाकर फिर प्रजा में ढिंढोरा पिटवाया कि प्रजाजन राजसभा में हाजिर हों। अब प्रजा ने सोचा, इतने सत्यनिष्ठ राजा को यह लालच कहाँ से आ गया? राजाज्ञा है भई, जाना तो है ही। अब देखो, राजा क्या दंड लगाएँ? सब लोग आए। राजा ने सबकी कौड़ी लौटा दी। रानी फिर उसी तरह कच्चे सूत में बँधे करवा से पुरइन के पत्ते पर सवार होकर बीच समुद्र से जल लाकर राजा को नहलाने लगी। आकाश से सूखी धोती आने लगी। राजा प्रसन्न मन से स्नान-दान, पूजा-पाठ करते और राजसभा में बैठकर न्याय करते। शीतला माता ने जैसी बुद्धि रानी को पहले दी, ऐसी किसी को न दें। बाद में जैसी सद्बुद्धि दी, ऐसी सबको दें।

कथा देवी के लाँगुरिया की

एक बार शीतला माता और हनुमान जी में बहस होने लगी। माता कहें, "मैं बड़ी।" हनुमान जी कहें, "मैं बड़ा"। तब शीतला जी बोलीं, "आज अष्टमी है। सब जगह जाकर नेवज माँग लाओ।" हनुमान जी जिसके दरवाजे पहुँचकर डंडा फटककर पूजा माँगे तो लोग कहें, "आज देवी का दिन है, पहले देवी की पूजा होगी। तुम्हारी झोली कैसे भर दें।" निराश हनुमान जी देवी के पास पहुँचकर बोले, "मुझे किसी ने पूजा नहीं दी।" देवी बोली, "अच्छा! अब चलो मेरे साथ।" अब दोनों ने एक-एक गोझारी (झोली) अपने कन्धे पर डाली और भक्तों के द्वार पर खड़े हुए जाकर। महिलाएँ निकलीं घर से। वे प्रेम से माता की पूजा करें और कन्धे पर पड़े झोले में 'नेवज' हलवा, फल, फलारी डाल दें। थोड़ी ही देर में दोनों की गोझारी भर गई और तब देवी ने कहा कि अब वापस मन्दिर चलना चाहिए और दोनों मन्दिर में आ गए। तब हनुमान जी ने कहा, "माता, अब मैं तुम्हें छोड़कर कहाँ जाऊँ? तुम्हारी तो पूजा सभी करने आएँगे, तब आपके साथ-साथ वे मेरा भी सत्कार करेंगे। जब आप दीन-दुखियों को देखने, उन्हें आशीर्वाद देने, उनका दुख काटने जाओगी तब मैं आपका झंडा लेकर साथ-साथ चलूँगा और आपकी आज्ञा का पालन करूँगा।"

इस तरह माता की आज्ञा से हनुमान जी देवी मन्दिर में रहने लगे। कहा जाता है, 'जहाँ माता का जाप, तहाँ हनुमान जी का थाप।' जो यह कथा कहे-सुने, उसके सारे कष्ट दूर हो जाते हैं।

पापमोचिनी एकादशी

चैत्रकृष्ण एकादशी को यह व्रत किया जाता है। इसमें ऐपन से भगवान के चरण घर में प्रवेश करते हुए बनाए जाते हैं। इस व्रत के प्रभाव से जाने-अनजाने में किये हुए सारे पापों से मुक्ति मिल जाती है, ऐसा विश्वास है।

कथा

पुराणों में इसके बारे में कथा मिलती है—एक समय राजा मान्धाता ने लोमश ऋषि से पापमोचिनी एकादशी की विधि, प्रभाव और कथा पूछी। उन्होंने बताया कि इस व्रत में विष्णु की सविधि पूजा, जागरण आदि किया जाता है। निराहार या एक भुक्त (एक बार फलाहार खाना) व्रत रहना चाहिए। इस व्रत के प्रभाव से पापों का नाश होता है।

चैत्ररथ नामक सुन्दर वन में इन्द्र अप्सराओं और देवताओं के साथ विहार किया करते थे। उसी वन में मेधावी नाम के मुनि तपस्या करते थे।

एक बार मंजुघोषा नाम की अप्सरा मुनि पर मोहित हो गई। शिवभक्त मेधावी मुनि भी भाग्यवशात उसके वश में हो गए।

कई वर्ष बीत गए। एक दिन मंजुघोषा ने ऋषि से स्वर्ग जाने की आज्ञा माँगी। उन्होंने कहा, "अभी सन्ध्याकाल में आई हो, तुम प्रात: काल चली जाना।"

थोड़े दिन और बीत गए। फिर उसने स्वर्ग जाने की आज्ञा माँगी और कहा, "मुझे आपके पास रहते पाँच वर्ष सात माह व तीन दिन व्यतीत हो गए और आपकी रात्रि समाप्त नहीं हुई।" तब उन्होंने ध्यान किया और उस पर कुपित होकर बोले, "मेरे तप को नष्ट करनेवाल! तू अब मेरे शाप से पिशाचिनी हो जा।"

उसने धैर्यपूर्वक कहा, "हे मुनि! क्रोध को त्यागकर शाप निवारण का उपाय मुझे बताने की कृपा करें।"

तब उन्होंने उसे चैत्र-कृष्ण एकादशी का व्रत बताया और स्वयं पाप निवारण का उपाय पूछने अपने पिता च्यवन ऋषि के पास पहुँचे।

उन्होंने अपने पुत्र को श्रीहीन देखकर कहा, "रे पुत्र! यह तूने क्या किया? तेरा समस्त तप नष्ट हो गया।" मेधावी बोले, "पिता जी, मैंने भारी पाप किया है, परन्तु मैं आपका पुत्र हूँ। मुझ पर कृपा करिए और मुझे इस पाप से छूटने का उपाय बताइए।"

च्यवन ऋषि ने चैत्र कृष्ण पापमोचिनी एकादशी का विधि तथा भक्तिपूर्वक व्रत करने का उपदेश दिया। इस व्रत के प्रभाव से मेधावी मुनि का समस्त पाप नष्ट हो गया।

मंजुघोषा भी इस व्रत को करके पिशाच योनि से छूटी और पुनः सुन्दर रूप धारण करके स्वर्ग लोक को चली गई।

कथा के अन्त में कहा जाता है। 'इस कथा के श्रवण मात्र या पढ़ने से एक हजार गोदान करने का फल मिलता है।'

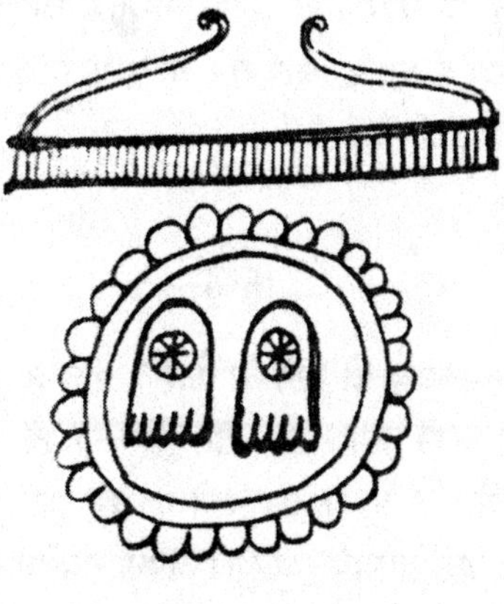

अरुन्धती व्रत

इस व्रत में स्त्रियाँ पातिव्रत और पुरुष एक पत्नीव्रत का संकल्प लेते हैं। विश्वास है कि इस संकल्प के पालन से अगले जन्म में वैधव्य या विधुर होने का दुख नहीं भोगना पड़ता। चैत्र शुक्ल प्रतिपदा से तृतीया तक नदी, तालाब में स्नान करके द्वितीया को धान पर कलश स्थापित करके पहले गणेश-पूजन किया जाता है, फिर ध्रुव, अरुन्धती और वशिष्ठ ऋषि की पूजा होती है। तृतीया को शंकर-पार्वती की पूजा करके माता अरुन्धती से धन-पुत्र की कामना की जाती है। अखंड सौभाग्य के लिए नारियाँ अरुन्धती व्रत करती हैं। देवी अरुन्धती मुनि कर्दम की पुत्री और महर्षि वशिष्ठ की पत्नी थीं। कपिल मुनि इनके भाई थे। सप्तऋषियों में स्थान मिलने पर वशिष्ठ ने कहा कि मैं अरुन्धती के बिना अधूरा हूँ। इनके पातिव्रत धर्म के कारण ही सप्तऋषियों में वशिष्ठ के साथ इन्हें स्थान मिला था। सप्तऋषियों के मध्य लाल तारे के रूप में अरुन्धती दिखाई देती हैं। इसमें एक कथा कही जाती है।

कथा

एक ब्राह्मण पुत्री बाल-विधवा हो जाने के कारण अत्यन्त दुखी हुई और यमुना तट पर पहुँचकर घोर तप करने लगी। एक दिन शिव-पार्वती उधर ही होकर निकले। पार्वती जी ने उसके वैधव्य का कारण शिव जी से पूछा। उन्होंने बताया कि यह कन्या पिछले जन्म में एक ब्राह्मण पुत्र था। अपनी नववधू को छोड़कर वह परदेश चला गया। वहाँ किसी और स्त्री के सम्पर्क में आने के कारण उसे भूल गया। इसी कारण इस जन्म में इसे स्त्री बनकर वैधव्य दुख भोगना पड़ा जो कि परस्त्री या परपुरुष से सम्बन्ध रखनेवाले को अगले जन्म में भोगना ही पड़ता है। अरुन्धती व्रत करने से इससे मन की शान्ति मिलेगी।

वासन्ती नवरात्र

चैत्र शुक्ल प्रथमा से नया संवत्सर अर्थात् भारतीय नववर्ष प्रारम्भ होता है। कहते हैं कि बह्मा ने इसी दिन सूर्योदय के समय संसार का निर्माण किया और इसी दिन से काल-गणना प्रारम्भ हुई। इसे ब्रह्मा ने सर्वश्रेष्ठ तिथि घोषित की थी। इसी दिन महाशक्ति की पूजा का कलश स्थापित करके नवमी तक नवरात्र व्रत रखकर दुर्गा सप्तशती का पाठ किया जाता है।

कथा

अति प्राचीन काल में सारी पृथ्वी पर शासन करनेवाला राजा सुरथ था जिसकी राजधानी दक्षिण में कोला नामक नगरी थी। भाग्यवशात राजा सुरथ शत्रुओं से युद्ध में हार गया। कोला में भी शत्रुओं और मंत्रियों ने उसका राज-पाट छीन लिया। वह जंगल चला गया और मेघा ऋषि के आश्रम में पहुँचा। यहाँ उसे समाधि नामक वैश्य मिला जिसे धन के लोभ से पुत्रों ने निकाल दिया था। दोनों ही अपने राज्य और कुटुम्ब की चिन्ता में दुखी थे। ऋषि से दोनों ने विनम्रतापूर्वक पूछा कि जिनसे हम इतने अपमानित हुए, उन्हीं के मोह में हम क्यों पड़े हैं। उन्होंने बताया कि विष्णु की योगनिद्रा रूपी भगवती महामाया जिन्होंने इस सम्पूर्ण जगत की सृष्टि की है, ज्ञानियों के चित्त को भी मोह में डाल देती हैं।

देवी के विषय में पूछने पर ऋषि ने कहा, "इन नित्य स्वरूपा देवी को भी आवश्यकतावश प्रकट होना पड़ता है। जैसे एक समय जब पृथ्वी जलमग्न थी और विष्णु शेष-शय्या पर निद्रारत थे तब उनकी नाभि से निकले कमल-पत्र से ब्रह्मा प्रकट हुए। उन्हें छींक आ गई जिससे मधु-कैटभ दो राक्षस निकले और ब्रह्मा को खाने दौड़े। इन्होंने महामाया योगनिद्रा का स्तवन किया जिससे भगवान जागे और दोनों राक्षसों का वध किया।"

ऋषि ने कहा, "अब पुन: देवी का प्रभाव सुनो। एक बार सौ वर्ष तक देवासुर संग्राम हुआ। महिषासुर ने देवताओं को हरा दिया और इन्द्रासन का अधिकारी बन गया तथा सूर्य, इन्द्र, अग्नि, चन्द्रमा, यम, वरुण आदि सभी देवों का अधिष्ठाता बन गया। सभी देवता रक्षा के लिए शिव और विष्णु के पास गए।

देवताओं का हाल सुनकर विष्णु के मुख से क्रोधवश एक महान तेजपुंज प्रकट हुआ तथा साथ ही सभी देवताओं के मुख से निकला तेजपुंज एकत्रित होकर नारी-रूप में परिणत हो गया। उसे युद्ध सम्बन्धी समस्त आयुध प्रदान किया गया, हिमालय ने सवारी के लिए सिंह दिया।

दिव्य नारी के अट्टहास से समस्त पृथ्वी डोलने लगी जिससे आश्चर्यचकित होकर महिषासुर ने चिक्षुर नामक सेनापति को चतुरंगिणी सेना के साथ भेजा। सहस्त्रभुजी देवी जी ने सारी सेना का संहार कर दिया।

देवी ने चंड-मुंड, शुम्भ-निशुम्भ, धूम्रलोचन, रक्तबीज आदि असुरों का संहार किया।

देवी ने अम्बिका चंडिका, दुर्गा रूप से महिषासुर का वध किया। देवताओं, ऋषियों ने वन्दना करके पुष्प वर्षा की।"

यह कथा सुनकर राजा सुरथ और समाधि वैश्य दोनों ऋषि को प्रणाम कर देवी के दर्शन हेतु तपस्या करने लगे।

देवी ने प्रसन्न होकर वर माँगने को कहा। राजा ने राज्य पाने का वर माँगा और वैश्य ने मुक्ति का वरदान चाहा।

गणगौर

चैत्र शुक्ल तृतीया को यह त्योहार मनाया जाता है। यह अवध, बुन्देलखंड और ब्रज क्षेत्र में बहुत श्रद्धा भक्ति के साथ मनाया जाता है।

कथा

राजा के खेत में जौ, चना बोया गया था, वहीं माली के बाग में दूब। राजा का जौ, चना बढ़ता गया। माली की दूब घटती गई। एक दिन उसने सोचा—कौन ले जाता है मेरी दूब? यह देखना चाहिए। दूसरे दिन तड़के ही वह बाग में छिपकर बैठ गया। लड़कियाँ आईं, वहीं पोखर में स्नान करने लगीं। इसने सबके कपड़े उठा लिये, किसी का घाघरा पहन लिया, किसी की ओढ़नी ओढ़ ली और उनके पास जाकर बोला, "तुम मेरे बाग की दूब क्यों ले जाती हो?" वे बोलीं, "हमें सोलह दिन तक दूर्वा से गणगौर पूजना है। वह पूजा हमें कर लेने दो मेरे भाई! सोलहवें दिन जब गणगौर विदा हो जाएँगी, तब हम भर-भर कुंडारा तुम्हें सीरा-लपसी (हलवा) दे जाएँगी।" माली उनकी बात मान गया और उनके कपड़े दे दिये।

सोलहवें दिन जब गणगौर विदा हो गईं, तब ये लोग भर-भर कुंडारा उसे सीरा-लपसी दे आईं। उस दिन मालिन का लड़का बाहर से आया। उसने खाना माँगा। माँ बोली, "आज तो लड़कियाँ बहुत-सा सीरा लपसी दे गई हैं, कोठरी में रखा है, खा लो जाकर।" वह गया पर उससे कोठरी नहीं खुली। तब मालिन ने चाक चीटली आँगली का छींटा दिया। कोठरी खुल गई। अन्दर महादेव-पार्वती विराजमान थे। पार्वती जी चरखा कात रही थीं। कोठरी मेवा-मिष्टान्न से भरी पड़ी थी। माली का घर दूर्वा देने के बदले में शिव जी ने धन-धान्य से भर दिया था। ऐसे ही प्रभु सब पर कृपा करें।

कथा-2

इसी तिथि को पार्वती जी ने स्त्रियों को सौभाग्य बाँटा था। वे शिव जी के साथ धरती पर एक दिन भ्रमण के लिए आईं। स्त्रियों ने प्रसन्न होकर उनकी पूजा की तो पार्वती जी प्रसन्न होकर नदी किनारे सुहाग बाँटने बैठीं। घाट पर उपस्थित धोबन सबसे पहले पहुँच गई। उसे पार्वती जी ने ढेर सारा सुहाग दे डाला। फिर ग़रीब स्त्रियाँ, जो जहाँ, जिस हाल में, जैसी थीं दौड़कर पहुँच गईं। उन्होंने भी पूजा जल्दी-जल्दी कर ली। उन्हें भी पार्वती ने भरपूर सुहाग दे डाला। उच्च कुल की स्त्रियाँ नहा-धोकर, सज-सँवरकर कर पूजा करने देर से पहुँची। तब तक सुहाग चुक गया था। गौरा पार्वती ने धोबन को बुलाकर कहा कि तुम अपने सुहाग में से इन सभी को थोड़ा-थोड़ा सुहाग दे दो। धोबन से सुहाग पाकर वे सभी घर लौटीं। तभी से विवाह में और वसन्त पंचमी को धोबन से स्त्रियाँ सुहाग लेती हैं।

कथा-3

एक अन्य कथा यह भी मिलती है कि पार्वती जी ने अपनी अँगुली चीरकर उस रक्त से सवर्ण स्त्रियों को सुहाग दिया था। इसी तिथि को भगवान शंकर ने पार्वती जी को अखंड सौभाग्यवती होने का वर दिया था। यह कथा इस प्रकार है।

पार्वती जी ने नदी तट पर बालू के महादेव बनाकर उनका पूजन किया और बालू के कणों का ही भोग लगाया, उसी का प्रसाद भी पाया। शिव जी ने पूछा कि क्या भोग लगाया और क्या तुमने खाया?

पार्वती जी बोलीं कि मेरी भाभियों ने दूध, मिठाई, खीर खिलाई। महादेव जी ने कहा मुझे भी दूध, मिठाई, खीर खाने की इच्छा है, वहीं ले चलो। पार्वती जी बहुत घबराईं और हाथ जोड़कर महादेव जी का ध्यान करके लाज रखने की प्रार्थना की और शिव जी को साथ लेकर चल पड़ीं। जहाँ पूजा की थी वहाँ एक आलीशान महल दिखा जिसमें दास-दासियाँ और पार्वती के मायकेवाले थे। खूब स्वागत-सत्कार हुआ। तीसरे दिन पार्वती जी चलने की जल्दी मचाने लगीं।

शिव जी रुकना चाह रहे थे। पार्वती के मायकेवाले भी उनसे रुकने का आग्रह कर रहे थे। पर पार्वती जी की जिद से वापस चल पड़े।

कुछ दूर आने पर शिव जी ने कहा कि मेरी माला वहीं छूट गई, वापस लाने जाना है। पार्वती जी ने कहा, मैं लाऊँगी। शिव जी ने नारद जी को भेजा।

वहाँ नारद जी को एक पेड़ पर माला टँगी मिली और कुछ नहीं था। महल के स्थान पर घनघोर जंगल था।

नारद जी से यह घटना सुनकर शिव जी हँसकर बोले, "यह सब पार्वती की माया है।" पार्वती जी ने मन-ही-मन शिव को प्रणाम किया। प्रभु! आपने लाज रख ली।

जो गणगौर का व्रत करके यह कथा कहे या सुने उसे अक्षय सौभाग्य की प्राप्ति होती है। ऐसा कथा के अन्त में कहा जाता है।

राम नवमी

चैत्र शुक्ल नवमी को भगवान श्रीराम का जन्मोत्सव मनाया जाता है। इस दिन व्रत रखकर श्रीरामचन्द्र जी का गुण-कीर्तन किया जाता है। मन्दिरों में चैत्र की प्रतिपदा से ही राम-कथा प्रारम्भ हो जाती है और बराबर राम नवमी तक होती रहती है। जन्म के बधावे बजते हैं और सोहर गीत गाए जाते हैं। चरुआ, सतिया तथा अन्य चित्र बनाते हैं और झाँकियाँ सजती हैं।

रामचरितमानस का अखंड पाठ तथा नवाह्न पारायण पाठ किया जाता है। अयोध्या में भव्य आयोजन होते हैं। देश-विदेश के कोने-कोने में स्थापित मन्दिरों में विशेष आयोजन होते हैं। प्रसादस्वरूप धनियाँ की पंजीरी और पंचामृत का भोग लगाकर प्रसाद वितरित किया जाता है। बालरूप श्री राम को पालने में झुलाया जाता है।

श्रीराम विष्णु के सातवें अवतार माने जाते हैं। अगस्त्य संहिता में उल्लेख है कि चैत्र शुक्ल नवमी को मध्याह्न में पुनर्वसु नक्षत्र में जब चन्द्रिका, चन्द्र और बृहस्पति—तीनों समन्वित थे पाँच ग्रह अपनी उच्च अवस्था में थे, सूर्य मेष राशि में थे लग्न कर्कटक थी तब श्रीराम का जन्म हुआ था।

माधव के काल निर्णय में आया है कि नवमी दो तिथियों में हो, तब यदि वह पहली तिथि के मध्याह्न में हो तो व्रत उसी दिन होना चाहिए। किन्तु यदि नवमी दोनों दिनों के मध्याह्न में पड़ती हो या जब किसी भी दिन मध्याह्न की नवमी न हो तो दशमी से युक्त नवमी में व्रत होना चाहिए न कि अष्टमी से युक्त नवमी में। यदि नवमी पुनर्वसु से संयुक्त हो तो वह तिथि अत्यन्त पुनीत मानी जाती है। महाकवि तुलसीदास ने रामचरितमानस में राम के जन्मकाल के बारे में लिखा है :

नवमी तिथि मधुमास पुनीता। सुकुल पक्ष अभिजित हरि प्रीता॥
मध्य दिवस अति सीत न घामा। पावन काल लोक विश्रामा॥

अगस्त्य संहिता में कहा गया है कि यह सबके लिए है। यह सांसारिक आनन्द एवं मुक्ति के लिए है। वह व्यक्ति भी, जो अशुद्ध है, पापिष्ठ है,यह सर्वोत्तम व्रत करके सबसे सम्मान पाता है और उसके पाप कट जाते हैं।

हेमाद्रि में रामनवमी व्रत की विधि इस प्रकार बताई गई है—चैत्र के शुक्ल पक्ष की अष्टमी के दिन भक्त को स्नान करना चाहिए, संध्या करनी चाहिए, एक ऐसे ब्राह्मण को आमंत्रित कर सम्मानित करना चाहिए जो वेदज्ञ हो, शास्त्रज्ञ हो, राम की पूजा में भक्ति रखता हो, राम-भक्ति की विधि जानता हो उससे प्रार्थना करनी चाहिए, 'मैं राम की प्रतिमा का दान करना चाहता हूँ कृपया स्वीकार करें।' इसके उपरान्त शरीर में लगाने के लिए उस ब्राह्मण को तेल देना चाहिए, स्नान कराकर श्वेत वस्त्र पहनाना चाहिए। पुष्प देकर उसे सात्त्विक भोजन कराना चाहिए और स्वयं भी वही खाना चाहिए तथा सदा राम का ध्यान करना चाहिए। उस दिन रात्रि में व्रती एवं आचार्य (सम्मानित ब्राह्मण) को बिना भोजन किये रहना चाहिए। दिन-भर राम-कथाएँ सुननी चाहिए और स्वयं तथा आचार्य को पृथ्वी पर ही सोना-सुलाना चाहिए (खाट पर नहीं)।

राजा दशरथ सूर्यवंशी थे। वे राजा दिलीप और रघु के वंशज थे। वे अयोध्या के राजा थे। त्रेता युग में राम के जन्म का वर्णन महाभारत के 'वन पर्व' में हुआ है तथा रामायण महाकाव्य में भी। राजा दशरथ सन्तान न होने के कारण बहुत दुखी थे। उन्होंने पुत्रेष्टि यज्ञ कराया। फलस्वरूप उनकी तीनों रानियों से चार पुत्र हुए—राम लक्ष्मण, भरत शत्रुघ्न। राम चारों भाइयों में सबसे बड़े थे।

इस अवसर पर राम के जन्म के सोहर गाकर बधावे बजते हैं। इन गीतों में माता कौशल्या की सन्तान के लिए चिन्ता, राजा दशरथ का मनस्ताप, सफाई करनेवाली के मुख से अपने लिए निरवंशी सम्बोधन सुनने पर वेदना, फिर दशरथ-कौशल्या का तप करने जाना, विष्णु भगवान का प्रसन्न होकर दर्शन देना, वर माँगने के लिए कहना, सन्तान के लिए मनोकामना व्यक्त करना और वर पाने की कथा मिलती है।

एक अन्य गीत में कोई ऋषि राजा दशरथ की तपस्या से प्रसन्न होकर जड़ी देते हैं कि इसे पिसवाकर अपनी रानियों को पिला दें। रानी कौशल्या ने उस जड़ी का सत एक घूँट में पिया, रानी सुमित्रा ने दूसरा घूँट और रानी कैकेयी ने सिल धोकर पी लिया। कौशल्या के राम हुए, सुमित्रा के लक्ष्मण, शत्रुघ्न, रानी कैकेयी के भरत। तीनों महलों में मंगल हो गया।

एक घूँट पिएँ कौसिल्या रानी दूसरा सुमित्रा रानी हो।
रामा सिल धोई पीयें रानी केकयी त तीनों गरभ से॥
कोसिल्या के जन्मे है राम, सुमित्रा के लछिमन, शत्रुघ्न हो।
रानी केकयी के भरत भुआल, तीनहुँ घर मंगल हो॥
चैतहि कै तिथि नउमी त नौबत बाजइ हो।
रामा जनमे हैं दीन दयाल, त अवध सुहावनि हो॥

राम जन्मोत्सव के उछाह में घर-घर सोहर गाए जाते हैं। राम की छठी, बरही धूमधाम से मनाई जाती है। सरयू में स्नान किया जाता है। राम-जन्म का सोंठौरा बाँटा जाता है।

कामदा एकादशी

चैत्र शुक्ल एकादशी को यह व्रत किसी कामना-पूर्ति के लिए या भगवद्-भक्ति प्राप्त करने के लिए किया जाता है। इसकी महिमा वाराहपुराण में विस्तार से कही गई है।

कथा

प्राचीन काल में भोगीपुर नगर अनेक ऐश्वर्यों से युक्त था। जहाँ पुंडरीक नामक राजा का राज्य था। वहाँ अनेक अप्सराएँ, किन्नर, गन्धर्वादि वास करते थे। वहीं ललिता और ललित नामक गन्धर्व भी रहते थे, दोनों एक-दूसरे को बहुत प्रेम करते थे।

एक समय पुंडरीक राजा गन्धर्वों सहित सभा में क्रीड़ा कर रहा था। ललित भी सबके साथ वहाँ गाना गा रहा था। पत्नी की याद के कारण गीत का अशुद्ध उच्चारण हो गया। नागराज कर्कोटक ने राजा से इसकी चुगली कर दी। पुंडरीक ने उसे महाभयानक राक्षस होने का शाप दे दिया। अब उसका शरीर आठ योजन का और भुजाएँ दो योजन लम्बी हो गईं। महाभयानक वह विकराल राक्षस अपने कर्मफलों को भोगने लगा। उसकी स्त्री ललिता बहुत दुखी हुई, पति के साथ वन में भटकते हुए उसकी मुक्ति का उपाय सोचती रहती।

एक दिन इसी तरह वह विन्ध्याचल पर्वत पर पहुँच गई। वहाँ शृंगी ऋषि का आश्रम (अथवा ऋष्यमूक पर्वत दोनों नाम कथा में आते हैं) देखा। उसने उन्हें प्रणाम किया और अपनी करुण कथा सुनाई कि वह वीरधन्वा नामक गन्धर्व की पुत्री ललिता है। उसका पति ललित पुंडरीक राजा के शाप से भयानक राक्षस हो गया है। उसे राक्षस योनि से छुटकारा पाने के लिए कोई श्रेष्ठ उपाय बताने की कृपा करें।

मुनि बोले! "गन्धर्व कन्या। तू कामदा एकादशी का विधिपूर्वक व्रत कर और उस व्रत के पुण्य को अपने पति के लिए संकल्प कर दे। वह शीघ्र ही राक्षस योनि से छूट जाएगा। राजा का शाप शान्त हो जाएगा।"

ललिता ने विधिपूर्वक इस व्रत को किया और द्वादशी के दिन ब्राह्मणों के सामने व्रत का फल पति को देने लगी। उसने कहा, "हे जगदाधार विष्णु! मैंने जो कामदा एकादशी का व्रत किया है, उसका फल मेरे पतिदेव को मिले जिससे उनकी राक्षस योनि शीघ्र ही छूट जाए।"

श्रीकृष्ण जी धर्मराज से कहते हैं कि एकादशी का व्रत फल देते ही उसके पति की राक्षस योनि छूट गई, वह पहले से भी अधिक सुन्दर गन्धर्व हो गया। सुन्दर वस्त्र, आभूषणों से सुसज्जित दोनों विमान पर बैठकर स्वर्गलोक को चले गए।

इसकी कथा व महात्म्य के श्रवण से अश्वमेध यज्ञ का फल प्राप्त होता है।

काम महोत्सव

चैत्र शुक्ल चतुर्दशी की रात से यह उत्सव प्रारम्भ होता है। त्रयोदशी की रात में कामदेव और रति की प्रतिमा की स्थापना करके उनका श्रृंगार किया जाता है। उनकी पूजा की जाती है। इस उत्सव में संयोग श्रृंगार की लीला और उसका वर्णन गाने-बजाने के साथ किया जाता है। इसे कौमुदी महोत्सव, चैत्रावली और मदन भंजी भी कहा जाता है।

इस पूजा का प्रचलन लोक में उतना नहीं जितना विशिष्ट जनों में है। इसमें कामदेव के रूप में दमनक पौधे की पूजा का वर्णन शास्त्रों में हुआ है।

वसन्त आया नहीं कि कामदेव को शर-सन्धान की सूझी। किसे हरावे, किसे मदनोन्मत्त करे, यही सोचते रहते। कई ऋषि-मुनि और स्वर्ग की अप्सराएँ इनके तीर से घायल हो चुके थे।

कथा

एक बार नारद मुनि पर भी ये विजय पा चुके थे त्रेता युग में। तभी से नारद मुनि भी इन्हें हराने की युक्ति सोच रहे थे।

एक बार रास्ते में दोनों की भेंट हो गई। कामदेव ने कहा, "महाराज! आपकी गति तीनों लोकों में है और मेरे हाथ तीर चलाए बिना खुजला रहे हैं। आप कोई ऐसा पात्र बताएँ जो मुझे चींटी बराबर भी न समझता हो।"

नारद मुनि प्रसन्न हुए। उन्होंने कहा, "तुम्हें तो मालूम ही है, ब्रह्मांड में शिव जी के समान समाधि लगानेवाला दूसरा कोई नहीं है। अबकी बार तुम ऐसा करो कि इन्हीं पर तीर आजमाओ।"

अब कामदेव कैलास पर्वत पर पहुँच गए। जिस चोटी पर शिव जी समाधिस्थ थे उसके चारों तरफ हरियाली लहराने लगी, फूल-पौधे सुगन्ध बिखेरने लगे। एक पेड़ के ऊपर हरियाली से ढँकते हुए उन्होंने अपना फूलों का तीर चला दिया।

शिव की समाधि टूटी। तीसरा नेत्र खुला और गर्वीले कामदेव भस्म हो गए। अब रति रोती हुई शिव जी से कातर प्रार्थना करने लगी। वे प्रसन्न हुए और कहा, "जा! तेरा पति द्वापर युग में तुझे मिलेगा और अब से उसका नाम अनंग होगा और वह आँखों की पलकों पर निवास करेगा। द्वापर युग में द्वारिका पुरी में कामदेव ने प्रद्युम्न के रूप में रुक्मिणी जी की कोख से जन्म लिया। जिसे एक राक्षस ने समुद्र में फेंक दिया।

वह एक मछली के पेट में जा पड़ा। श्रीकृष्ण जी की रसोई में 'रति' पहुँची। कुछ दिनों बाद और मछलियों के साथ उस बड़ी मछली को भी मछुआरे ने पकड़ लिया और उसे रसोई घर में दे दिया।

रति ने जब उसका पेट चीरा तो कामदेव प्रद्युम्न के रूप में निकल आए पुत्र को वापस पाकर श्रीकृष्ण जी ने भारी उत्सव मनाया। इस बच्चे को रति ने ही पाला फिर एक दिन उसने शिव जी द्वारा मिले हुए शाप और वरदान की बात बताई और दोनों सुखपूर्वक रहने लगे।

हनुमान जयन्ती

हनुमान जी का जन्म कार्तिक की नरक चौदस के दिन हुआ था। पर चैत्र पूर्णिमा को भी हनुमान जी का जन्मदिन मनाया जाता है। इस दिन पूरे विधि-विधान से व्रत किया जाता है और पंचामृत से हनुमान जी की मूर्ति को स्नान कराया जाता है। तिल के तेल में सिन्दूर मिलाकर पूरी प्रतिमा पर लेप किया जाता है।

कथा

इस सिन्दूर लेप के बारे में एक कथा कही जाती है। एक बार माता सीता सिन्दूर से अपनी माँग भर रही थीं। हनुमान जी वहाँ पहुँच गए और पूछा कि माता, यह क्यों लगाती हैं? माता सीता ने उत्तर दिया कि इससे मेरे पति अर्थात् तुम्हारे स्वामी की आयु बढ़ती है। इतना सुनते ही हनुमान जी उठ खड़े हुए और बोले कि यदि केवल माँग में सिन्दूर लगाने से मेरे प्रभु की आयु बढ़ती है तो मैं पूरे शरीर में सिन्दूर लगाया करूँगा और वे पूरे शरीर में सिन्दूर लगा आए। यही कथा नरक चौदस के दिन भी कही जाती है।

हनुमान जी को लड्डुओं का भोग लगाया जाता है। प्राय: पुजारी लोग हनुमान जी के सिर पर लड्डू चढ़ाते हैं। जिसके सम्बन्ध में भी एक कथा मिलती है। एक बार सीता जी हनुमान जी को लड्डू खिलाने बैठीं। हनुमान जी लड्डू खाते चले गए, खाना बन्द ही न करें। थाल-के-थाल साफ करते चले गए। अब सीता जी ने एक युक्ति सोची जिससे कि उन्हें तृप्ति का अनुभव हो। उन्होंने हनुमान जी के सिर के ऊपर लड्डू डाल दिये। हनुमान जी ने सोचा कि मैंने इतना लड्डू खा लिया है कि मेरा सिर फट गया है और लड्डू सिर के ऊपर से गिर रहे हैं उन्होंने सीता माता को और लड्डू खिलाने से रोकने के लिए हाथ जोड़ लिये। तब से हनुमान जी के सिर पर लड्डू चढ़ाया जाने लगा! जिससे कि हनुमान जी तृप्त हो जाएँ।

कथा

हनुमान जी के जन्म के सम्बन्ध में एक और लोक-कथा प्रसिद्ध है।

राजा दशरथ ने पुत्रहीन होने के कारण पुत्रेष्टि यज्ञ किया था। यज्ञ से उन्हें तीन पिंड प्राप्त हुए, जिन्हें उन्होंने अपनी रानियों को खाने को दे दिया। किन्तु एक रानी ने उसे लापरवाहीवश कहीं ऐसी जगह रख दिया जहाँ से उसे चील उठा ले गई। वह पिंड ले जाकर वहाँ गिरा दिया जहाँ देवी अंजना बैठी थीं। अंजना ने उसे खा लिया और उसी के प्रभाव से हनुमान जी का जन्म हुआ। हनुमान जी की कीर्ति और यश रामायण आदि ग्रन्थों में विस्तार से वर्णित है। राम ने उन्हें भरत जैसा प्रिय बन्धु कहा तथा उन्हें चिरयौवन और अमरत्व का वर दिया। हनुमान जी के कई नाम है—आनिति, मारुति, अंजनि पुत्र, आंजनेय, पवनसुत, बजरंगी, बजरंग बली, रामदूत, कपीश, महावीर आदि।

महावीर जयन्ती

जैन धर्म के प्रवर्तक तीर्थंकर भगवान महावीर का जन्म-दिवस पूरे देश में धूमधाम से मनाया जाता है। श्वेताम्बर और दिगम्बर दोनों जैन धर्मावलम्बी इस दिन व्रतोपवास, पूजा-अर्चना करते हैं। जैन मन्दिरों को खूब सजाया जाता है।

तीर्थंकरों की परम्परा के बारे में कथा कही जाती है। भगवान महावीर से पूर्व तेईसवें तीर्थंकर हुए जिनका नाम भगवान पार्श्वनाथ था। भगवान पार्श्वनाथ और भगवान महावीर स्वामी में 250 वर्षों का अन्तर था।

पार्श्वनाथ जी ने जैन धर्म के चार स्तम्भ बताए हैं सत्य, अहिंसा, अस्तेय और अपरिग्रह। इन चारों स्तम्भों की व्याख्या और महिमा की कथाएँ इस दिन सुनाई जाती हैं।

भगवान महावीर के पिता लिच्छवि संघ के राजा सिद्धार्थ और माता विशला देवी थीं।

इनका जन्म ईसा के जन्म के पाँच सौ निन्यानवे वर्ष पूर्व माना जाता है। इन्हें भगवान गौतमबुद्ध का समकालीन कहा जाता है।

भगवान महावीर ने तीस वर्ष की अवस्था में ही संन्यास ले लिया था। बारह वर्षों तक घोर तप करने के बाद तीस वर्षों तक लोकहित में धर्मोपदेश किया था।

ईसा के जन्म के पाँच सौ सत्ताईस वर्ष पूर्व कार्तिक कृष्ण चतुर्दशी और अमावस्या के बीच की रात में वे परम धाम गए। इसीलिए दीपावली को उनके निर्वाण दिवस के रूप में मनाया जाता है।

वैशाख महीने के मुख्य व्रत-पर्व-त्योहार

• आस-माई की दूज • अक्षय तृतीया • गंगा सप्तमी
• जगन्नाथ जी का सोमवार • सत्तू संक्रान्ति, मेष संक्रान्ति
• नृसिंह चतुर्दशी • बुद्ध पूर्णिमा।

आस-माई की दूज

वैशाख कृष्ण द्वितीया को यह पूजा की जाती है। इसमें आशा और निराशा माता का चित्र लाल चन्दन से पीढ़े पर बनाया जाता है। दोनों माताओं के बीच में गोबर या मिट्टी की गौर रखकर पूजते हैं। पूजन के बाद उनसे सुहाग लिया जाता है। पूआ, टिकिया और मीठी लम्बी तिकोनी आसें (आशाएँ) बनाकर घी में तलकर आस देवी की मटकी भरी जाती है। मटकी पर ऐपन का थापा लगाकर सिन्दूर से टीका कर उस पर अँगुलियों पर कच्चे धागे का आठ फेरा किया हुआ सूत चढ़ाया जाता है। आस माता की महिमा की कथा कही जाती है। परिवार में जिस वर्ष कोई शुभ संस्कार हो तो बड़ी मटकी भरी जाती है और मटकी में भरा हुआ पूआ तथा आसें गाँव, घर, पड़ोस तथा प्रजाजनों में बाँटी जाती है।

इसमें दो कहानी होती है—एक गणेश जी की और दूसरी आस-माई की।

कथा-1

एक बार की बात है कि भूख, प्यास, नींद और आस (आशा) नामवाली चार वृद्धाएँ एक कुएँ की जगत पर बैठी आपस में बातचीत कर रही थीं। अकस्मात उस देश का राजा शिकार खेलते-खेलते पानी की आस में उनके पास आया। उसने जमीन तक झुककर उन्हें प्रणाम किया और उनका परिचय पूछा। उन लोगों ने अपना-अपना नाम बताया और पूछा, "राजन हम चारों में से तुमने किसे प्रणाम किया है?" राजा ने कहा, "वैसे तो आप चारों प्रणाम की अधिकारिणी हैं, परन्तु विशेष रूप से मेरा प्रणाम आस माई के लिए था, भूख तो स्वादिष्ट भोजन व अस्वादिष्ट भोजन में कोई फर्क नहीं मानती। भूख में जो भी खाद्य-पदार्थ मिल जाए, उससे वह सन्तुष्ट हो जाती हैं प्यास भी गंगा, कुआँ, नदी, तालाब में फर्क नहीं मानती। नींद को भी मखमली सेज नहीं चाहिए। बस, आस के भरोसे मनुष्य का जीवन है। इसलिए आस-माई को ही मेरा विशेष प्रणाम है।"

कथा-2

एक बार गणेश जी छोटे बालक का रूप धरकर गलियों में फिरने लगे। एक वणिक घी का कनस्तर लिये बेचने के लिए अपनी दुकान जा रहा था। गणेश जी उसके सामने जाकर खड़े हुए और कहा, "भइया! रत्ती-भर घी मेरे पेट पर मल दे। बड़ा पेट है, चरचरा रहा है।" उसने कहा, "हाँ, जैसे तुम्हारे ही लिए तो कनस्तर लाया हूँ। अरे लड़के! इसे बेचकर पैसा कमाऊँगा। तेरे पेट में मलने से क्या मिलेगा?" कहकर उसने अपना रास्ता लिया।

इतने में एक वृद्धा दिखी जो आरती के लिए चम्मच में कहीं से घी माँगकर लाई थी। बालक गणेश उनके सामने भी जाकर खड़े हुए और वही बात कही जो कनस्तरवाले से कही थी। बूढ़ी माँ बोली, "आ बेटा, तेरे ही पेट में मल दूँ। गणेश की आरती के लिए ही तो माँगकर लाई थी। तुझे आराम मिले तो समझो कि आरती हो गई।" ऐसा कहकर चम्मच का घी उनके पेट पर मल दिया।

अब बालक ने कहा, "अम्माँ, मुझे तो भूख लगी है।" वृद्धा ने कहा, "अच्छा बेटा! चल मेरी कुटिया पर।" और बालक को साथ लेकर अपनी झोंपड़ी में आई। एक कुशासन था जिस पर उन्हें बैठा दिया और कटोरा लेकर कहीं से कुछ माँगकर लाने चली। बालक ने तुरन्त रोका और कहा, "चलो अम्माँ, जरा कोठरी तो खोलो।" अब हाथ का कटोरा एक तरफ रखकर उन्होंने कोठरी खोली। देखा तो वहाँ छप्पन पकवान भरे थे। झट से थाली लगाकर बालक के आगे ला धरी। बालक ने कहा, "अपनी भी थाली लगा लाओ, अम्माँ तुम्हारे साथ ही मैं भोजन करूँगा।" अब दोनों ने प्रेमपूर्वक भोजन किया। बूढ़ी माँ समझ गई कि ये उसके इष्टदेव गणेश जी हैं, जो उसे दर्शन देने आए हैं। पूछा, "अब इतने सब पकवान का क्या करूँ?" उन्होंने कहा, "सारे मुहल्ले में बॉट आओ।" सो वह सबको बाँटती फिरी।

सबने कहा, "अम्मा, अभी तो तुम चम्मच में घी माँगती फिर रही थीं, अब इतना पकवान का प्रसाद कहाँ से बाँट रही हो।" वृद्धा ने बताया कि मेरे इष्टदेव ने यह सब दिया है।

रास्ते में घी के कनस्तरवाला आदमी भी मिला जो रोता-रोता जा रहा था क्योंकि उसके हाथ से घी का कनस्तर छूट पड़ा था और सारा घी बह गया था, उसको भी उन्होंने प्रसाद दिया। उसने भी पूछा, "प्रसाद कहाँ से आया?" बूढ़ी माँ ने सारी

बात बता दी। वह बहुत पछताया। उसने कहा कि वह बालक तो उसे भी मिला था पर उसने अभिमानवश उसकी बात नहीं सुनी थी।

तब वृद्धा ने झोंपड़ी में लौटकर उसकी बात गणेश जी से कही और उसकी गलतियों की क्षमा माँगी। गणेश जी ने उसे भी कमाने-खाने-भर को दिया। उसने बालक गणेश से पूछा, "यह पकवान जो अभी भी भरा पड़ा है, क्या किया जाएगा?" गणेश जी ने कहा, "इससे सब भूखे—सन्तुष्ट करोगी और अन्त में शरीर छोड़ने पर मेरे धाम को आ जाओगी," यह कहकर गणेश जी अन्तर्धान हो गए। वृद्धा यावज्जीवन सदाव्रत बाँटती रही। अन्त में गणेश धाम पधारी।

कथा-3

एक राजा-रानी थे। राजा रानी को बहुत चाहते थे। रानी बीमार रहा करती थी। राज-काज के बाद राजा उसी के पास बैठे रहते थे। उनके दो बालक थे। रानी जिस कमरे में लेटी थी उसके रोशनदान में एक कबूतर का जोड़ा रहता था। एक दिन कबूतरी मर गई। कबूतर दूसरी कबूतरी बुला लाया। पहली कबूतरी के दो बच्चे थे। वह दूसरी कबूतरी चोंच से ठेल-ठेल के उन बच्चों को भगाती रहती थी। रानी यह देखकर दुखी होती थी, क्योंकि इनके भी दो बच्चे थे।

आखिर एक दिन रानी का अन्त समय निकट आ गया। राजा ने पूछा, "रानी! तुम्हारी क्या इच्छा है बताओ। उसे अवश्य पूरा करूँगा।" रानी ने कहा, "मेरी हार्दिक इच्छा है कि मैं मरूँ तो मुझ पर सौत न लाना।"

राजा ने सौत न लाने का वादा किया परन्तु रानी के मरते ही राजा दूसरी रानी ब्याह लाए, अब वह भी वही करने लगी जो रोशनदान की कबूतरी करती थी। बच्चों की गेंद इसके महल में आ जाए तो न दे, खाने-पीने में भेदभाव करे। हर तरह से बच्चों को तंग करती रहती।

किसी तरह बालक बारह-चौदह वर्ष के हुए। राजा के लड़के थे, अब उन्हें शिकार करना सीखना था। उस कबूतरी के बच्चे को तो जब पंख निकल आए, तब किसी तरह उड़ गए, पर रानी के बच्चे अब पहली बार शिकार को गए। छोटा-मोटा शिकार करके जब शाम को लौटे तो छोटे ने देखा कि महल के फाटक पर 'प्रवेश मना है' लिखा है। उसने बड़े को दिखाया। अब महल के अन्दर जाना मना है तो फिर वे कहाँ जाएँ।

छोटे ने कहा कि हम लोगों को जंगल में ही वापस चलना चाहिए। सो वे लौट पड़े। रात एक पेड़ के नीचे गुजारी। सवेरे देखा कि एक बड़े छतनार पीपल के पेड़ के नीचे दो देवियाँ बैठी हैं। ये दोनों आगे बढ़े और उन्हें प्रणाम किया। देवियों ने कहा, "राजकुमारो! क्षत्रिय हो, साहस से काम लो। यह कौड़ी मैं देती हूँ, इसे पैर के अँगूठे के नीचे दबाकर जिस चीज पर दाव लगाओगे वह चीज तुम्हारी हो जाएगी।" लड़कों ने उन्हें फिर प्रणाम किया और आगे बढ़ गए। सामने से एक घसियारा घास का गट्ठर लिये जा रहा था। इन्होंने सोचा, देखा जाए, कौड़ी दाबकर जीत जाएँगे तो घोड़े को घास ही हो जाएगी। सो घास पर दाव लगा दिया और जीत गए। अब उनका साहस बढ़ा। घोड़ा सरपट दौड़ाते हुए एक राजा के राज्य में जा पहुँचे और राजा के पास जुआ खेलने का सन्देश भेज दिया। उन दिनों जुआ खेलने से इनकार करना हार के बराबर माना जाता था। सो राजा ने इन्हें बुला लिया और खेल होने लगा। अब इन लोगों के पास तो कौड़ी थी, सो सभी दाव जीतते चले गए।

राजा के दो कन्याएँ थीं। उनका विवाह इन राजकुमारों के साथ करके राजा वनवास को चले गए। ये लोग सुखपूर्वक वहाँ राज करने लगे। कुछ सालों बाद राजकुमारियों के बालक हुए। बहुत खुशियाँ मनाई गईं। पर इनका भेजा बायना कोई न ले, सब कहें कि बेटी के घर का बायना कैसे लिया जाए?

तब राजकुमारियों ने इन राजकुमारों से पूछा कि कहीं हमारा भी घर-द्वार है कि हम मायके में ही पड़े रहेंगे। तब राजकुमारों ने अपना राज्य बताया। अब राजकुमारियों ने ससुराल जाने की तैयारी शुरू कर दी और एक दिन घोड़ों पर राजकुमार व पालकियों पर राजकुमारियाँ अपने-अपने बालकों को गोद में लेकर बैठीं। दास-दासी, फौज-फाटा साथ चला। रास्ते में वही जंगल पड़ा जहाँ पेड़ के नीचे 'आशा', 'निराशा' मइया बैठी थीं। दूर पर ही सवारियाँ रोक दी गईं। राजकुमारों ने अपनी पत्नियों से कहा कि अपने आँचल से माताओं के चरण पोंछ लेना, भक्तिपूर्वक प्रणाम करना, बच्चों को उनके चरणों में डाल देना। उन लोगों ने ऐसा ही किया, जैसा उनसे कहा गया था।

माताएँ इनकी सेवा से प्रसन्न हुईं, आशीर्वाद दिया और राजकुमारों से कहा, "यही कौड़ी घिसकर अपने पिता की आँखों पर लगा देना। उनकी आँखें ठीक हो जाएँगी। तुम लोगों के वियोग में वे रो-रोकर अन्धे हो चुके हैं।"

अब सारा लाव-लश्कर, फौज-फाटा माताओं को दंडवत प्रणाम करके आगे बढ़ा और राजकुमार अपने राज्य की सीमा में आ गए। प्रहरियों ने राजा से जाकर कहा कि किसी अन्य देश का राजा चढ़ाई करने के लिए सीमा में घुसा आ रहा है।

राजा जो राजकुमारों के वियोग में अन्धा हो गया था, युद्ध कैसे करता? सो दाँत में तृण व कन्धे पर कुल्हाड़ी लेकर अपने मंत्रियों सहित सन्धि करने चला।

लड़कों ने घोड़े से उतरकर उन्हें दंडवत प्रणाम किया। उनके गले लगे। कौड़ी जल्दी से घिसकर उनकी आँखों में लगाई, जिससे उनकी आँखों में पुन: ज्योति आ गई।

राजा ने बेटों, बहुओं व पौत्रों को चरण स्पर्श करते देखा, आलिंगन किया। राजा की खुशी का ठिकाना न रहा। सारी प्रजा ने प्रसन्न होकर जय-जयकार किया।

राजधानी में सबके सहित आकर राजा ने बहुओं को राजमहल दिया। शुभ मुहूर्त में बेटों का राजतिलक किया। रानी को देश निकाला दिया।

पर बेटों ने ऐसा नहीं होने दिया और कहा, "ये माँ हैं, इन्हीं के कारण हमने आस-माई के दर्शन किये और वह सब कुछ पाया जो एक राजा को पाना चाहिए।"

राजा ने वन में जाकर वानप्रस्थ जीवन बिताने का संकल्प लिया। रानी ने भी राजा के साथ वन में रहने की इच्छा प्रकट की। राजकुमारों ने उनके वन में रहने की सारी सुख-सुविधा बनाई और सुखपूर्वक प्रजा-पालन करते हुए चक्रवर्ती राजा बने।

अक्षय तृतीया

वैशाख कृष्ण पक्ष तृतीया को त्रेता युग का आरम्भ हुआ था। इसी की स्मृति में यह व्रत किया जाता है। बद्रीनाथ के पट इसी तिथि को खुलते हैं, इसलिए बद्रीनाथ की प्रतिमा स्थापित करके पूजा की जाती है। पितरों का तिल से तर्पण और पिंडदान भी इस तिथि को करते हैं।

इस तिथि को नर-नारायण, परशुराम जी तथा हयग्रीव का अवतार दिवस भी मनाया जाता है। अक्षय तृतीया को जल भरा कलश, पंखा और खड़ाऊँ, जूता, ककड़ी, आदि गर्मी को शान्त करनेवाली वस्तुओं का दान किया जाता है जिससे स्वर्ग में यह सब चीजें पितरों को मिल जाए। माना जाता है कि इसी दिन से गर्मी शुरू हो जाती है। सुहागिनें और कन्याएँ इस व्रत में गौरी की पूजा करके मिठाई, फल और भीगे हुए चने का प्रसाद बाँटती हैं।

लोगों का विश्वास है कि अक्षय तृतीया को किया हुआ व्रत, हवन, दान के पुण्य का अक्षय फल मिलता है। इस दिन उपवास करके अक्षत चावल से वासुदेव की पूजा करने तथा सतंजा (सात अनाज) चढ़ाने से समस्त पापों से मुक्ति मिलती है। मिट्टी के ढेले जोड़कर रखे जाते हैं और विश्वास किया जाता है कि यह जितने भीगेंगे उतने ही महीने उतनी वर्षा होगी।

इसे आखा तीज भी कहते हैं और इसी दिन रबी की फसल काटकर जो नया अन्न आता है उसका 'नवान्न या नवफर' उत्सव मनाकर पूजा करके खाया जाता है। सभी के घर जाकर जोहार, प्रणाम करके आशीर्वाद लिया जाता है—'नया धरो, पुराना खाओ।' अर्थात् घर में अन्न धन की समृद्धि बनी रहे। नया अन्न पहले दान करके तभी खाया जाता है, इसलिए नये अन्न का भोजन बनाकर बाँटा जाता है। इस तृतीया में तीन कथाएँ कही जाती हैं।

कथा-1

परशुराम जी की माँ रेणुका और विश्वामित्र की माता दोनों सखियाँ थीं।

ऋषि जमदग्नि जब तपस्या करने जाने लगे तो उनकी पत्नी रेणुका ने मनोकामना पूरी करने का वर माँगा। विश्वामित्र की माँ ने भी सखी से कहा कि मेरे लिए भी वर माँग लो। ऋषि जमदग्नि ने दोनों को एक-एक फल दिया। अपनी पत्नी को ब्रह्मतेज से युक्त पुत्र-प्राप्ति के लिए और उसकी सखी को क्षत्रिय तेज से युक्त पुत्र के लिए। संयोग से दोनों का फल आपस में बदल गया। फलस्वरूप परशुराम को ब्राह्मण कुल में जन्म लेकर भी तेजस्वी क्षत्रिय के गुण मिले और विश्वामित्र क्षत्रिय कुल में जन्म पाकर भी परम तपस्वी-ज्ञानी ऋषि बने।

कथा-2

महाराज युधिष्ठिर ने श्रीकृष्ण से अक्षय तृतीया का महत्त्व जानने की जिज्ञासा प्रकट की। श्रीकृष्ण ने इसके फल का महत्त्व बताते हुए कहा कि इसी तिथि से सतयुग

का प्रारम्भ होता है। धर्म नाम का एक वैश्य था जो ईश्वर भक्त, सत्यवादी लेकिन निर्धन था। आर्थिक अभाव के कारण परिवार का पालन नहीं कर पाता था। अक्षय तृतीया का महात्म्य सुना कि रोहिणी नक्षत्र से युक्त यह तृतीया अत्यन्त फलदायिनी है। उसने परिवार का विरोध झेलते हुए भी यथाशक्ति दान देकर व्रत किया। जब वैकुंठवासी हुआ तो व्रत के फल से कुशावती नगरी का राजा हुआ और उसे अक्षय सम्पत्ति मिली। वैभव पाकर भी वह धर्म से विचलित नहीं हुआ। इसलिए इस व्रत का नाम अक्षय तृतीया पड़ा। क्योंकि इस पुण्य का क्षय नहीं होता।

कथा-3

वैशाख में गंगा स्नान का विशेष महत्त्व है। एक राजा वैशाख-भर बड़े भोर में गंगा स्नान को जाते थे कि सबसे पहले नहा लें। पर जब जाएँ तो पानी किसी के नहा लेने से मटियाला दिखता। उन्होंने पहरा लगा दिया कि पता चले कि कौन नहाता है। उन्होंने शर्त रखी कि यदि वह स्त्री होगी तो मैं उससे विवाह कर लूँगा। पता चला कि एक बन्दरिया पेड़ से उतरकर स्नान करती और वापस पेड़ पर जा बैठती। सैनिक उसे पकड़कर ले आए।

शर्त के अनुसार राजा को उससे विवाह करना पड़ा। बन्दरिया गर्भवती हुई। राजा परदेश जाने लगे तो वह बोली कि आप नहीं रहेंगे तो मैं बच्चे को कैसे जन्म दूँगी। राजा ने एक डोरी बाँध दी और कहा कि यह हिला देना मैं आ जाऊँगा। राजा की दूसरी रानियों ने कहा रस्सी हिलाने से राजा आते हैं कि नहीं तुम परीक्षा कर लो। उसने डोरी हिला दी। राजा आए तो पूछने पर बताया कि परीक्षा कर रही थी। सौत रानियों के कहने पर फिर से डोरी हिला दिया कि राजा रूठ तो नहीं गए हैं। फिर जब प्रसव वेदना के समय वह डोरी हिलाती रही पर राजा नहीं आए, क्योंकि उन्होंने समझा कि फिर परीक्षा ले रही होगी। अन्य रानियों से पूछा कि मैं बच्चे को कैसे जन्म दूँ? उन्होंने कहा कि ओखल में सिर डालकर बैठ जाओ, उसने ऐसा ही किया।

पुत्र हुआ तो ओखल में सिर होने के कारण देख नहीं सकती थी। रानियों ने वहाँ पत्थर रख दिया और बच्चे को नदी में फेंकने के लिए दासी को भेज दिया। दासी को दया आई उसने नदी में न फेंककर कुम्हार के गड्ढे में नदी किनारे रख दिया। नि:सन्तान कुम्हार को बच्चा मिला तो उसे पाल लिया।

राजा के आने पर रानियों ने बताया कि बन्दरिया ने पत्थर जना है।

बच्चा कुम्हार के यहाँ पलने लगा। रानियाँ गंगा स्नान को आईं तो वह लड़का मिट्टी के घोड़े को पानी पीने के लिए कह रहा था, रानी हँस पड़ी—कहीं मिट्टी का घोड़ा पानी पीता है?

लड़के ने कहा—कहीं माताएँ पत्थर जनती हैं?

रानियाँ कोपभवन में लेट गईं। राजा से शर्त रखी कि कुम्हार को परिवार सहित देश निकाला देने के बाद ही उठेंगी।

राजा ने ऐसा ही किया। कुम्हार जंगल में रहने लगा।

एक दिन गंगा किनारे एक घड़ा पानी भरकर और मिट्टी की गोलियाँ बनाकर लड़के ने रख दिया। चारों ओर से आग जलाकर बीच में बैठ गया। मंगला गौरी का पूजन करने के लिए कुँवारी कन्याएँ नहाने और मिट्टी लेने आईं। उसने सबको एक-एक गोली खिलाकर पानी पीने और आग के चारों तरफ घूमने को कहा, तब मिट्टी ले जाने दिया।

108 कन्याओं ने उसकी गोली खाकर, पानी पीकर आग के चारों तरफ फेरे लिये। वे सभी गर्भवती हो गईं। माता-पिता को पता लगा तो उन्होंने पूछा। कन्याओं ने कुम्हार के लड़के से मिट्टी की गोली लेकर खाने की घटना बताई।

सभी माता-पिता कुम्हार से बोले कि अपने बेटे से हमारी बेटियों का विवाह कर लो। सबका लड़के से विवाह हो गया। सभी के एक-एक पुत्र हुआ। कुम्हार के पास अथाह धन-सम्पत्ति आ गई।

एक दिन सबसे छोटी बहू ने कुम्हार से कहा कि एक बड़ा भोज करिए जिसमें राजा-महाराजा और प्रजा सभी आवें। कुम्हार ने ऐसा ही किया। लड़के ने अपने पिता राजा और उनकी सभी रानियों को भी बुलाया।

बन्दरिया रानी के लिए पालकी भेजी, उन्हें सोने की चौकी पर बैठाया और अपनी पत्नियों से कहा कि मेरी इस जन्मदात्री माँ के चरण तुम सभी एक-एक सोने की मुहर लेकर छूती जाओ और अपने-अपने बालक उनकी गोद में डालती जाओ। बहुओं ने ऐसा ही किया। यह देखकर राजा की अन्य रानियाँ नाराज होकर बोलीं, "यह तो हमारा अपमान है।"

राजा ने लड़के से पूछा, "बेटा! तुम केवल बन्दरिया रानी का इतना सम्मान क्यों कर रहे हो?" लड़के ने बताया कि यह मेरी माता हैं और पूरी घटना कह सुनाई।

दासी ने भी बताया कि हाँ मैंने बच्चे को फेंका नहीं था गड्ढे में रख दिया था। राजा ने अपनी सभी रानियों को छोड़ दिया और बन्दरिया रानी सहित उसकी बहुओं, पौत्रों और पुत्र के साथ राज्य में वापस लौटे। कुम्हार को सम्पत्ति देकर धन्यवाद दिया और अपने साथ चलने की विनती की। जैसे बन्दरिया रानी के दिन लौटे वैसे सबके लौटें।

गंगा सप्तमी

पुराण के अनुसार वैशाख शुक्ल सप्तमी को गंगा का स्वर्ग से अवतरण हुआ था।

तीन दिन तक वे शिव की जटाओं में बँधी रहीं फिर दशमी को धरती पर आईं।

ब्रह्मपुराण और लोक-कथाएँ कहती हैं कि जह्नु ऋषि ने भगीरथ के प्रयास से धरती पर आनेवाली गंगा का पान क्रोधित होकर कर लिया था क्योंकि गंगा ने उनकी पूजन-सामग्री अपनी धारा से बहा दी थी।

भगीरथ की प्रार्थना पर ऋषि ने दया करके अपने दाहिने कान से उन्हें निकाल दिया।

कही-कहीं दाहिनी जाँघ से भी गंगा को निकालने की कथा मिलती है। गंगा का नाम जाह्नवी तभी पड़ा।

इसीलिए गंगा जयन्ती इस दिन मनाते हैं और गंगा की पूजा करके दीपदान भी किया जाता है। गंगा महात्म्य के गीत और कथाएँ कहीं जाती हैं।

गंगा तट पर पूजन, दीपदान होता है।

राजा भगीरथ के पूर्वजों के उद्धार हेतु उनकी तपस्या और शिव की जटा में समाने तथा जटा से निकलने की कथा कही जाती है। आगे-आगे भगीरथ भागते हुए जा रहे थे उनके पीछे गंगा पसरती गईं।

जगन्नाथ जी का सोमवार

जो भक्त उड़ीसा में श्री जगन्नाथ धाम की यात्रा करने जाते हैं वे वहाँ से छड़ी लाते हैं और जगन्नाथ जी का भात भी। छड़ी को अनाज के भंडार में रख दिया जाता है और प्रतिवर्ष वैशाख के प्रथम सोमवार को छड़ी का पूजन किया जाता है।

वहाँ से लौटकर जगन्नाथ जी का भात-भोज धूमधाम से किया जाता है और वहाँ से लाए हुए चावल के कुछ दाने भोजन पकाते समय डाल दिया जाता है। यह नियम छुआछूत के भेदभाव को मिटाने के लिए है। पंक्ति-भेद नहीं होता सभी एक साथ बैठकर भात खाते हैं। किसी भी भंडारे में यह चावल डाल देने से श्री जगन्नाथ जी की कृपा से भोजन कम नहीं पड़ता, ऐसा विश्वास है।

कथा

एक गृहस्थ ब्राह्मण थे, बहुत ही कृषकाय, जिससे उनका नाम ही पड़ गया था—दुर्बल ब्राह्मण। वृत्ति थी पूजा-पाठ। दिन-भर यजमानों के यहाँ चक्कर लगाते, झोला-भर अन्न लेकर घर आते। तड़के सबेरे नहा-धोकर बहू चौके में जाती, परात-भर आटा गूँधती और कठौते-भर रोटी बनाकर रख देती।

दुर्बल ब्राह्मण प्रेमपूर्वक भगवान का भोग लगाते और पिता-पुत्र भोजन करते पर बड़ा आश्चर्य! जब वह सास की थाली परोसने लगती, तब कठौते में एकाध ही रोटी दिखाई पड़ती। वह बहुत शर्मिन्दा होती। एक दिन सास ने कहा, "बहू! तुम्हारे हाथ में बरकत नहीं है। कल मैं भोजन बनाऊँगी।" बहू की जान-में-जान आई। दूसरे दिन सवेरे बहू ने परात-भर आटा गूँध दिया। सास ने भोजन बनाया और पति-पुत्र की थाली परोस दी। उनके भोजन कर लेने के बाद अपनी और बहू की थाली परोसने चली तो देखा कठौती में वही 'रोटियाँ कोचियाँ।' वह बड़ी हैरान हुई। पति से कहा, "पंडित जी! कल आप ही भोजन बना लें तो अच्छा हो।"

दूसरे दिन दुर्बल ब्राह्मण ने कठौता-भर रोटी बनाई। पुत्र के साथ भोजन करने के बाद पीछे फिरकर देखें तो वही रोटियाँ-कोचियाँ। अब उनकी समझ में आया कि उन्हें रसोई बनाने को क्यों कहा गया था। पंडिताइन से बोले, "हमसे कोई गलती हुई है। हमें जगन्नाथ जी का शाप लगा है। जगन्नाथ धाम जाना चाहिए, क्षमा माँगनी चाहिए।"

अब उन्होंने लुटिया-डोर हाथ में लिया, अपने ठाकुर जी शालिग्राम को गले में बाँध और चल पड़े जगन्नाथ धाम। रास्ते में किसी यजमान से भेंट हो गई तो भोजन की व्यवस्था हो गई। उन्होंने रोटी बनाई, भोग लगाया, भोजन किया, थोड़ा-सा गूँधा आटा बच गया था। इतने में अपने गाँव की एक ग्वालिन दिखाई पड़ी जो बेचहरा (बिक्री सामग्री) बेचकर घर वापस जा रही थी। उन्होंने लोई उसे पकड़ा दिया और कहा, "मेरे घर में दे देना जिससे आज के दिन का भोजन हो जाए।"

ग्वालिन घर पहुँची तो अपने बच्चों में लग गई लोई नदवा के नीचे रख दिया। जब फुरसत मिली तब लोई देने चली। देखा तो अब वह सोने की हो गई थी। उसे लालच आया। लोई रख दी। कंकर अरकर-करकर पीसकर उनके घर दे आई। बच्चे बीमार पड़ गए। सास ने कहा, "आज तुमसे कौन-सा दुष्कर्म हुआ? जब से बेचहरा बेचकर आई हो, लड़के हाल-बेहाल पड़े हैं।" तब उसने लोई की बात बताई। सास ने कहा, "जल्दी जा, उनकी लोई दे आ। पराई चीज का लोभ करना बड़े दोष का काम है।" वह लोई दे आई और बच्चे ठीक हो गए।

दुर्बल ब्राह्मण रास्ते में किसानों से जौ-चने की बाली बूट माँगते-खाते अपनी छोटी बेटी के यहाँ पहुँचे। नाती ने दौड़कर अपनी माँ को बताया कि नाना आए हैं। वह जल्दी से निकली पिता से मिली, हाथ-पैर धुलाया, हाल-चाल पूछा। दुर्बल ब्राह्मण ने बैठकर सारा हाल बताया और कहा, "जगन्नाथ जी की पूजा कर लेना चाहता हूँ। बेटी एक कोरी मटकी जरा-सा घी-गुड़ ले आओ।" वह चिन्तित हुई। घर में गरीबी थी। फिर कुछ और निश्चय करके लड़के का हाथ पकड़कर बनिये के यहाँ पहुँची। कहा, "भइया थोड़ा-सा घी-गुड़ दे दो। मेरे पिता जी आए हैं, जगन्नाथ जी की पूजा करेंगे। जब तक तुम्हें पैसा न दे जाऊँ, बच्चा तुम्हारे पास रहेगा।" बनिया बोला, "घी-गुड़ ले जाओ, पूजा के लिए ही तो चाहिए और फिर जैसे वे तुम्हारे पिता, वैसे ही वे मेरे भी पिता समान हैं।" पर उसने बच्चे को वहीं बिठा दिया। घी-गुड़ लेकर कुम्हार के यहाँ जाकर कहा, "भइया, एक छोटी-सी मटकी दे दो। पिता जी आए हैं, पूजा करेंगे। तुम्हारा पैसा देकर अपनी हँसिया ले जाऊँगी।" उसने भी बनिये की तरह ही कहा, पर वह हँसिया वहीं छोड़कर मटकी

लेकर घर आई और पिता के सामने सब चीजें रख दीं। परन्तु अब पिता बोले कि बिटिया! लहरपटोर पहनकर बच्चे को गोद में लेकर कथा सुनो।

अब क्या करे! अब लज्जा कैसे बचे? अपनी कोठरी का दरवाज़ा पकड़कर वह चिन्तामग्न खड़ी हो गई। इतने में उसके पति आ गये। चिन्ता का कारण पूछा। उसने सब बताया। पति ने कहा, "रोज तो मैं ताँबे का टका पाता था पर आज तो सोने का टका मिला है। ले जाओ, कुम्हार और बनिये का पैसा चुकता करके बच्चे को ले आओ।" जब वह पैसा देने पहुँची तो दोनों ने ही यही कहा कि पूजा के लिए जरा-सा सामान दे ही दिया तो क्या हो गया? तुम बच्चे को छोड़ ही गईं खेल रहा है, लिवा ले जाओ। पैसा चुकाकर बच्चे को लेकर घर आई तो देखा, अरगनी पर लहरपटोर टँगी है, झट सबने स्नान किया, नये वस्त्र पहने और कथा सुनने बैठ गये। पूजा-कथा के बाद दुर्बल ब्राह्मण ने सबको प्रसाद दिया, गऊ ग्रास निकालकर खुद भी भोजन किया और आगे चल पड़े।

इधर वह 'गऊ ग्रास' सोने का हो गया था। बच्चा दौड़ा, "नाना-नाना! तुम्हारे देवता छूट गए है" उन्होंने गले में बँधी शालिग्राम की मूर्ति टटोली वह विद्यमान थी। बोले, "वह मेरे देवता का प्रसाद है, ले जाकर माँ को दे दो।" अब उस सोने की बटिया के कारण उनके घर की गरीबी दूर हो गई।

चलते-चलते दुर्बल ब्राह्मण बड़ी बेटी के यहाँ पहुँचे। वहाँ भी बच्चों ने जाकर माँ को खबर दी। वह भी बाहर निकलकर पिता से मिली। वहाँ भी जगन्नाथ की पूजा के लिए उन्होंने घी-गुड़ और मटकी की माँग की बड़ी बिटिया को धन का घमंड था। बोली, "मैं जानती थी, पिता जी आवेंगे तो कुछ ऊटक-नाटक रचेंगे।"

फिर घी-गुड़ और मटकी मँगाकर उनके पास भेज दिया। उन्होंने कथा—पूजा की और आगे चले, रास्ते में सबका दुख-सुख पूछते जाते थे।

एक बड़े भारी आम के पेड़ के नीचे सुस्ताने बैठे-पेड़ ने कहा, "दुर्बल ब्राह्मण कहाँ चले?" उन्होंने बताया, "जगन्नाथ जी बुला रहे हैं।" पेड़ बोला, "मेरा भी सन्देश लेते जाओ।" पूछा, "क्या?" पेड़ बोला, "मैं इतना बड़ा पेड़ हूँ। मौसम में फल से लद जाता हूँ पर पकते ही उसमें कीड़े पड़ जाते हैं किसी के काम नहीं आते।" फिर साँप मिला जो अपना घर नहीं तलाश पा रहा था। फिर दो नदियाँ मिलीं जो अलग-अलग सिकुड़ी-सिकुड़ी बह रही थीं। फिर बाल का बाँधा हाथी मिला जिस पर कोई सवारी नहीं कर सकता था। एक स्त्री के सिर पर तवा चिपका था, दूसरी के पैर में पीढ़ा। इसके बाद नदी के इस पार बछड़ा और उस पार गाय रँभाती हुई

मिली। सबका सन्देश लेते हुए जब वह आगे बढ़े तो, इनमें पूर्ण समर्पण की भावना है या अभी कमी है, यह जाँचने के लिए भगवान पाँच वर्ष के बालक का रूप धारण करके इनके सामने आए और पूछा, "दुर्बल ब्राह्मण : कहाँ चले?" अक्सर लड़के बूढ़ों को चिढ़ाया करते हैं, यह सोचकर इन्होंने कोई जवाब नहीं दिया परन्तु बालक अपनी बात दुहराता ही चला जा रहा था। तब इन्हें नाराजगी लगी। बोले, "हमें तो जगन्नाथ जी जाना है पर तुम कौन हो पूछनेवाले?" तब बालक ने माया की आग लगा दी। पूरा रास्ता आग की लपटों से घिर गया। अब बालक बोला, "कैसे जाओगे जगन्नाथ जी? देख नहीं रहे, आग लगी है।" दुर्बल ब्राह्मण ने आव देखा न ताव, और 'जै जगन्नाथ जी' कहते हुए आग में कूद पड़े। अब न वहाँ आग थी और न वह बालक। सामने जगन्नाथ जी विराज रहे थे, अटका चढ़ रहा था, भोग लग रहा था मन्दिर भक्तों की जै जै कार से गूँज रहा था और बाहर समुद्र का गर्जन था।

दुर्बल ब्राह्मण बड़े प्रसन्न हुए। रोज आठों याम दर्शन करते, प्रसाद खाते, नाम-स्मरण में लीन रहते। वह घर जाना ही भूल गए। तब एक दिन जगन्नाथ जी ने स्वप्न में इनसे कहा, "दुर्बल ब्राह्मण! घर जाओ, गाय दूँगा। दूध पीते, खोये का पेड़ा खाते हुए वापस घर पहुँच जाओ। वहाँ बहुत बड़ा भंडारा करना। एक कोठरी लीप-पोतकर दीवार में एक सुराख बना देना और कोठरी बन्द कर देना। सवेरे नहा-धोकर जब खोलोगे तो उसमें छप्पन प्रकार का भोजन तैयार पाओगे। रास्ते में सबको निमंत्रण देते जाना। लोक-कल्याण के लिए वहाँ मुनादी कराना कि चैत्र शुक्लपक्ष के दोनों सोमवार को गृहस्थगण जगन्नाथ जी की पूजा करें। पहले सोमवार को 'रोटियाँ कोंचियाँ' का नया अन्न, गुड़, धनिया, जौ की बाली, आम आदि फल-फूल से पूजा करे, दूसरे सोमवार को पूड़ी, पूआ, गुझिया, गुड़धनिया आदि से मटकी भरें। यदि कोई शुभ कार्य उस साल हुआ हो तो दोहरी मटकी भरें। इससे धन-धान्य की वृद्धि होगी और मुझमें प्रीति होगी।"

दुर्बल ब्राह्मण सवेरे उठे तो देखा, सामने गाय खड़ी है। झट स्नान-ध्यान से निबटे। भगवान का दर्शन किया और गाय के साथ घर का रास्ता पकड़ा। पर ये क्या! अभी थोड़ी ही दूर गए थे कि कान से सुनाई देना बन्द हो गया। घबराए और वापस मन्दिर लौट आए। जगन्नाथ जी से कहा, "हम पहले ही कहते थे, हमें वापस घर न भेजो। नहीं माने। अब देखो, हम बहरे हो गए।" भगवान बोले, "किसी का सन्देश तो नहीं लाए थे।" अब ये चौंके, बोले, "सन्देश तो बहुत लाए हैं।" "फिर कहो न" तब इन्होंने बताया।

प्रश्न : खूब फूलने-फलनेवाला एक आम का पेड़ है, पकने पर आम में कीड़े पड़ जाते हैं।

उत्तर : भगवान बोले, "वह पिछले जन्म का मुनीम है, झूठी बही भरता था उसी का फल मिला। खैर, यह छड़ी हुआ देना, लोग फल खाने लगेंगे।"

दुर्बल ब्राह्मण प्रश्न करने लगे और जगन्नाथ जी उत्तर देने लगे।

प्रश्न : एक बड़ा भारी हाथी बाल का बाँधा झूम रहा है, क्यों?

उत्तर : वह पिछले जन्म की नाइन है—यजमानों की महिलाओं की कंघी करती थी पर कंघी से बाल निकालकर न फेंकती थी। छड़ी से छू देना, दोष मिट जाएगा।

प्रश्न : दो नदियाँ पास ही बहती हैं, पर उमड़कर दोनों एक में होकर बड़ी नदी बनकर लोगों की प्यास नहीं बुझा पा रही हैं, क्यों?

उत्तर : पिछले जन्म की दोनों बहनें हैं। आपस में ही दान-पुण्य लेती रही हैं, एक चुल्लू पानी इसमें का उसमें और उसमें का इसमें डालकर छड़ी छुआ देना—बड़ी नदी बनकर लोकोपकार करेंगी।

प्रश्न : एक साँप मिला था जो अपनी बाँबी (बिल) नहीं पा रहा था, क्यों?

उत्तर : पिछले जन्म में उसने किसी दूसरे का घर हथिया लिया था, अब अपना ही घर नहीं पा रहा है, उसे भी छड़ी छुआना।

प्रश्न : एक महिला के सिर पर तवा चिपका था, क्यों?

उत्तर : उसने रोटी बनाकर तवा चूल्हे से नहीं उतारा था, उसे भी छड़ी छुआओ।

प्रश्न : एक स्त्री के पीढ़ा चिपका था, क्यों?

उत्तर : उसने कभी बड़े जेठ, श्वसुर लोगों का आदर नहीं किया। ऊँचे पर चढ़ी बैठी रही। छड़ी छुआकर दोष परिहार करो।

प्रश्न : एक बालक मिला, आग लगी थी। बालक कौन था?

उत्तर : वह तो मैं ही था। तुम्हारी सत्यनिष्ठा जानने के लिए माया की आग लगा दी थी। अब तुम घर जाओ, सबका दोष बताते हुए छड़ी छुआते जाना, जिससे आगे लोग ऐसा न करें।

अब दुर्बल ब्राह्मण ने भगवान को प्रणाम किया। उनका 'पट' महाप्रसाद और छड़ी लेकर घर को चले। रास्ते में सबको उसकी गलती बताते हुए छड़ी छुआते, लोगों को भंडारे का निमंत्रण देते हुए बड़ी बिटिया के यहाँ पहुँचे। उसने बेमन से पूजन-सामग्री जुटाई, कथा-पूजा हुई। चलते समय उन्होंने भंडारे का निमंत्रण दिया। वह बोली, "दूध-मलाई तो मेरे बच्चों को हजम ही नहीं होती, पूड़ी-कचौड़ी, कट्ठर-गोला कौन खाएगा?"

वहाँ से चले तो छोटी बिटिया के यहाँ पहुँचे। उसके यहाँ अब खुशहाली हो गई थी। झटपट उसने पूजा का सामान ला धरा। पति-पुत्र के साथ बैठकर श्रद्धापूर्वक कथा सुनी और भंडारे में सपरिवार पहुँचने को अपना सौभाग्य बताया।

दुर्बल ब्राह्मण सबको निमंत्रण देते-दिवाते घर पहुँचे। पर अब तो जगन्नाथ जी की कृपा से वहाँ महल खड़ा था। देखकर घबराए। कहा, "एक रही मोरी राम मड़ैया, वहौ हरी करतार।" बहू ने उनकी आवाज सुनी। सास से बोली, "लगता है पिता जी आ गए हैं।" सास ने कहा, "वो जगन्नाथ जी में प्रसाद खा रहे होंगे और यहाँ भी जब से वे गए हैं तभी से गरीबी दूर हुई है।" पर बहू नहीं मानी। बाहर निकलकर ससुर का हाथ पकड़कर लिवा लाई और बताया कि आपके जगन्नाथ दर्शन को जाने के बाद ही भगवान ने हमें सम्पन्नता दे दी।

दुर्बल ब्राह्मण के नेत्रों से प्रसन्नता का जल बरस पड़ा। उसने मन-ही-मन भगवान को प्रणाम किया। कृतज्ञता ज्ञापित की और बहू से बोले, "एक कोठरी को खूब लीप-पोतकर दीवार में एक सुराख बना दो। कोठरी बन्द कर देना। कल जगन्नाथ जी का भंडारा है।"

पंडिताइन बोली, "ऐसे ही पहले भी साफ-सफाई, लीपा-पोती कराते रहे, जिससे अन्न तक हर गया था। अब किसी तरह भगवान की कृपा हुई है तो फिर साफ-सफाई करा रहे हैं।' पर बहू नहीं मानी। एक कोठरी साफ करके पड़ोसिन से कुदाली माँगकर दीवार में सुराख बनाकर कोठरी बन्द कर दी। बहू जब कुदाली लौटाने गई तब यह सोने की हो गई थी। पड़ोसिन ने लिया नहीं, कहा, "मेरी कुदाली तो लोहे की थी।" बहू ने ससुर जी को यह बात बताई। उन्होंने कहा, "कह दो, यह जगन्नाथ जी की कृपा है, प्रसाद समझकर रख ले।"

दूसरे दिन सवेरे नहा-धोकर जगन्नाथ जी की कथा-पूजा करके दुर्बल ब्राह्मण ने कोठरी खोली। छप्पन प्रकार के भोजन से कोठरी अटी पड़ी थी। अब तक द्वार पर तमाम भीड़ इकट्ठा हो चुकी थी। कितने ही लोग दुर्बल ब्राह्मण की हँसी उड़ाने आए थे कि कल तो तमाम गाँव के लोगों को निमंत्रण देते आए थे, आज देखो, खिलाते क्या हैं? पर यह तो जगन्नाथ जी का भंडारा था, सवेरे से ही परोसगारी शुरू हो गई थी। भीड़-पर-भीड़ जीमती चली जाती थी और सामान ज्यों-का-त्यों भरा था।

दुर्बल ब्राह्मण की छोटी बेटी आई, झम्म से घर में पहुँची और सबको परोसने-खिलाने में लग गई।

बड़ी बेटी आई, अब उसका एक पैर देहरी के अन्दर और एक बाहर, घर में ही नहीं आ पा रही थी।

दुर्बल ब्राह्मण ने भगवान से प्रार्थना की, लज्जा रखो भगवन्—इज्जत जा रही है। भगवान ने कहा, "तुम्हारी यह लड़की बड़ी गर्वीली है, खैर! छुआ दो बेंत आ जाएगी घर में।" अब वह आ गई घर में फिर खाने-पीने में नुक्ताचीनी करने लगी। विदाई के समय माँ ने मुहर अशर्फी की पोटली दोनों लड़कियों को दी। छोटी तो उसे लेकर अपने घर पहुँच गई। बड़ी बेटी गठरी रखकर कुएँ पर पानी पीने लगी।

पनिहारिन ने पूछा, "बड़ी गरूई गठरी लिए हो बहिन, कहाँ से आ रही हो?" इसने बताया, "माँ के यहाँ से आ रही हूँ, पता नहीं क्या कंकड़ पत्थर भर दिया है माँ ने।" और घर जाकर खोला, तो उसमें कंकड़-पत्थर ही दिखा। तुरन्त माँ के यहाँ जाकर उलाहना दिया। माँ ने कुम्हड़ा में मोती-मूँगा भरकर दिया। रास्ते में प्यास लगी। पानी पीने और बतियाने लगी तब तक कुम्हड़ा बकरी खा गई। फिर पहुँची माँ के पास। माँ ने कहा, "बेटी हो, मैं तुम्हारे भाग्य को क्या कहूँ? मैं खुद चिन्तित हूँ तुम्हारे लिए।"

दुर्बल ब्राह्मण ने फिर जगन्नाथ जी से प्रार्थना की। उन्होंने कहा, "तुम्हारी यह लड़की बड़ी अहंकारी व गर्वीली है और अहंकार मैं किसी का रहने देता नहीं। पहुँचा आओ इसके घर और कहो कि रास्ते में किसी से कुवाक्य न कहे तो सम्पन्नता तो न रहेगी इसके घर पर भूखी भी नहीं सोएगी।"

माँ ने फिर इसे भारी गठरी दी। पिता पहुँचाने गए। जगन्नाथ जी की कृपा से इसे भी खाने-पहनने की कमी नहीं रही।

दुर्बल ब्राह्मण ने नगर में ढिंढोरा फिरा दिया कि चैत्र के शुक्ल पक्ष के दोनों सोमवार को सब लोग नये गेहूँ-जौ की बाली, बूट, नया फल-फूल (कुसुम का फूल), आम की कैरी, भुने गेहूँ-चने के लड्डू (गुड़ में पके हुए) चढ़ाएँ, कथा कहें-सुनें। इससे धन-धान्य की वृद्धि होगी।

नृसिंह चतुर्दशी

हिरण्यकशिपु का वध करने के लिए इस दिन ही सायंकाल भगवान विष्णु का नृसिंह अवतार हुआ था। व्रती इस दिन स्नान कर, स्वच्छ वस्त्र पहनकर, भूमि लीप या धोकर, अष्टदल कमल बनाते हैं, उस पर ताँबे या मिट्टी का कलश स्थापित करके उसमें पचरनी डालते है। मुख पर चावल-भरा सकोरा रखकर, सोने या चाँदी की नृसिंह भगवान की मूर्ति स्थापित कर षोडशोपचार पूजन करके, ब्राहाण भोजन कराकर घट-वस्त्र, अन्न, फल-फूल और मूर्ति सहित वेदज्ञ ब्राह्मण को दान दिया जाता है। सायंकाल मन्दिर में दर्शन, पूजन करके फलाहार भोजन करते है। इस व्रत के सुफल से जीवन में सुख और मरणोपरान्त बैकुठ मिलता है।

कथा

ऋषि कश्यप की दो पत्नियों थीं—अदिति और दिति। अदिति से देवता और दिति से दानवों की उत्पत्ति हुई। दिति के दो पुत्र अपार बलशाली हुए, एक हिरण्याक्ष और दूसरा हिरण्यकशिपु।

हिरण्याक्ष पृथ्वी को पाताल लोक ले गया ताकि पृथ्वी पर यज्ञादि न होने से उसके सौतेले भाई, देवता बलशाली न हो पाएँ। तब भगवान ने वाराह रूप धारण करके उससे युद्ध करके उसे मारकर पृथ्वी को समुद्र की सतह पर लाकर रखा।

उसके भाई हिरण्यकशिपु ने विष्णु को मारने के लिए ब्रह्मा और शिव की घोर तपस्या की और शिव से अमरत्व का वरदान माँग लिया।

जब वह तपस्या में रत था, तब नारद जी ने उसकी पत्नी को अपने आश्रम में लाकर उसकी सुरक्षा की। धार्मिक वातावरण के कारण उसके गर्भ का बालक प्रह्लाद, विष्णु-भक्त पैदा हुआ।

पिता निर्दयी व अत्याचारी था। शिव के वरदान के कारण वह अमर था, सबको खूब दु:ख देता। अपने बेटे प्रह्लाद को भी पहाड़ से गिराकर, हाथी से कुचलवाकर, अग्नि में जलवाकर उसने मारना चाहा, पर भगवान की कृपा से वह नहीं मरा।

हिरण्यकशिपु ने वर माँगा था—मैं न दिन में मरूँ न रात में, न घर में मरूँ न बाहर, न मनुष्य के हाथ मरूँ, न अन्य किसी पशु के हाथ मारा जाऊँ, न जल में मरूँ न अचल में।

भगवान विष्णु ने नृसिह-रूप धारण करके सायंकाल अपनी जाँघों पर रखकर उसे नाखून से मारा और प्रह्लाद को राज्य दिया। इस तरह उसका शिव द्वारा दिया वर भी पूरा हुआ।

बुद्ध जयन्ती / बुद्ध पूर्णिमा

बौद्ध धर्म के आदि प्रवर्तक भगवान गौतम बुद्ध को बैसाख की पूर्णिमा को ज्ञान प्राप्त हुआ था। ये भगवान विष्णु के तेइसवें अवतार हैं। इस दिन व्रत, उपवास करके बुद्धचरित और उनके उपदेशों का मनन-श्रवण किया जाता है।

भगवान बुद्ध ने ईश्वर के नाम पर बलि चढ़ाने की प्रथा का निषेध किया। इन्होंने अहिंसा को परम धर्म कहा। हिंसा का उत्तर हिंसा से नहीं वरन अहिंसा और प्रेम तथा दया से देने का उपदेश दिया।

गौतम बुद्ध कपिलवस्तु के राजा शुद्धोदन के पुत्र थे। एक रात रानी महामाया ने स्वप्न देखा कि उनकी कोख में श्वेत हाथी प्रवेश कर गया है। राजा ने ज्योतिषी को बुलाकर स्वप्न का विचार कराया। ज्योतिषी ने कहा कि महारानी एक महान आत्मा को जन्म देगी।

गौतम बुद्ध के उपदेश पालि भाषा में संकलित हैं। ज्ञान-प्राप्ति के बाद उन्हें गौतम बुद्ध या बोधिसत्त्व के नाम से जाना गया। गया में उन्हें ज्ञान मिला था इसलिए उसे बोधिगया और पीपल वृक्ष को बोधिवृक्ष कहा गया।

गौतम बुद्ध की दया और करुणा तथा उनके विभिन्न योनियों में जन्म लेकर विश्व के कल्याण के लिए कार्य करने की असंख्य कथाएँ मिलती हैं।

ज्ञान-प्राप्ति के बाद भिक्षु के रुप में गौतम बुद्ध वापस अपने घर आए। पत्नी यशोधरा से भिक्षा माँगी तो उन्होंनें पुत्र राहुल को भिक्षु के वेश में करके उन्हें सौंप दिया। सभी ने बौद्ध धर्म स्वीकार कर लिया। बौद्ध धर्म के अनुयायी भारत से बाहर चीन, जापान, श्रीलंका मलेशिया, नेपाल, जावा, सुमात्रा आदि देशों में बहुत हैं।

बैसाख शुक्ल पूर्णिमा को ही गौतम बुद्ध को महानिर्वाण प्राप्त हुआ था। इस तरह बुद्ध जयन्ती बोधिसत्त्व की ज्ञान-प्राप्ति की तिथि और निर्वाण-तिथि भी होने के कारण अत्यधिक महत्त्वपूर्ण मानी गई है।

सत्तू संक्रान्ति / मेष संक्रान्ति

ऋतु परिवर्तन की वैशाख मास की ऋतु में अमावस्या को यह संक्रान्ति पड़ती है।

कुछ लोग चैत्र में संक्रान्ति पड़ने पर इसे मनाते हैं।

इसमें सत्तू का दान करके सत्तू खाया जाता है। मिट्टी का पात्र सुराही आदि दान करके तब सुराही का ठंडा पानी पीना प्रारम्भ करते हैं।

इसमें सत्तू खाना अनिवार्य बताया गया है। सत्तू उदर रोगों में रामबाण है। नीम का फूल इस दिन भोजन के प्रारम्भ में खाने का नियम है। यह नववर्ष का प्रथम पुष्प है।

ग्रहों की घूमने की स्थिति को क्रान्तिवृत्त कहते हैं, इसके बारह भाग हैं जो बारह राशियाँ हैं। सूर्य इन राशियों की परिक्रमा करता है। इसमें कपिला षष्ठी में कही जानेवाली कथा कही जाती है। इन राशियों की भी कथा कही जाती है।

इस तिथि को तीर्थ-स्नान और दान का विशेष महत्त्व है।

ज्येष्ठ महीने के मुख्य व्रत-पर्व-त्योहार

- महावीर जी का मेला (बड़ा मंगल)
- वटसावित्री व्रत/बरगदाही, बरमावस
- गंगा दशहरा • भीमसेनी निर्जला एकादशी।

महावीर जी का मेला (बड़ा मंगल)

अवध में लखनऊ में यह मेला बड़ी धूमधाम से मनाया जाता है। यहाँ सार्वजनिक अवकाश भी होता है। ज्येष्ठ मास के हर मंगलवार को लोग भंडारे कराकर प्रसाद बाँटते हैं। अन्तिम मंगलवार को बुढ़वा मंगल भी कहते हैं।

इसमें हनुमान जी के मन्दिरों की विशेष सजावट होती है। हनुमान जी का सरूप बनाकर लीला की जाती है। भोग लगाकर प्रसाद बाँटते हैं। भंडारे में कहीं शरबत बँटता है तो कहीं लस्सी का वितरण होता है।

रामचरितमानस के सुन्दर कांड और हनुमान चालीसा का पाठ मन्दिरों में और घरों में होता है। राम-नाम संकीर्तन होता है। बुढ़वा मंगल को रोट (मीठा पूआ) का भोग प्रसाद वितरण होता है।

वट-सावित्री व्रत / बरगदाही / बरमावस

ज्येष्ठ मास की अमावस्या को यह व्रत पर्व सौभाग्यवती स्त्रियाँ अपने पति की दीर्घायु की कामना से सोलहों श्रृंगार से सजकर करती हैं। इसमें पूड़ी, मीठे पूये, भीगे चने, बताशा, मिठाई और फल से वट वृक्ष की पूजा की जाती है। वृक्ष को भेंटकर परिक्रमा करते हैं। कच्चे सूत से बारह धागों से बनी हल्दी में रँगी माला गौर को चढ़ाकर आँचल में बरगद के गोदे की आकृति में बने हुए आटे की तली हुई मीठी गोलियाँ तथा फल आदि डाले जाते हैं। ग्यारह चने और बरगद का एक अंकुर पानी के साथ निगलकर तब प्रसाद खाया जाता है। इसे निगलने के पीछे अभिप्राय यह है कि जैसे बरगद का पेड़ दीर्घजीवी होता है ऐसे ही पति की उम्र हो। इसी तिथि को सावित्री ने यमराज से वर पाकर अपने पति का जीवनदान पाया था।

कथा-1

इसमें सावित्री-सत्यवान की कथा कही जाती है। सावित्री के पति सत्यवान अल्पायु थे। किन्तु सावित्री ने अपने पति के शरीर को लेकर जानेवाले यमराज से कहा कि मुझे भी इनके साथ ले चलिए क्योंकि मैं पति के बिना अधूरी हूँ। यमराज ने उनके दृढ़-संकल्प को देखकर कहा कि कोई वर माँग लो। सावित्री ने कहा मुझे पुत्रवती होने का वर दीजिए। यमराज ने तथास्तु कहा तो सावित्री ने कहा मैं पतिव्रता हूँ पति के बिना पुत्रवती कैसे हो सकती हूँ? यम ने अन्य कई वरदान भी दिये पर सावित्री भी साथ चलती रही। तब यम ने उनके पति के प्राण लौटा दिये। वट वृक्ष के नीचे सावित्री को पति के प्राण वापस मिले थे। तब से बरगद वृक्ष की पूजा की जाने लगी।

कथा-2

एक किसान की एकमात्र सम्पत्ति गाय थी। एक वर्ष सूखा पड़ा और गर्भवती गाय के लिए घास लाकर किसान नहीं खिला सका, तब उसने गाय से कहा मैं तुम्हें

हटा रहा हूँ क्योंकि मैं तुम्हें खिला नहीं सकता। जब मेरे दिन लौटेंगे तब मैं तुम्हें ढूँढ़ लाऊँगा। उदास गाय आगे बढ़ी एक बेर के पेड़ से कहा मुझे थोड़ी जगह दे दो मुझे बच्चा होनेवाला है। बेर के पेड़ ने कहा कि मेरे पास छाया कम है मुझ पर बच्चे कंकड़-पत्थर फेंकते हैं। मैं तुम्हें, नहीं ठहरा सकती।

गाय ने उसे शाप दिया तुममें काँटे हो जाएँ।

आगे उसने एक नीम के पेड़ से भी जगह माँगी, उसने भी जगह नहीं दी तो उसे कड़वा होने का शाप दिया।

उसने जब बरगद से जगह माँगी तो उसने कहा कि हमारे पास खूब छाया है। विश्राम करो और हरे-हरे पत्ते खाओ।

गाय वहाँ रुकी, बछड़े को जन्म दिया, गाय पत्ते खाती, बछड़ा दूध पीता।

थोड़े ही दिनों में खूब वर्षा हुई किसान के पास काम-ही-काम था, पर घास निकल आई तो वह गाय को ढूँढ़ने निकला।

बरगद के पास गाय और बछड़ा मिले। उसने बरगद को धन्यवाद दिया कि आपकी कृपा से मुझे अपनी गाय सुरक्षित मिली। अकेली आई थी दुकेली जा रही है।

गाय ने भी बरगद से कहा मेरे शरणदाता सब लोग तुम्हारी पूजा करेंगे। तब से वटवृक्ष की पूजा प्रारम्भ हो गई।

गंगा दशहरा

ज्येष्ठ शुक्ल दशमी को गंगावतरण हुआ था और उस दिन हस्त नक्षत्र दिन मंगलवार था। इसलिए हस्त नक्षत्र से युक्त इस तिथि को यदि मंगलवार हो तो विशेष महत्त्व दिया जाता है। इस दिन दशमी के अतिरिक्त दस योगों का भी मिलन होता है।

गंगा दशहरा के दिन गंगा स्नान का फल अक्षय माना गया है। इसमें सभी पूजन सामग्री जैसे—फूल, धूप, नैवेद्य, ताम्बूल, सुपारी आदि दस की संख्या में चढ़ाई जाती है। दस सुपात्र ब्राह्मणों को दान दिया जाता है। इस दिन खरबूजा और जल से भरा घट आदि का भी दान करते हैं। गंगा की महिमा के गीत गाए जाते हैं और कथाएँ कही जाती हैं।

अवध क्षेत्र में गंगा दशहरा के ही दिन काम करनेवाली प्रजा अवकाश लेती है। यदि किसी को अपने मालिक के यहाँ काम छोड़ना है तो वह इसी तिथि को छोड़ता है।

सेवक के न आने पर मालिक उसे मनाने उसके घर जाता है और उसकी आवश्यकता और माँग पर विचार कर उसकी सुविधाओं में वृद्धि का आश्वासन देकर मनाकर वापस काम पर लाता है।

इस प्रकार यह पर्व श्रमजीवियों के महत्त्व को रेखांकित करके अमीर, गरीब के बीच अन्योन्याश्रित सम्बन्ध को इंगित करता है।

कथा-1

राजा भगीरथ के तप से गंगा को धरती पर लाने की कथा तथा उससे जुड़ी कथाएँ एवं उनके अलग-अलग नाम कैसे पड़े उसकी भी कथा कही जाती है।

हिमालय सुता गंगा पार्वती की बहन हैं। उनसे जुड़ी कथाएँ भी लोग कहते-सुनते हैं। गंगा के शापग्रस्त होकर धरती पर आने और महाराज शान्तनु से विवाह तथा गंगा की शर्त का पालन न होने से गंगा का वापस जाने आदि की कथा कही-सुनी जाती है।

कथा-2

जब वामन रूप में भगवान विष्णु राजा बलि से भिक्षा माँगने गए तो ब्रह्मा जी ने उनका चरणोदक अपने कमंडल में भर लिया था। वही जल कमंडल से ब्रह्मा ने छोड़ा जो गंगा के रूप में धरती पर आई।

कथा-3

यह भी कथा है कि गंगा को अहंकार हो गया कि मैं अपने वेग से शिव की जटाओं को भेदकर पाताल चली जाऊँगी पर शिव ने ऐसा जटाजूट फैलाया कि गंगा निकल ही नहीं सकीं।

भगीरथ ने पुन: शिव की आराधना की तो उन्होंने जटा से गंगा को मुक्त किया।

गंगा ने भगीरथ से कहा कि तुम जिधर से रथ पर जाओगे, तुम्हारे पीछे-पीछे आऊँगी। भगीरथ लोकहित में पूरे देश में भ्रमण करते हुए अपने पितरों के भस्म स्थान तक गंगा को ले आए और उनके पूर्वज 60 हजार सगर पुत्र मनुष्य रूप में आकाशगामी होकर पितृलोक को चले गये।

भीमसेनी निर्जला एकादशी

ज्येष्ठ शुक्ल एकादशी को यह निर्जला व्रत किया जाता है। इसे पांडव एकादशी भी कहते हैं। इसमें पितरों के निमित्त पंखा, छाता, जूता, सोना-चाँदी, मिट्टी का घड़ा, फल आदि का दान किया जाता है। इस व्रत में लोग स्थल-स्थल पर धर्मार्थ 'प्याऊ' लगाते हैं। इसमें 'ॐ नमो भगवते वासुदेवाय' का जप करना अक्षय पुण्यकारी माना जाता है। इस निर्जल व्रत को करने से वर्ष की बारह एकादशियों के व्रत का फल मिलता है।

कथा

भीमसेन को भूख बहुत लगती थी। उन्होंने व्यास मुनि से पूछा, कि मेरी माँ, सभी भाई तथा पत्नी एकादशी का व्रत कर रहे हैं और मुझसे भी व्रत करने को कहते हैं पर मुझसे बिना खाए नहीं रहा जा सकता। हर पन्द्रह दिन के बाद एकादशी आती है। व्रत न करने से मेरी बहुत निन्दा हो रही है, मैं बहुत दुखी हूँ, मुझे कोई उपाय बताइए।

व्यास जी ने उपाय बताया कि ज्येष्ठ शुक्ल पक्ष की निर्जला एकादशी को ठाकुर जी का चरणोदक लेकर तुम व्रत कर सकते हो। चरणोदक अमृत है वह वर्जित नहीं है।

इसके करने से तुम्हें वर्ष की चौबीसों एकादशियों का व्रत करने का सुफल मिलेगा।

इस कथा में पाठ-भेद भी है, जिसमें कहा गया है कि भीष्म पितामह से भीम ने पूछा था और उन्होंने उपाय बताते हुए कहा था कि तुम्हारे उदर में वृक्क नामक अग्नि है जिससे तुम भूख बर्दाश्त नहीं कर पाते। पर तुम केवल निर्जला एकादशी का विधिपूर्वक व्रत करो तो तुम्हारा कल्याण होगा।

आषाढ़ महीने के मुख्य व्रत-पर्व-त्योहार

• रथ-यात्रा • देवशयनी एकादशी

• गुरु पूर्णिमा / आषाढ़ी पूर्णिमा / व्यास पूर्णिमा)

रथ-यात्रा

पुष्य नक्षत्र से युक्त आषाढ़ शुक्ल द्वितीया को भगवान जगन्नाथ जी की प्रतिमा को रथ पर सजाकर गाते-बजाते आनन्द-उल्लास से यात्रा निकाली जाती है। जगन्नाथपुरी का सबसे बड़ा उत्सव रथ-यात्रा है। श्री जगन्नाथ, बलभद्र और सुभद्रा के तीन रथ सजाए जाते हैं। तीनों को उनके ही पैरों से चलाकर रथ पर आसीन किया जाता है। इस रथ को वहाँ का राजा सोने की बाल्टी में जल लेकर सोने की झाड़ू से धोए ऐसी परम्परा रही है। जगन्नाथ जी के रथ पर आसीन होते ही आरती करके रथ भक्तों द्वारा खींचकर गुंडीचा ले जाया जाता है। वे किसी स्थान पर दातून करते हैं, किसी स्थान पर स्नान। रथ-यात्रा के बाद भक्तों को भोजन कराया जाता हैं। नदी-तट पर सप्ताह-भर रथ उत्सव और पूजन किया जाता है।

आठ दिन गुंडीचा में निवास करके रथ वापस लौटता है इसे उलटा रथ भी कहते हैं। जगन्नाथ जी जब लौटते हैं तब लक्ष्मी जी उन्हें मन्दिर में घुसने नहीं देतीं। मान-मनौवल के बाद वे फिर मन्दिर में विराजमान होते हैं। अन्दर कुंज गली है जिसमें अँधेरा रहता है।

घर में भी लोग जगन्नाथ जी की पूजा करते हैं। आदि शंकराचार्य द्वारा उत्तर, दक्षिण, पूर्व व पश्चिम में श्री बद्रीनाथ धाम, सेतुबन्ध रामेश्वरम्, जगन्नाथ जी और द्वारिकापुरी—इन चारों धामों की स्थापना की गई थी। जगन्नाथ जी का धाम पूर्वी छोर उड़ीसा में है। इनकी प्रतिमा काष्ठ निर्मित है। अधिक मास के दो आषाढ़ 12 वर्ष के अन्तराल में जब पड़ते हैं। तब यह विग्रह बदला जाता है। जगन्नाथ जी ही स्वप्न में पुजारी को बताते हैं कि किस वन के किस वृक्ष का काष्ठ विग्रह के लिए लाना है। जगन्नाथ जी आर्य-अनार्य दोनों ही के देवता हैं। शबर जाति के लोग इनकी पूजा के विशेष अधिकारी हैं। कई दिन व्रतादि नियम-संयम से रहकर स्वप्न में इंगित विशेष वृक्ष का काष्ठ लाकर प्रतिमा का निर्माण होता है।

कहा जाता है कि प्रथम विग्रह स्वयं विश्वकर्मा ने ही बनाया था उन्होंने राजा से एक पखवारे का समय और एक स्थान माँगा था, जहाँ किसी का प्रवेश न हो सके। व्यवस्था कर दी गई पर अभी अवधि पूरी नहीं हुई थी तभी कक्ष से कुछ आवाज न आने के कारण राजा ने उत्सुकतावश कक्ष का द्वार खोल दिया, विश्वकर्मा गायब हो गए और जगन्नाथ जी के हाथ और पैर अधूरे रह गए।

तब से ये ऐसे ही हैं। शालिग्राम शिलाओं पर जगन्नाथ जी की रत्नवेदी बनी है जिन पर इनकी चल मूर्ति विराजमान है।

कहते हैं कि इनके हृदय कक्ष में जो वस्तु रखी जाती है वह शंकराचार्य जी को समुद्र से प्राप्त हुई थी। जब नया कलेवर बनता है तब पुराने कलेवर के हृदय कक्ष से वह वस्तु वस्त्र में लपेटकर व आँख में पट्टी बाँधकर निकाली जाती है। और नये कलेवर के हृदय-कक्ष में स्थापित कर दी जाती है। यहाँ अटका चढ़ता है, भोग लगता है, भट्ठियों पर अनेक हँड़ियों में भोजन प्रसाद पकता रहता है। पकवान, मिष्ठान्न आदि भक्तों की इच्छानुसार प्रदान किया जाता है। यहाँ छुआछूत को नहीं माना जाता। यहाँ कच्चा, पक्का सभी प्रकार का भोजन सभी परोसते हैं।

कथा

हनुमान जी को समुद्र की ओर के दरवाजे की पहरेदारी सौंपी थी जगन्नाथ जी ने ताकि समुद्र का जल मन्दिर के अन्दर न आए। परन्तु हनुमान जी भात खा-खा कर ऊब चुके थे तो एक दिन मालपूवा खाने को अयोध्या को कूद लिये। समुद्र जल बेरोक-टोक मन्दिर में जा घुसा। हनुमान जी की खोज हुई, बुलाया गया और दरवाजे में बाँध दिया गया तथा उनके लिए रोज मालपूवा खाने की व्यवस्था कर दी गई। वर्तमान समय में बँधे हुए हनुमान जी का मन्दिर पुरी के जगन्नाथ मन्दिर से समुद-तट तक जानेवाले मार्ग पर स्थित है।

देवशयनी एकादशी

आषाढ़ शुक्ल एकादशी को भगवान विष्णु चार माह के लिए क्षीरसागर में शेषनाग शय्या पर शयन करते हैं। इसलिए इसे देवशयनी एकादशी के नाम से जानते हैं। इसे पद्मा एकादशी तथा आषाढ़ी महाएकादशी भी कहते हैं।

इन चार महीनों को चातुर्मास कहते हैं, इसलिए कोई भी शुभ कार्य सम्पन्न नहीं किया जाता है। इस चातुर्मास में ऋषि महात्मा एक स्थान पर रहकर तपस्या करते हैं। इस तिथि को व्रत, पूजन करके शय्या और बिछौना, ओढ़ना आदि का दान किया जाता है।

कहा जाता है कि इन चारों महीनों में पृथ्वी के सारे तीर्थ ब्रज मंडल में आ जाते हैं, इसलिए ब्रज की यात्रा और ब्रज मंडल की परिक्रमा की जाती है। इस तिथि को भगवान को सुन्दर बिछौने से सजे पलंग पर शयन कराया जाता है।

कथा

सूर्यवंश में सत्यवादी राजा मान्धाता अयोध्या में राज्य करते थे। एक बार राज्य में अकाल पड़ जाने से प्रजा भूखों मरने लगी। प्रजा को दुखी देख राजा को बहुत कष्ट हुआ। हवन आदि शुभ कर्म बन्द हो गए थे।

चिन्तित होकर राजा वन में चले गए। वन में अंगिरा ऋषि का आश्रम था, वे सप्त ऋषियों में एक थे। राजा ने उनसे करबद्ध विनती कर कहा कि मैं आपकी शरण में हूँ मेरे राज्य में भयंकर अकाल पड़ा है। आप ज्ञानी हैं कृपा करके अपनी दिव्य-दृष्टि से यह बताने का कष्ट करें कि अकाल पड़ने का क्या कारण है।

ऋषि अंगिरा ने कहा, "महाराज! सतयुग में ब्राह्मणों का वेद पढ़ना और तपस्या करना धर्म है। पर आपके राज्य में आजकल एक शूद्र तपस्या कर रहा है,

उस शूद्र को मार देने से यह दोष दूर हो जाएगा और अकाल समाप्त हो जाएगा, प्रजा सुखी होगी।"

राजा मान्धाता ने विनम्र भाव से उत्तर दिया, मैं उस निरपराध तपस्वी को नहीं मारूँगा, कोई और उपाय बताइए।

ऋषि ने बताया कि देवशयनी एकादशी के व्रत के पुण्य प्रभाव से आप के राज्य में चातुर्मास-भर वर्षा होती रहेगी और उपद्रव शान्त होंगे। राजा ने व्रत किया और सुफल मिला।

गुरु पूर्णिमा / आषाढ़ पूर्णिमा / व्यास पूर्णिमा

आषाढ़ की पूर्णिमा को वेदव्यास की जयन्ती मनाई जाती है। इसी दिन महाभारत की रचना व्यास जी ने प्रारम्भ की थी। उनके लिखे हुए वेद-पुराण-शास्त्र-महाभारत का पाठ किया जाता है। रसोई-घर में आषाढ़ी-आषाढ़ व उनके पाँच बच्चे और पुतला-पुतली भित्ति पर गोबर से बनाकर पूजा की जाती है। घी, गुड़, दाल भरी पूड़ी, घुइयाँ की सब्जी, हलवा, खीर का भोग चढ़ता है।

कथा

व्यास जी के जन्म की कथा है कि ऋषि पाराशर ने धीवर कन्या सत्यवती के रूप पर मुग्ध होकर योग बल से चारों ओर कुहासा पैदा किया और सत्यवती से उनका मिलन हुआ। जिसके फलस्वरूप व्यास का जन्म हुआ। व्यास जी ने हिमालय की गुफाओं तथा बदरी वन में जाकर कठोर तप किया।

इस तिथि को शंकराचार्य जी की भी पूजा की जाती है। जिन्हें व्यास का अवतार माना जाता है।

श्रावण महीने के मुख्य व्रत-पर्व-त्योहार

- नागपंचमी
- रक्षाबन्धन

नागपंचमी

अवध क्षेत्र में सावन की शुक्ल पंचमी को नागपंचमी का त्योहार बड़ी धूमधाम से मनाया जाता है। इसमें साँप के बिलों और टीलों-भीटों पर दूध और धान का लावा चढ़ाते हैं। सँपेरे नाग का दर्शन कराते हैं और लोग नाग को दूध-लावा तथा सँपेरे को वस्त्र, धन दान करते हैं। घरों में कागज और भित्ति पर नागों का चित्र बनाकर भी पूजा की जाती है। नागपंचमी में तरह-तरह के पकवान बनते हैं। गुड़ियों का मेला लगता है। बहन-बेटियाँ इस त्योहार में मायके जरूर बुलाई जाती हैं। इस त्योहार में मेंहदी लगाना अनिवार्य माना जाता है। अन्यथा कहते हैं कि छछूँदर का जन्म होगा।

साल-भर जिस गुड़िया से कन्याएँ खेलती हैं उन्हें आज के दिन सजा-बजाकर तालाब में विसर्जित कर दिया जाता है। जब लड़कियाँ गुड़िया डालती हैं तो लड़के उन्हें रंग-विरंगी लहरों और फूल अंकित छड़ियों से पीटते हैं। जब वर्षा नहीं होती तब सूखे तालाब में या सड़क पर ही गुड़िया पीटी जाती है। यह लोक-विश्वास है कि गुड़िया भगवान से गुहार करेंगी कि हमें सूखे में पिटने से चोट लगी, तब भगवान पानी बरसाएँगे। गुड़िया सेरवाकर (शीतल कर) जल में प्रवाहित कर लौटने पर रास्ते में झूला झूलते हुए कजली, सावन गीत गाये जाते हैं। इसमें नागों के उपकार की कथाएँ कही जाती हैं। इस त्योहार में अखाड़ों में कुश्ती के दंगल भी होते हैं।

कथा

एक किसान द्वारा खेत जोतते समय हल का फाल सॉप के बिल में धँस गया, जिससे सॉप के कई बच्चे मर गए। साँपिन ने यह देखकर उसके पूरे परिवार को डँस लिया, पर क्रोध शान्त न हुआ। तब किसान की इकलौती बेटी को काटने चली। जब

उसकी ससुराल पहुँची तो देखा वह नागों का चित्र बनाकर भक्तिभाव से पूजा कर रही थी। वहाँ चढ़े हुए चन्दन, अक्षत, दूध और लावा को नागिन ने ग्रहण किया। चन्दन लगाने से उसका क्रोध शान्त हुआ, तब प्रसन्न होकर लड़की से वर माँगने को कहा। लड़की को मायके के विनाश की सूचना मिल चुकी थी, उसने प्रार्थना की कि मेरे परिजनों को जीवित कर दें। नागिन ने उसे अमृत जल देकर कहा कि सबके ऊपर छिड़क दोगी तो सब जीवित हो जाएँगे। ऐसा ही हुआ तभी से नागपंचमी का यह पर्व मनाया जाता है। इस दिन हल चलाना तथा सागपात काटना वर्जित है।

कथा

एक ब्राह्मण के सात बहुएँ थीं। छह बहुएँ नागपंचमी को अपने मायके चली गईं सातवीं उदास थी, उसके मायके में कोई नहीं था। उसने कहा कि शेषनाग के अलावा मुझे और कौन ले जाएगा।

शेषनाग को दया आई और वृद्ध ब्राह्मण का रूप धारण कर आए और उसे अपनी बेटी कहकर विदा करा ले गए। थोड़ी दूर जाने पर एक बिल के पास पहुँचकर नाग देवता अपने असली रूप में आ गए।

बहू घबराई पर उनके कथनानुसार उनके फन पर सवार होकर नागलोक को चली गई। वहाँ बहुत दिन सुखपूर्वक रही।

नाग देवता के यहाँ बच्चे पैदा हुए तो जमीन पर रेंगने लगे। वह डरी तो नागिन माता ने उसके हाथ में पीतल का दीपक लटका दिया और कहा कि इसके प्रकाश में तुम्हें डर नहीं लगेगा।

एक दिन दीपक उसके हाथ से गिर गया और नाग के बच्चों की पूँछ कट गई।

वे रूठकर बैठ गए, माँ ने समझाया कि यह तुम्हारी बहन है क्षमा कर दो। नाग-नागिन ने खूब सारा धन-दौलत देकर बेटी को ससुराल विदा कर दिया।

सावन की नागपंचमी आई तो उसे अपने नाग माता-पिता और भाइयों की याद आई, पर जा सकती नहीं थी।

उसने एक पटरे पर नाग की तसवीर बनाई और प्रार्थना करने लगी कि ईश्वर उसके नाग भाइयों की रक्षा करें और उनकी वंश-वृद्धि करें। उधर नाग भाइयों का गुस्सा कम नहीं हुआ था। उन्हें अपनी दुम कटने का दुख याद आया और कहा कि हम उसे काटने जाएँगे।

माँ के समझाने पर भी वे नहीं माने और उसकी ससुराल पहुँच गए थे।

वहाँ बहन को अपनी कुशल-कामना करते देखकर उनका मन पसीज गया और उन्होंने बहन को मणिमाला दी जिसके कारण बहन का जीवन सुखमय हो गया। इस कथा का पाठ-भेद है कि नागिन ने नाद के नीचे अपने बच्चों को ढँक दिया था और मना किया था कि नाद को मत खोलना। पर उसने जिज्ञासावश नाद खोल दी और बन्द करते समय एक नाग बच्चे की पूँछ कट गई थी जिसके लिए वह पूजा करते समय कहती थी कि नाग बाढ़ै, नागिन बाढ़ै, नाग के सातो पोवा बाढ़ैं, सबसे ज्यादा मोर बँड़वा भैया बाढ़ै, जेकर मैं खाऊँ दोहइया।

(नाग बढ़ें, नागिन बढ़ें, सबसे अधिक मेरा पूँछ कटा भाई बढ़े, जिसकी मैं दुहाई देती हूँ।)

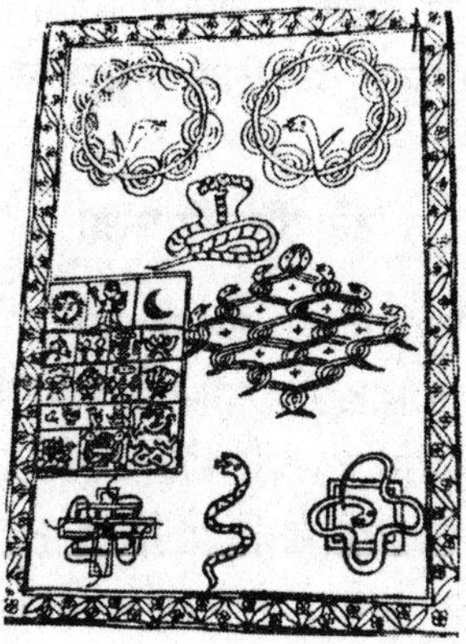

रक्षाबन्धन

श्रावणी पूर्णिमा को भाई-बहन के प्रेम का प्रतीक रक्षाबन्धन का पर्व होता है, जो अब राष्ट्रीय पर्व का रूप धारण कर चुका है। अवध क्षेत्र विशेषकर पूर्वांचल में। पहले ब्राह्मण पुरोहित यजमान को रक्षा बाँधकर उनकी दीर्घायु की कामना करते थे और उपहार प्राप्त करते थे। अब इस परम्परा के साथ-ही साथ बहनें भी भाई-भाभी को राखी बाँधकर शुभकामना देती हैं और उपहार पाती हैं।

कथा

भविष्य पुराण में कथा है कि इन्द्राणी ने देवासुर संग्राम में देवों की विजय के लिए इन्द्र को राखी बाँधकर रक्षा का वचन लिया था। यह कथा कही जाती है।

टूटे वीर की कथा

एक गाँव में एक ग्वालिन रहती थी। उसकी सास उसे बड़ी यातनाएँ देती थी। ग्वालिन अपनी सखियों के साथ रोज दूध-दही बेचने के लिए बाजार जाती थी। ग्वालिन सीधी थी। अत: उससे दूध-दही कोई खरीदता ही नहीं था।

घर आने पर सास उसे बहुत मारती थी कि तू कुछ बेच ही नहीं पाती।

ग्वालिन प्रतिदिन जिस रास्ते से होकर दूध-दही बेचने जाती थी उसी रास्ते में एक टूटे वीर (जिनके हाथ-पैर टूटे थे) पड़े रहते थे वे बार-बार पुकारते, "कोई मेरे ऊपर दूर से दूध-दही ही डाल दो। जिससे मेरी जलन मिट जाए।" परन्तु कोई भी ग्वालिन अपनी मटकी का दूध-दही उनके ऊपर भला क्यों डाले। वे यूँ ही रास्ते में पड़े रहते और ग्वालिन आती-जाती रहतीं।

इस ग्वालिन ने सोचा कि मुझसे तो कोई दूध-दही खरीदता नहीं। घर में वैसे भी मार पड़ती है, ऐसे भी पड़ेगी। चलो आज इनके ऊपर ही दूध-दही डाल देती हूँ।

बस उसने मटकी का सारा दूध और दही टूटे वीर के ऊपर डाल दिया।

टूटे वीर प्रसन्न हो गए।

उस दिन शाम को जब ग्वालिन वापस अपने घर लौटी तो उसकी मटकी में सोने की अशरफियाँ भरी हुई थीं। सास ने देखा तो बहू के चरित्र पर आक्षेप करने लगी।

इस पर बहू ने कहा, "मुझे कुछ नहीं मालूम। रास्ते में टूटे वीर पड़े हैं, चलो उनसे पूछ लो।"

सास टूटे वीर के पास गई। उन्होंने बताया कि तुम्हारी बहू बड़ी ही दयालु है और उसी ने दूध-दही से मेरी जलन शान्त की है। बदले में मैंने ही उसे यह दान दिया है। तुम्हारी बहू लक्ष्मी है, जाओ उसे ठीक से रखो।

टूटे वीर के प्रताप से ग्वालिन अपने घर में सुखपूर्वक रहने लगी।

भाद्रपद महीने के मुख्य व्रत-पर्व-त्योहार

● बहुरा चौथ ● बलराम जयन्ती / हल षष्ठी (हरछठ, ललही छठ)
● श्रीकृष्ण जन्माष्टमी ● हरितालिका तीज व्रत
● कलंकी चौथ (गणेशोत्सव) ● बड़ा इतवार (रविवार) व्रत
● अनन्त चतुर्दशी व्रत।

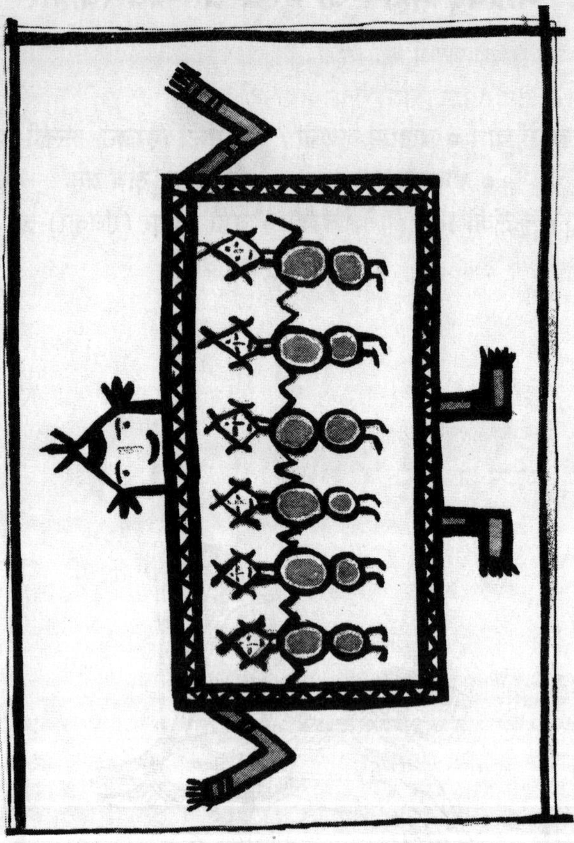

बहुरा चौथ

भाद्रपद की कृष्ण चतुर्थी को बहुरा चौथ मनाई जाती है। इसमें सती बेहुला तथा विशालाक्षी देवी और मनसा देवी की पूजा होती है। सत्य की प्रतीक गाय और ममता के प्रतीक उसके बछड़े तथा सिंह का चित्र बनाकर उसकी भी पूजा होती है। यह व्रत बहनें अपने भाइयों तथा पत्नी अपने पति की कुशल-कामना के लिए करती हैं। इसमें गेहूँ, जौ की बहुरी और सत्तू तथा भौरी (बाटी) एक समय खाकर व्रत पूरा किया जाता है।

कथा-1

इस व्रत में सती बेहुला की कथा कही जाती है जिसने अपनी तपस्या तथा मनसा देवी की पूजा से अपने पति को पुनर्जीवन दिया।

कथा-2

सत्यवती गाय अपने बछड़े को छोड़कर चरने आई थी, नदी में पानी पीते समय उसके मुँह से गिरी लार मिले पानी को सिंह ने पिया और उसे उसका स्वाद पसन्द आ गया। उसने उसे डाँटकर कहा कि तुमने अपना जूठा पानी मुझे पिलाया, मैं तुम्हें मारकर खा जाऊँगा। गाय ने विनती की कि मैं अपने बछड़े को आखिरी बार दूध पिलाकर आती हूँ तब आप मुझे खा लेना, शेर ने उसे जाने दिया। बछड़े ने देखा दूध पिलाते समय माँ बेचैन है, उसकी आँखों से आँसू बह रहे हैं। उसने माँ से कारण पूछा तो वह नहीं बता रही थी, पर जब बछड़े ने सौगन्ध दिला दी तो कहा कि "मैं शेर को वचन देकर आई हूँ मुझे जाना है। अब तुम्हें अपनी रक्षा और भरण-पोषण स्वयं करना होगा।" माँ के साथ बछड़ा भी कुलाँचता हुआ चला और शेर के पास

पहुँचकर बोला, "मामा पाँय लागी। मैं भी माँ के साथ आपका आहार बनने आया हूँ। क्योंकि माँ के बिना वैसे भी मैं बच नहीं पाऊँगा।" शेर ने कहा तुम्हारी माँ के सत्य से मैं प्रसन्न हूँ और तुमने मामा कहा तो तुम भांजे हो और तुम्हारी माँ मेरी बहन। शेर ने दोनों को छोड़ दिया। इसी की स्मृति में यह व्रत किया जाता है और बच्चों की रक्षा के लिए प्रार्थना की जाती है।

बलराम जयन्ती / हल षष्ठी (हरछठ, ललही छठ)

भाँदों कृष्ण षष्ठी को यह व्रत दिन-भर निर्जल रहकर सन्तानवती स्त्रियाँ करती हैं।

बलराम जयन्ती के दिन बछड़े और गाय की पूजा होती है और हल-बैल के द्वारा जुते खेत में उपजे अन्न, शाक-सब्जी या फल खाने का निषेध है। गाय के दूध और उससे बने पदार्थ भी नहीं खाए जाते, क्योंकि वह बछड़े का आहार है। व्रती स्त्रियाँ नदी या तालाब अथवा अन्य किसी जलाशय के तट पर पूजा करती हैं। इसमें महुआ, कुश और पलाश की टहनियों को छठ माता के रूप में स्थापित करके उसकी पूजा होती है।

पूजन-सामग्री में भी जोते हुए खेत की सामग्री नहीं होती। तिन्नी या पसई का चावल (जो तालाब में होता है), भैंस के दूध का दही और महुआ चढ़ाकर व्रती स्त्रियाँ उसी का प्रसाद लेती हैं। बाकी लोगों को कुलिया में चढ़े हुए सभी तरह के भुने हुए दाने, फल आदि चढ़ाकर उसका प्रसाद दिया जाता है।

पूजन के बाद स्त्रियाँ जल और प्रसाद ग्रहण करती हैं। इसमें चाय और चीनी का सेवन भी वर्जित है क्योंकि वह खेत में पैदा होता है।

इसमें छह कथाएँ कही जाती हैं।

इसमें बलराम के जन्म की कथा भी कही जाती है।

जो स्त्रियाँ हल पष्ठी का व्रत करती हैं उन्हें जन्माष्टमी के व्रत करने का निषेध लोक में किया जाता है। लोक-विश्वास है कि दोनों व्रत रखने से माता-पुत्र में खटपट रहेगी छठ-आठें रहेगी।

कथा

एक रानी थी, हरछठ के दिन रानी ने दासी से कहा कि "दूध बेचने जाओ और लौटते समय पूजन-सामग्री लाना तो पूजा की जाएगी।" दासी ने कहा, "जो आज्ञा

मैं जा रही हूँ पर मेरे बच्चों को कुछ बनाकर खिला देना।" रानी ने कहा, "घर में जो है वही खिला दूँगी।" दासी ने कहा कि "महुआ उबालकर खिला देना।" रानी ने कहा कि "ईंधन भी नहीं है।" उसने कहा, "गुरिया-मुँगुरिया (छोटी-मोटी गिरी पड़ी लकड़ी) लगाकर पका देना।" दासी के बच्चों का नाम भी गुरिया-मुँगुरिया था।

रानी ने चूल्हे में उन्हें लगाकर महुआ उबाल दिया। जब परोसने चली तो उन्हें पुकारने लगी। तब रानी को याद आया कि उन्हीं को तो चूल्हे में लगाकर महुआ उबाला है। रानी दुखी हो गई, अब दासी को क्या मुँह दिखाऊँगी। चूल्हे की राख कूड़े के ढेर पर डालकर चारपाई पर मुँह ढककर लेट गईं।

दासी लौट रही थी तो मार्ग में चींटियों की पाँति निकल रही थी, उसे लाँघा नहीं जाता। जब शाम को चीटियाँ निकल गईं, रास्ता खुल गया। तब वह घर आई। देखा तो कूड़े के ढेर में लड़के खेल रहे हैं।

झट उन्हें उठाकर आँचल से हाथ-मुँह पोंछा और सोचा कि नौकरानी के बच्चों पर रानी को दया क्यों आती?

रानी को पुकारकर कहा, "बच्चों को बाहर निकालकर आप दरवाजा बन्द किये सो रही हैं।"

ऐसा सुनकर रानी ने झट से दरवाजा खोला, बच्चों सहित दासी को देखकर उसके पैरों पर गिर पड़ी और कहा, "क्षमा करो, मैंने तो तुम्हारे बच्चों को मार ही डाला था यह तो हरछठ महरानी की कृपा से बच्चे तुम्हें मिल गए और मैं पाप से बच गई। महरानी माता सबकी गोद भरी-पूरी रखें।"

इस व्रत की छह से अधिक कथाएँ मिलती हैं। मुझे दस कथाएँ मिली हैं।

श्रीकृष्ण जन्माष्टमी

भाद्रपद कृष्ण अष्टमी को मनाया जानेवाला श्रीकृष्ण के जन्मोत्सव का यह राष्ट्रीय पर्व है। इसमें डंठल सहित खीरा लाकर परदा घेरकर उसी के बीच खीरा चीरकर भगवान कृष्ण का जन्म कराया जाता है। कहीं-कहीं फूट (पकी हुई ककड़ी) से जन्म कराते हैं। इसका दार्शनिक अर्थ है कि जिस प्रकार अन्तर्दाह से फूट नामक फल फट जाता है उसी प्रकार जब भक्त के हृदय में अन्तर्दाह होता है तब उसमें ईश्वर प्रकट होते हैं। फूट पकने पर स्वयं ही डंठल से मुक्त हो जाता है। इसी प्रकार भक्त भी ईश्वर के प्राकट्य से सांसारिक मोह से मुक्त हो जाता है।

इस अवसर पर श्रीकृष्णलीला की तरह-तरह की झाँकियाँ सजाई जाती हैं। रात-भर भजन-कीर्तन होता है। अर्द्धरात्रि में रोहिणी नक्षत्र में श्री कृष्ण का जन्म होता है और घंटे, घड़ियाल, शंख बजाते हुए भजन-कीर्तन और सोहर गीत गाए जाते हैं। भित्तिचित्र और अल्पनाओं में श्रीकृष्णलीला का अंकन किया जाता है।

कथा

माता देवकी और वसुदेव के कारागार में निवास तथा वहाँ जन्म लेनेवाले शिशु कृष्ण को लेकर पिता वसुदेव द्वारा गोकुल जाने और यशोदा माँ की कन्या के स्थान पर उन्हें सुलाकर कन्या को लेकर वापस मथुरा लौटने तथा कंस द्वारा कन्या को मारने की चेष्टा की कथा कही जाती है। देवी कंस के हाथ से छूटकर आकाश में जाकर कहती हैं कि तुझे मारनेवाला जन्म ले चुका है। इसी प्रकार की कृष्णलीला से जुड़ी अन्य कथाएँ भी कही जाती हैं।

हरितालिका तीज व्रत

भाद्रपद शुक्ल तृतीया को यह व्रत 24 घंटे निर्जला रहकर किया जाता है। स्त्रियों के लिए यह सबसे उत्तम व्रत कहा गया है। केले के खम्भे का मंडप बनाकर इसे फूलों-वस्त्रों से सजाया जाता है। मिट्टी से शिव-पार्वती व गणेश की मूर्ति स्थापित की जाती है। पार्वती जी को श्रृंगार की सभी सामग्री, वस्त्र, फल, मिठाई आदि चढ़ाकर सुहागिन ब्राह्मणी को दान कर दिया जाता है।

कहा जाता है कि इस व्रत को करनेवाली स्त्रियाँ विधवा नहीं होतीं। रात्रि जागरण करके कथा-कीर्तन किया जाता है। शिव ने पार्वती को इस व्रत का महात्म्य सुनाया था। पार्वती जी द्वारा शिव को प्राप्त करने के लिए की गई तपस्या की कथा कही जाती है। वन में पार्वती घोर तप कर रही थीं तब सखियों ने इनका हरण कर लिया था। इसी कारण इस व्रत का नाम हरितालिका पड़ा। रात को पूजा होती है फिर ब्रह्म मुहूर्त में स्नान आदि करके पार्वती जी से सुहाग लेकर जब जल ग्रहण किया जाता है। पहले जितने भाई हों उतने भीगे चने निगलकर स्त्रियाँ व्रत तोड़ती हैं। इसकी कई कथाएँ हैं।

कथा

पार्वती जी ने कैलाश पर्वत पर बैठे शिव जी से पूछा कि मेरे किस पुण्य कार्य के सुफल से आप पति-रूप में मुझे प्राप्त हुए। शिव जी ने बताया कि आपने चौंसठ वर्ष तक सूखे पत्ते खाकर और बारह वर्ष तक केवल वायु पीकर धूप, वर्षा झेलते हुए तपस्या की, क्योंकि नारद जी ने तुम्हारे पिता के पूछने पर बताया था कि शिव को प्रसन्न करके पति-रूप में उन्हें पाने के लिए पार्वती तपस्या करें। सबका विरोध झेलकर भी तुम तपस्या करती रहीं तब आपके पिता हिमालय ने मुझसे विवाह कराने

का वचन देकर आपको वापस घर जाने के लिए राजी किया। फिर मेरा आपसे शुभ लग्न में विवाह हुआ।

कलंकी चौथ / गणेशोत्सव

भाद्रपद शुक्ल चतुर्थी को कलंकी चौथ कहते हैं। इस चतुर्थी को चाँद देखना वर्जित है। लोक-विश्वास है कि इस दिन चन्द्रदर्शन कर लेने से कलंक लगता है। मोदक-प्रिय गणेश की पूजा लड्डू से तथा गजराज होने के कारण हरी दूब चढ़ाकर भी की जाती है।

श्रीगणेश आदिदेवता हैं इसलिए प्रत्येक पूजन, संस्कार या अनुष्ठान में सर्वप्रथम विघ्न विनाशक गणेश की पूजा की जाती है। उनके नामों का कीर्तन-भजन-स्मरण किया जाता है। इसके बाद दस लड्डू ब्राह्मण को दान देकर दस लड्डू, स्वयं खाने का विधान है। पूजन के बाद सवा पाव चावल, सवा पाव शक्कर, ग्यारह छटाँक दूध, खोये के पाँच सफेद लड्डू, पाँच फल, पाँच रुपये, सवा गज नये कपड़े में बाँधकर चन्द्रमा को अर्पित करके क्षमा माँगते हुए दान किया जाता है।

कथा-1

भगवान श्रीकृष्ण ने कलंकी चौथ को चाँद देख लिया था जिसके कारण उन पर स्यमन्तक मणि चुराने का कलंक लगा था। नारद जी से श्रीकृष्ण ने इस कलंक से मुक्त होने का उपाय पूछा तो उन्होंने बताया कि गणेश जी की पूजा करिए तब कलंक से मुक्त होंगे। श्रीकृष्ण ने विधिपूर्वक गणेश पूजन किया, दान दिया तब कलंक से मुक्त हुए।

कथा-2

एक बार इसी तिथि को गणेश जी लड्डू लेकर चूहे पर सवार जा रहे थे। चूहा बीच से सरक गया तो गणेश जी गिर पड़े और लड्डू भी हाथ से छूट गया। चन्द्रमा यह

देखकर हँस पड़े। गणेश जी ने नाराज होकर चन्द्रमा को शाप दिया कि जो तुम्हारा मुख देखेगा उसे कलंक लगेगा।

चन्द्रमा ने कमल में मुख छिपा लिया। आकाश में दिखाई ही न दे।

तब देवताओं ने उन्हें ढूँढ़ा और चन्द्रमा को साथ लेकर गणेश जी के पास आए। देवों ने भी गणेश जी से प्रार्थना की कि इन्हें शाप से मुक्त कर दीजिए नहीं तो संसार को बहुत कष्ट होगा।

तब गणेश जी ने कहा कि केवल कलंकी चौथ के दिन चन्ददर्शन करने से कलंक लगेगा।

यदि भूल से कोई चाँद देख लेगा तो गणेश पूजन से दोष मिट जाएगा।

बड़ा इतवार (रविवार) व्रत

अवध के पूर्वी क्षेत्र में यह व्रत हरितालिका तीज के बाद पड़नेवाले रविवार को किया जाता है। पश्चिम क्षेत्र में यह भादों मास के तीसरे रविवार को होता है। हरदोई जिले में हत्याहरण तीर्थ है जहाँ भादों के प्रत्येक रविवार को मेला लगता है और तीसरे रविवार को बड़ा इतवार मानकर व्रत-पूजन करके सूर्य देव को प्रसन्न करने के लिए कथा तथा गीत-भजन होता है।

इस व्रत में अलोना भोजन सूर्यास्त से पहले एक समय खाया जाता है। जिसमें सेंवई-रोटी या पूड़ी अवश्य खाते हैं। पहले गाय को अग्रासन निकालकर सेंवई पूड़ी का हवन करके तब व्रती भोजन करते हैं।

कथा

एक सूर्य भक्त थे गरीब सरल स्वभाव के, उन्हें कोई भिक्षा नहीं देता था। उनकी पत्नी ने क्रोधित होकर कहा कि तुम भिक्षा तो माँग नहीं पाते। जाओ तुम्हें रास्ते में जो भी चीज पड़ी मिले उसे ही उठा लाओ। एक जगह मरे हुए बैल की खाल पड़ी देखकर ब्राह्मण उसे उठाकर घर लाए। पत्नी ने उन्हें बुरा-भला कहकर खाल को छप्पर पर फेंक दिया।

इतने में एक चील रानी का नौलखा हार चोंच में दबाए ऊपर से उड़ती हुई आई और खाल देखकर छप्पर पर उतरी। हार वहीं छोड़कर खाल लेकर उड़ गई। रानी का हार खो जाने की खबर का ढिंढोरा पीटा गया कि जो हार ढूँढ़कर लाएगा उसे मुँह माँगा इनाम मिलेगा। अब ब्राह्मण की पत्नी ने हार देते हुए कहा कि जाकर राजा की सभा में दे आओ। हार पाकर राजा ने ब्राह्मण को बिना माँगे ही बहुत सारा धन दिया और सूर्य भगवान की कृपा से उनका सारा दुख दूर हो गया। पति-पत्नी दोनों ही रविवार का व्रत करने लगे और भादों के बड़े इतवार का महत्त्व सबको सुनाकर व्रत-पूजन करने की प्रेरणा देने लगे।

अनन्त चतुर्दशी

भाद्रपद शुक्ल चतुर्दशी को अनन्त भगवान विष्णु का व्रत-पूजन किया जाता है। जिसमें चौदह धागों की लच्छी में चौदह गाँठें लगाकर हल्दी में रंगकर हवन या अगियारी के धुएँ में सेंककर दाहिनी भुजा में बाँधा जाता है। चौदह गाँठवाली प्राकृतिक दूब का अनन्त बनाकर पहनना अधिक पवित्र माना जाता है इसमें एक समय अलोना भोजन खाया जाता है, जिसमें सेंवई, रोटी या पूड़ी जरूरी होती है। बिना अनन्त पहने कुछ भी खाना-पीना वर्जित है। रात को सोने से पहले अनन्त को उतारकर तुलसी के पौधे में या तालाब अथवा नदी में डाल दिया जाता है। यदि अनन्त उतारना भूल जाए तो चौदह दिन तक अनन्त को धारण करना पड़ता है। यदि चौदहवें दिन भी भूलवश न उतारा तो अगली अनन्त चतुर्दशी तक बाँधे रखकर नया अनन्त पहनने के बाद इसे उतारा जाता है। इस दिन सत्यनारायण का व्रत-पूजन भी किया जाता है।

कथा

सुमन्त ऋषि की पत्नी शीला नाम के अनुरूप सुशील थीं। एक पुत्री को जन्म देकर उनकी मृत्यु हो गई। ऋषि ने दु:शीला नामक स्त्री से पुनर्विवाह किया। पुत्री का विवाह कौंडिन्य ऋषि से कर दिया। सुमन्त ऋषि के पास दहेज में देने को कुछ नहीं था। उन्होंने नई पत्नी से कुछ पकवान देने को कहा। दु:शीला ने मना कर दिया। ऋषि ने आश्रम में जो था उसे देकर बेटी को विदा किया।

मार्ग में जलाशय देखकर कौंडिन्य ऋषि ने बैलगाड़ी रुकवा दी। शिष्यों को जलपान करने के लिए कहा। नववधू को भी पानी पीने को कहा।

उसने हाथ-मुँह धोकर अनन्त भगवान की पूजा की, कथा सुनाई और अनन्त भी बाँह में बाँध लिया। पिता का दिया हुआ पकवान सबको प्रसाद रूप में देकर स्वयं भी खा लिया।

व्रत के प्रभाव से घर धन-धान्य से भर गया।

एक बार कौंडिन्य ऋषि ने अनन्त का पूजन-हवन करते देखा तो पूछा कि यह धागा क्यों पहना है? कहकर उसे तोड़कर आग में डाल दिया।

पत्नी ने झट से डोरे को उठाकर दूध में डाल दिया। परन्तु इस दोष के कारण घर में निर्धनता आ गई।

ऋषि ने पत्नी से कारण पूछा, तो उसने बताया कि आपने अनन्त भगवान का अपमान किया है। उन्हीं की शरण में जाने से कल्याण होगा।

ऋषि वन में भटकने लगे। गाय से, पेड़ से, नदी से सबसे अनन्त भगवान के बारे में पूछा, सबने कहा कि हमने अनन्त को नहीं देखा।

एक वृद्ध ब्राह्मण उन्हें लेकर एक कन्दरा में गए, वहाँ ऋषि को विष्णु भगवान के दर्शन हुए और उन्हें क्षमा मिली। वापस लौटे और आश्रम को धनधान्य से भरा पाया।

वनवास के समय युधिष्ठिर आदि पांडवों को श्रीकृष्ण ने यह कथा सुनाकर कहा था कि जो फल चौदह वर्ष व्रत करने से प्राप्त होता है, वह तुम्हें केवल एक बार अनन्त चतुर्दशी का व्रत करने से मिलेगा। तदनुसार पांडवों ने यह व्रत किया और अपना खोया हुआ राज्य वापस पाया।

आश्विन महीने के मुख्य व्रत-पर्व-त्योहार

- पितृ-पक्ष
- जीवित्पुत्रिका-जीउतिया व्रत
- शरद पूर्णिमा

पितृ-पक्ष

आश्विन मास की प्रतिपदा से अमावस्या तक पितरों का तर्पण, श्राद्ध किया जाता है। जिस दिन पितरों की पुण्य-तिथि होती है उस दिन श्राद्ध करके ब्राह्मण या ब्राह्मणी को भोजन कराया जाता है। नित्य प्रात:काल ओरी के नीचे द्वार के पास लीप-पोतकर फूल, जल, जौ, चावल, तिल की अंजलि दी जाती है। यह तर्पण वही व्यक्ति करता है जिसके पिता या माता स्वर्गवासी हो गए हैं।

पहले मातामह-मातामही, पितामह-पितामही को तर्पण कर बाद में पिता-माता को तर्पण करते हैं।

इन पन्द्रह दिनों में खान-पान-स्नान आदि के नियमों का विधिपूर्वक पालन किया जाता है। क्षौर कर्म वर्जित है।

विश्वास है कि यमराज पितृपक्ष में महालय के द्वार खोल देते हैं। जिससे तृप्त पितर अपने वंशजों का तर्पण लेने धरती पर आ सकें। पितरों के तर्पण से पितर प्रसन्न होकर आशीर्वाद देते हैं।

जो तर्पण नहीं करते वे लोग पितृऋण से मुक्त नहीं होते।

माताओं के श्राद्ध करके ब्राह्मनी को भोजन वस्त्र दान करते हैं। इसमें सर्वप्रथम भीष्म पितामह को तर्पण किया जाता है क्योंकि वे सभी के पूर्वज हैं। पितृपक्ष नवमी को सभी माताओं का श्राद्ध किया जाता है और अमावस्या को सभी पितरों का श्राद्ध करके ब्राह्मणों को भोजन वस्त्र अर्पित करते हैं।

नवमी व पितृ अमावस्या को काग पक्षी, गाय, कुत्ता, अन्य जीव-जन्तुओं के लिए भोजन निकालकर पहले बाहर रख लिया जाता है। फिर सब लोग खाते हैं। श्राद्ध करनेवाले बाल भी मुड़वा लेते हैं।

जीवित्पुत्रिका / जिउतिया

आश्विन कृष्ण अष्टमी को पितृपक्ष में ही यह व्रत किया जाता है। एक दिन पहले सप्तमी को तालाब, पोखर या नदी पर स्त्रियाँ नहाने जाती हैं। यहाँ तोरई (सब्जी विशेष) के पत्तों पर सरसों की खली रखकर उस पर तेल डालती हैं। फिर परनानी, नानी, नानी सास, दादी, दादी सास, सास, माँ जो भी पूर्वजा दिवंगत हो गई हैं उनके नाम से एक-एक पत्ता रखकर अर्पण करती हुई कहती हैं लीजिए, आप लोग सिर धोकर नहा लीजिए, कल व्रत करना है। जो खली तेल बचता है उसे अपने सिर में लगाकर वहीं स्नान करके घर लौटती हैं। जिनकी सास व माँ जीवित रहती हैं वे केवल स्वयं नहा-धोकर लौट आती हैं।

सप्तमी की रात में नहा-धोकर आटे की छोटी-छोटी अलोनी टिकरी बनाकर तवे पर भूनकर हर टिकरी को तोरई की फाँक या पत्ते पर रखकर उस पर खाँड़ चूरा डालकर लिपी-पुती जगह पर थाली में लगाकर रख देती हैं। अष्टमी के दिन बड़े भोर में उठकर नहा-धोकर स्वच्छ वस्त्र धारण कर वह सामग्री पत्ते सहित उछाल देती है जिससे कौवे, चील, चिड़िया आदि खा लें। उसके बाद अलग रखी हुई वही सामग्री स्वयं भी खाकर पानी पीती हैं। इसके बाद निर्जला व्रत प्रारम्भ होता है।

अष्टमी को प्रात: घर को साफ-स्वच्छ करके नदी पर स्नान करती हैं। फिर उसी प्रकार तोरई के पत्तों पर सरसों की खली और तेल-पानी डालकर फिर अपने बालों की लटों में छुआकर नहाती-धोती हैं।

नदी पर और रास्ते में बरियार के पेड़ से गले मिलते हुए गाती हैं।

हे बरियार त का बरियार!

रामचन्द्र जी से कहा समुझाय (सन्तानों का नाम लेकर) फलाने क माई जीउतिया भूखी है। उनका कुशल से राख्या।

व्रती स्त्रियाँ धागे की माला चढ़ाकर पहनती हैं जिसे जीउतिया कहते हैं। इस माला में जितनी सन्तानें होती हैं उतनी ही गाँठें लगाकर माला पहनी जाती

है। यह माला पूरे साल-भर तक पहने रहती हैं, अगले साल नई माला पहनकर तभी उतारती हैं।

तीसरे दिन नवमी को पुन: नहा-धोकर तुलसीदल, गंगाजल, खाँड़, उड़द की दाल, शहद, साठी धान का चूड़ा या चावल, साँवा का चावल सबके मिश्रण से जई तैयार करती हैं।

तरोई के पत्तों पर पितर स्त्रियों के लिए जई रखकर अर्पित करती हैं। उस पर गाय का दूध गिराकर कहती हैं—लीजिए जई घूँट पीजिए, जीउतिया व्रत पूरा हुआ। अर्पण के बाद स्वयं भी गाय के दूध के साथ जई निगलती हैं। जई निगलने से पहले कथा कही-सुनी जाती है।

इसकी कई कथाएँ हैं, गीत हैं, लोकचित्र हैं।

बहनें अपने भाइयों को शाप देती हैं फिर भटकैया के काँटे से अपनी जीभ गोदकर कहती हैं—जिस-जिस भाई को खा जाऊँ कहकर शाप दिया उनकी आयु बढ़े, अमर रहें।

शरद् पूर्णिमा

आश्विन शुक्ल पूर्णिमा को शरद पूर्णिमा कहते हैं। पवित्र नदियों में स्नान-दान का विशेष महत्त्व इस तिथि को माना गया है। इसी दिन कार्तिक स्नान, दीपदान, यम-नियम प्रारम्भ हो जाता है जो कार्तिक पूर्णिमा को पूरा होता है।

ठाकुर जी को श्वेत वस्त्र पहनाकर उनका सिंहासन आँगन में खुली चाँदनी में रखा जाता है। श्वेत फूलों से मंडप सजाया जाता है। इस दिन खीर बनाकर आँगन में स्वच्छ वस्त्र से ढँककर रख दी जाती है।

यह विश्वास है कि शरद् पूर्णिमा को चन्द्रमा से अमृत टपकता है।

यह खीर भगवान को भोग लगाकर प्रसाद रूप में खाई जाती है और यह माना जाता है कि इस खीर को खाने से अमरत्व मिलता है।

शरद् चाँदनी में बच्चों से सुई में धागा डालने का अभ्यास कराया जाता है और पुस्तक पढ़ने को दी जाती है।

ऐसा विश्वास है कि ऐसा करने से नेत्रों की ज्योति बढ़ती है। इसमें सत्यनारायण जी की कथा-पूजन किया जाता है। अखंड रामचरितमानस का पाठ और राम-नाम संकीर्तन भी होता है।

कार्तिक महीने के मुख्य व्रत-पर्व-त्योहार

• करवा चौथ • श्री कच्छपावतार • धनतेरस (धन्वन्तरी जयन्ती), आत
• नरक चतुर्दशी • दीपावली • अन्नकूट, गोवर्द्धन पूजा, चित्रगुप्त पूजा
• चिरैया गौर • यम द्वितीया (भैया दूज) • डाला छठ (सूर्य पष्ठी)
• सन्तान सप्तमी • गोपाष्टमी • अक्षय नवमी (आँवला नवमी)
• देवोत्थान एकादशी • वैकुंठ चतुर्दशी
• कार्तिक पूर्णिमा (तुलसी विवाह)
• भीष्म पंचक

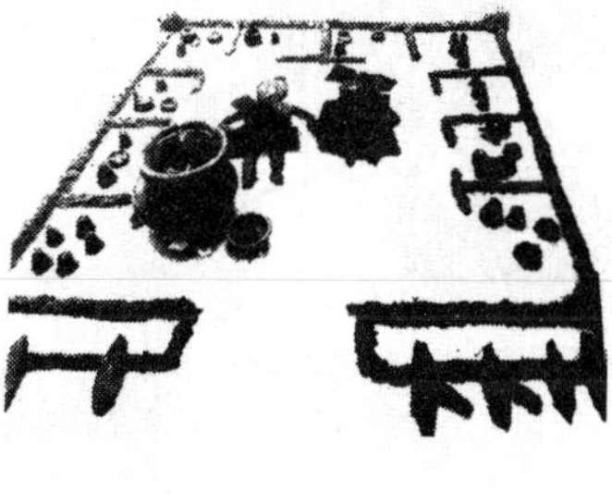

करवा चौथ

कार्तिक कृष्ण चतुर्थी को सुहागिन स्त्रियाँ पति की कुशल-कामना के लिए निर्जल व्रत रखकर चन्द्र दर्शन करके करवा चतुर्थी माता की पूजा करती हैं। दीवाल पर तथा धरती पर करवा का चित्र बनाकर पूजा की जाती है। चित्र में शिव-पार्वती, गणेश, कार्तिकेय, चाँद-सूरज, सात भाई, एक बहन, सात भाभियाँ, ग्वालिन, धोबन आदि बनाए जाते हैं। चार की संख्या में भोग और पूजन-सामग्री रखी जाती है। एक करवे में जल दूसरे में कच्चे चावल की पिन्नी, अक्षत, पूड़ी भरी जाती है यह व्रत-पूजन अकेले नहीं किया जाता। सुहागिनें पूरा श्रृंगार करके करवा बदलती हैं और चलनी की ओट से चन्द्र दर्शन करके अर्घ्य देकर पति के हाथ से जल ग्रहण करती हैं। सास माँ को वस्त्र, फल, मेवा-पकवान और द्रव्य देकर प्रणाम किया जाता है। पहले धोबन को भोजन देकर उसके चरण छूकर आशीर्वाद लेकर तब व्रती स्त्रियाँ भोजन करती हैं। इसमें पूजन के बाद भोजन किया जाता है।

कथा

सात भाइयों की एक बहन थी। विवाह के बाद पहली चौथ आई। बहन ने व्रत किया। सातों भाइयों की लाड़ली बहन दिन-भर पानी भी न पिए यह देखकर भाई परेशान थे। सबसे छोटा भाई तो उसके साथ के बिना कौर ही न तोड़ता था। वह दिन-भर दौड़-दौड़कर आए और कहे, "बहन, चल, कुछ तो खा ले।" बहन ने कहा, "मैं तो चाँद देखकर पूजा करके ही खा सकती हूँ।" भाई बार-बार ऊपर देखकर आए। चाँद का पता नहीं, कब निकलेगा? फिर उसने एक तरकीब सोची। पेड़ पर चढ़कर उसने एक दीपक रख दिया और आगे आटा छाननेवाली छलनी टाँग दी। नीचे उतरकर घर में जाकर बहन से बोला, "चल बहन, चाँद तो निकल आया। चलकर पूजा कर ले।"

वह दौड़ी-दौड़ी भाभियों के पास गई और बोली, "आओ चलें पूजा करने।"

भाभियाँ हँसकर बोलीं, "जाओ अभी तुम्हारा चाँद निकला है, हमारा नहीं।"

वह भोली बालिका भाई के बताए अनुसार पूजा करके अर्घ्य देकर वापस लौटी और भोजन करने बैठ गई।

पहला कौर मुख में डालते ही उसके मुख में बाल आ गया। दूसरा कौर मुख में डालते ही छींक हुई। तीसरा कौर जैसे ही मुख में डाला वैसे ही उसकी ससुराल का नाई आ गया और सूचना दी कि उसका पति मर गया।

घर में रोना-पीटना, कुहराम मच गया। बेटी रोती हुई ससुराल चली।

माँ ने कहा, "बेटी, रास्ते में जो भी मिले उसके पैर छूती जाना।" वह रोती जा रही थी और सबके पैर छूती जा रही थी।

एक वृद्धा स्त्री मिली। उसके पैर छुए तो आशीर्वाद देती हुई बोली, "जाओ बेटी, सदा सुहागिन रहो, दूधों नहाओ, पूतों फलो।"

वह रोकर बोली, "माता, मेरा तो सुहाग उजड़ गया है।"

वृद्धा बोली, "तुम ऐसा करना, अपने पति की लाश को जलने न देना। उसे लेकर जंगल में तपस्या करना। आज करवा चौथ के दिन तुम्हारा सुहाग उजड़ा है। चौथ माता अगले महीने की चौथ को आएँ तो उनके पैर पकड़ लेना और कहना कि मेरा सुहाग लौटा दीजिए।"

उस दुखियारी ने ऐसा ही किया। सास-ससुर से बोली कि मेरे पति की लाश को जलाइए नहीं, मुझे दे दीजिए।

पति की लाश लेकर जंगल में कुटी बनाकर वह रहने लगी। अगले महीने की चौथ माता आईं तो पैर पकड़ लिया, "माता, मेरा सुहाग दे दो। मेरे पति को जीवित कर दो।"

चौथ-माता बोलीं, "मुझसे बड़ी अगले महीने की चौथ है। वह आएँ तो उनसे माँगना।" यह कहकर वे चली गईं।

इसी प्रकार हर महीने की चौथ आएँ और कहें कि मुझसे बड़ी अगले महीने की चौथ है। माघ माह की संकट चौथ को सबने कहा कि वही बड़ी है। पर वे बोली कि सबसे बड़ी करवा चौथ है जो सौभाग्य देती हैं। वही तुम्हें सुहाग लौटा सकती हैं।

एक वर्ष बीता। अन्त में करवा चौथ आईं। उसने रोकर उनके पाँव पकड़ लिये और बोली, "माता, मैं आपको बिना सुहाग दिये जाने नहीं दूँगी।"

करवा माता पैर छुड़ाते हुए बोलीं, "मेरा पाँव छोड़ दे बेटी!" पर वह अडिग रही।

अन्त में माता हारकर बोलीं, "अच्छा जा बेटी तेरे पति के मुख में आज के दिन कोई सुहागिन अपनी कानी (कनिष्ठा) अँगुली चीरकर उसका रक्त डाल देगी तो तेरा पति जीवित हो उठेगा।" यह कहकर माता चली गईं।

वह दौड़ी-दौड़ी अपने मायके गई। भाभियों से बोली, "भाभी, मेरे पति के मुख में अपनी कानी अँगुली चीरकर रक्त चुवा दो।" छह भाभियों ने मना कर दिया और बोली, "जा अपनी छोटी भाभी के पास, जिसके पति ने छलनी में दिया दिखाकर तेरा व्रत तोड़ा था और खंडित कराया था।"

वह छोटी भाभी के पास गई। उसने अपनी अँगुली चीरकर उसका रक्त मृतक के मुख में डाल दिया। वह राम-राम करके उठ बैठा। जैसे उसके दिन लौटे वैसे ही माता करवा सबके सौभाग्य की रक्षा करें। जो इस कथा को कहे उसका सौभाग्य अचल हो।

श्रीकच्छपावतार

भगवान विष्णु के चौबीस अवतारों और दशावतारों में कच्छपावतार का विशेष महत्त्व है।

कथा

पहले धरती कमल के फूल पर स्थित थी। दैत्यराज हिरण्यकश्यप का भाई हिरण्याक्ष था। वह पृथ्वी को लेकर पाताल लोक चला गया।

भगवान विष्णु वाराह रूप धारण करके पाताल गए और अपने थूथना मुख पर पृथ्वी को वहाँ से बाहर लाए।

अब समस्या थी कि उसे किस आधार पर रखा जाए।

तब भगवान ने स्वयं कच्छप रूप में अवतार धारण कर पृथ्वी का भार उठाया।

समुद्र मन्थन के लिए मन्दराचल पर्वत की मथानी बनाकर कच्छप भगवान की पीठ को ही उसका आधार बनाया गया था।

इस अवसर पर विष्णु के चौबीस अवतारों का स्मरण और उनका कथा श्रवण भी किया जाता है।

पूजन दान का विशेष महत्त्व है। विष्णु सहस्त्रनाम का पाठ भी विशेष फलदायक माना जाता है।

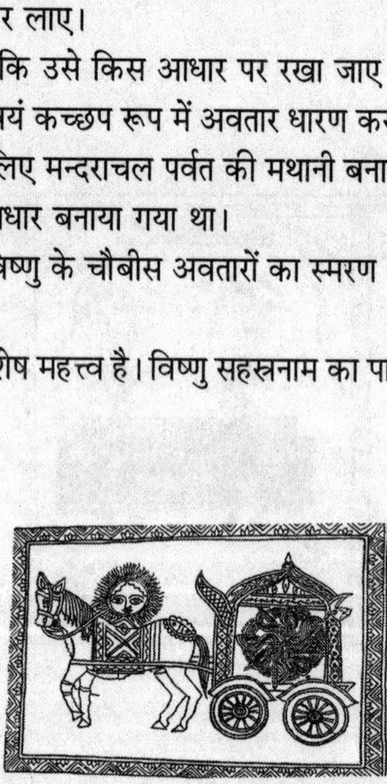

धनतेरस (धन्वन्तरि जयन्ती)

कार्तिक कृष्ण त्रयोदशी को धनतेरस का पर्व मनाया जाता है। घर लीप-पोतकर स्वच्छ करके चौक पूरकर शाम को दीपक जलाया जाता है। इसमें लक्ष्मी और विष्णु की पूजा होती है। कहीं-कहीं कुबेर और यमराज का भी पूजन किया जाता है।

कथा

श्री विष्णु और लक्ष्मी जी भूलोक जाए। गरुड़ की सवारी थी। लक्ष्मी जी धरती का सुख-दुख देखना चाहती थीं। नीचे हरे-भरे खेत दिखे। लक्ष्मी जी ने कहा, "यह स्थान बहुत सुन्दर है। गरुड़ जी! यहाँ उतरिए।" गरुड़ जी ने लक्ष्मी व विष्णु जी को धरती पर उतार दिया।

वसन्त ऋतु थी। खेतों में सरसों के पीले फूल झूम रहे थे। लक्ष्मी जी को बहुत अच्छा लगा। उन्होंने सरसों के दो फूल तोड़ लिये। अपने जूड़े में लगा लिये।

देखते ही विष्णु जी बोले, "अरे लक्ष्मी! यह क्या किया तुमने? खेत के मालिक से पूछे बिना फूल क्यों तोड़े? यह तो चोरी हुई।"

लक्ष्मी जी बोली—"अरे इन दो फूलों से क्या नुकसान होगा। मैं तो उसका घर ही धन-धान्य से भर दूँगी।"

विष्णु भगवान बोले, "लक्ष्मी! बिना पूछे किसी की चीज को लेना पाप है। इसका प्रायश्चित तुम्हें करना चाहिए।"

लक्ष्मी जी उदास होकर बोलीं, "हाँ, मुझसे सचमुच भूल हो गई। इसका प्रायश्चित क्या है?"

विष्णु जी बोले, "इसके बदले में तुम्हें एक काम करना होगा। साल-भर खेत के मालिक की सेवा करनी पड़ेगी। यह ध्यान रहे कि सेवा में कोई चूक न हो। जितनी बार चूक होगी, उतनी बार सेवा का समय बढ़ता जाएगा।"

उन्होंने ब्राह्मण दम्पती का रूप धारण किया। गाँव में जाकर खेत के मालिक का पता लगाया।

लक्ष्मी जी को उस किसान के यहाँ पहुँचाकर विष्णु जी बोले, "यह मेरी पत्नी हैं। मैं बाहर जा रहा हूँ। एक वर्ष बाद आऊँगा। तब तक मेरी पत्नी को अपनी सेवा में रख लीजिए।"

यह कहकर विष्णु जी चले गए। लक्ष्मी जी उस परिवार की सेवा में लीन हो गईं वह घर को खूब साफ-सुथरा रखतीं। घर के बच्चों में सफाई की आदतें डालतीं। सबको अच्छी शिक्षा देतीं। खाना उतना ही बनातीं, जितनी जरूरत होती। बासी खाना खाने की आदत छुड़वा दी।

वह सभी को समय से सुला देतीं। प्रात: चिड़िया बोलते ही सबको जगा देतीं। सभी लोग मिलकर सफाई करते। फिर नहाते-धोते। नहा-धोकर साफ कपड़े पहनते। उसके बाद सूर्य नमस्कार करते।

घर में सभी लोग प्रेम से रहने लगे। सभी कठिन परिश्रम भी करने लगे। किसान का घर धन-धान्य से भरता गया।

कोई बीमार हो जाता, तो लक्ष्मी जी सेवा करतीं। उनकी सेवा से रोगी जल्दी ही आराम पा जाता। लोग बदलाव को अनुभव करने लगे। जब से यह लक्ष्मी आई हैं, लोगों की बीमारी भाग गई। घर के झगड़े खत्म हो गये। घर की गरीबी भाग गई जिस चीज में हाथ लगाती हैं, बरकत हो जाती है।

एक साल बीत गया। समय का पता ही नहीं चला।

विष्णु जी धनतेरस के दिन लक्ष्मी जी को लेने आ गए। किसान को धन्यवाद देते हुए बोले, "मैं अपनी पत्नी को ले जाऊँगा। इनके कारण आपको जो कष्ट हुआ, उसके लिए क्षमा करिएगा।"

किसान का पूरा परिवार हाथ जोड़कर खड़ा हो गया, "यह तो देवी जैसी हमारे घर आईं। हमारी खराब आदतें छुड़वा दीं। हम आप दोनों के बहुत आभारी हैं।"

विष्णु जी ने पूछा, "इनसे कोई गलती तो नहीं हुई?"

किसान बोला, "यह तो साक्षात लक्ष्मी का अवतार लगती हैं। इनसे क्या चूक हो सकती है।"

विष्णु लक्ष्मी अपने असली रूप में प्रकट हो गए। विष्णु जी बोले, "यह तो लक्ष्मी जी हैं। आपके खेत से बिना पूछे दो फूल तोड़ लिए थे, उसी का प्रायश्चित कर रही थीं।"

यह सुनकर किसान परिवार उनके पैरों पर गिर पड़ा।

किसान बोला—"हमसे तो घोर पाप हो गया। हमने देवी से सेवा करवाई। हमको तो नरक मिलेगा।"

लक्ष्मी जी बोलीं, "नहीं-नहीं, आप लोग धर्मात्मा है, किसी का मन दुखी नहीं करते। किसी को सताते नहीं तभी तो मैं आपके घर रहने आई। इसी बहाने मुझे धरती पर रहने का अवसर मिला।"

"मेरा आशीर्वाद है कि आपके घर में सदा सुख-शान्ति रहे। आप जितना दूसरों के लिए करेंगे, उतना ही आपका सुख बढ़ेगा।" इतना कहकर लक्ष्मी कुछ देर तक चुप रहीं।

फिर बोलीं, "मैं हर वर्ष धनतेरस के दिन धरती पर आऊँगी जिनका घर साफ-सुथरा होगा, वहाँ पहुँचूँगी। जिनके घर में लोग प्रेम से रहेंगे, वहाँ ठहरूँगी। जो लोग परिश्रम करेंगे, उनके घर को धन-धान्य से भर दूँगी। जहाँ बड़ों का आदर होगा, सेवा होगी, उन्हें लम्बी आयु का आशीर्वाद दूँगी।"

इतना कहकर श्री विष्णु-लक्ष्मी वापस स्वर्ग लोक चले गए।

सुख, शान्ति और समृद्धि के लिए स्वच्छता, नियम-पालन, ईमानदारी का सन्देश यह पर्व देता है।

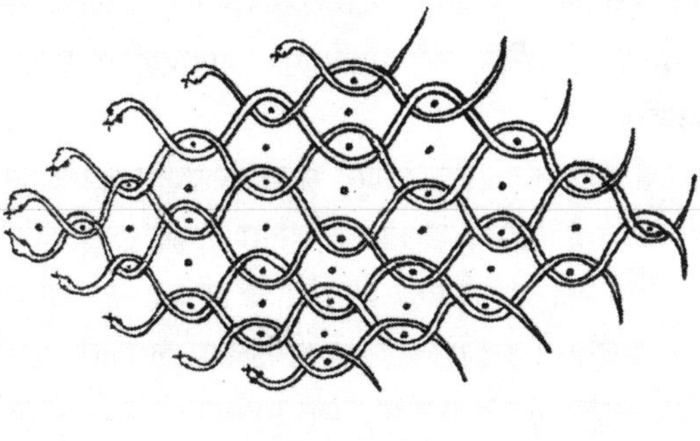

नरक चतुर्दशी

कार्तिक कृष्ण चतुर्दशी को 'नरक चतुर्दशी' मनाई जाती है। इसे 'छोटी दीपावली' भी कहते हैं। इसमें नरकाधिपति यमराज के चौदह रूपों के लिए चौदह यम के दीपक जलाए जाते हैं। नरक के प्रतीक नाली और कूड़े के ढेर पर दीपक जलाते हैं। पितरों के लिए भी बाहरी द्वार के दोनों ओर दीपक जलाए जाते हैं।

कहा जाता है कि इसी दिन नरकासुर का वध करके उसके बन्दीगृह से सोलह हजार रानियों को मुक्त कराकर श्रीकृष्ण ने उन्हें अपनी पत्नी के रूप में प्रतिष्ठा दी थी।

इसी दिन हनुमान जयन्ती भी मनाते हैं। हनुमान जयन्ती चैत्र शुक्ल पूर्णिमा और कार्तिक कृष्ण चतुर्दशी दोनों तिथियों में मनाई जाती है।

कथा

अंजना माता पुत्र के लिए शिव की उपासना करती थीं। उधर अयोध्या के राजा दशरथ जी भी श्रृंगी ऋषि से पुत्रेष्टि यज्ञ करा रहे थे। अग्निदेव चरु-खीर लेकर प्रकट हुए और तीनों रानियों को बाँटने के लिए दशरथ जी को प्रदान कर अन्तर्धान हो गए।

तीनों रानियाँ खीर का प्रसाद अँजुरी में लेकर ईश्वर का ध्यान करके ग्रहण करने जा रही थीं तभी सुमित्रा के हाथ की खीर लेकर एक चील उड़ गई और जहाँ अंजना अपनी हथेली फैलाकर शिव जी से प्रार्थना कर रही थीं उनके हाथ पर गिरा दिया। अंजना ने इसे शिव प्रसाद समझकर खा लिया और गर्भवती हुई। अयोध्या में चारों भाइयों का जन्म हुआ, उधर हनुमान जी का भी जन्म माता अंजना की कोख से हुआ। इसीलिए हनुमान जी को श्रीराम का भाई भी माना जाता है।

हनुमान जी को जन्म देकर माता अंजना स्नान करके शिव जी को प्रणाम करने बैठीं। तभी शिशु हनुमान ने पीछे से उनका कन्धा पकड़कर भोजन माँगा। माँ ने

कहा, "मैं पूजा कर रही हूँ तुम बाग में जाकर लाल-लाल पके फल खा लो, हरा कच्चा फल मत खाना।"

हनुमान जी बाग में गए। सूर्योदय का लाल सूर्य दिखा, हनुमान जी ने उसे ही फल समझ उछलकर सूर्य को ही अपने मुख में रख लिया।

धरती पर अँधेरा हो गया।

देवताओं ने इसकी सूचना इन्द्र को दी। इन्द्र ने अपने वज्र से उनके मुँह पर आघात किया जो हनुमान जी की ठोढ़ी में लगा जिससे उनका मुँह खुला और सूरज बाहर निकल आए।

हनुमान जी की ठोड़ी टेढ़ी हो गई जिससे उनका नाम हनुमान पड़ा।

वे राम के सहायक और सेवक हुए और सीता की खोज की। लंका जलाई और लक्ष्मण के प्राण बचाए। राम और सीता नें इन्हें अमरत्व का वरदान दिया।

द्वापर युग में महाभारत युद्ध में अर्जुन के रथ पर विराजमान होकर रथ और रथी की हनुमान जी ने रक्षा की।

कहा जाता है कि हनुमान जी ने पहाड़ पर नाखून से रामायण लिखी। किन्तु श्रीराम की इच्छानुसार ऋषि वाल्मीकि के रामायण के रूप में उसे प्रतिष्ठा मिली।

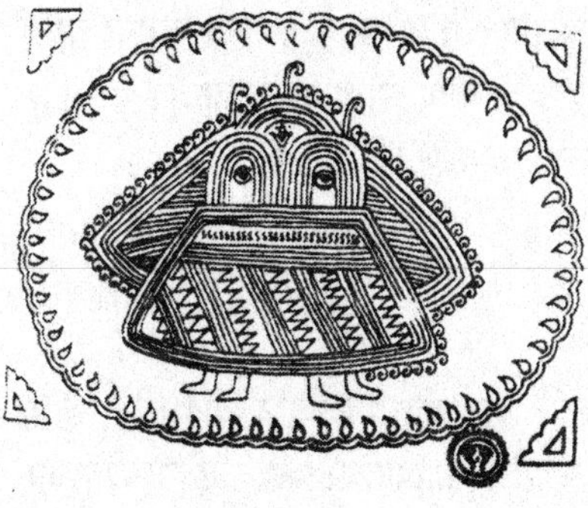

दीपावली

कार्तिक अमावस्या को मनाया जानेवाला यह पर्व अब राष्ट्रीय ही नहीं अन्तरराष्ट्रीय स्तर पर मनाया जाने लगा है। यह अन्धकार के विरुद्ध प्रकाश का पर्व है। प्रत्येक क्षेत्र की भिन्न रंगतें और रीति-रिवाज होते हुए भी इस पर्व में एक अनोखी एकरूपता है। दीपावली से पूर्व घर-बाहर स्वच्छता अनिवार्य मानी जाती है। इसमें लक्ष्मी-गणेश जी का पूजन होता है।

धान या जौ की ढेरी पर सेई (धान मापनेवाला वर्तन) औंधाकर रख दिया जाता है। आँगन में ऐपन या आटे से चौक पूरकर उस पर एक बड़ा दीपक जलाकर उसके ऊपर कच्ची मिट्टी की बनी घंटी को औंधा करके काजल पारा जाता है। चौक पर थालियों में दीपक जलाकर रख दिया जाता है और सूप से उस पर धीरे से हवा की जाती है। यह प्रतीक है कि आँधियों में भी प्रकाशपुंज न बुझे। इसके पश्चात चारों ओर दीपक ले जाकर सजा दिए जाते हैं।

ताजा पारा हुआ काजल सबकी आँखों में लगाया जाता है। ऐसा माना जाता है कि इस काजल को लगाने से आँख के समस्त विकार दूर हो जाते हैं। यह काजल टोना-टोटका से बचाने के लिए भी काम आता है।

दीपावली की रात जागरण की रात है।

कथा-1

दैत्यों के राजा बलि ने दान का व्रत लिया था। कोई भी याचक खाली हाथ नहीं लौटता था। राज्य में पाँच महापातकों का कोई नामोनिशान नहीं था। यह देखकर भगवान विष्णु ने राजा बलि का द्वारपाल बनना स्वीकार कर लिया था। राजा की धर्म में निष्ठा बनी रहे इसलिए तीन दिन और तीन रात तक महोत्सव का निश्चय करके दीपमालिका सजाई गई थी। तभी से दीपावली का पर्व मनाया जाने लगा।

कथा-2

धर्मराज युधिष्ठिर जी की कथा है कि दीपावली के दिन ही उनका राजसूय यज्ञ पूरा हुआ था।

कथा-3

श्रीराम के चौदह वर्ष का वनवास पूरा करके अयोध्या वापस लौटने की कथा है। यह भी कहा जाता है कि इसी दिन श्रीराम का राज्याभिषेक हुआ था। इसी प्रसन्नता में दीपमालिका सजाई गई थी।

कथा-4

यह भी कथा है कि श्रीविष्णु ने नरकासुर दैत्य को मारा था इस उपलक्ष्य में यह पर्व मनाया जाता है।

कथा-5

दीपावली के दिन ही महाराज विक्रमादित्य का राज्याभिषेक हुआ था। उनकी यश-गाथा कही जाती है।

कथा-6

दीपावली में जुआ खेलने के बुरे प्रचलन के सम्बन्ध में भी कथा कही जाती है कि इसी दिन शिव जी के पास जो कुछ था सब पार्वती के साथ पाँसा खेलने में हार गए और कैलास छोड़कर गंगा तट पर रहने लगे। पिता को दुखी देखकर कार्तिकेय ने भी पाँसा फेंकना सीखा और अपनी माँ पार्वती जी को हरा दिया। फिर पार्वती जी दुखी हुईं तब गणेश जी ने पाँसा फेंकना सीखा और कार्तिकेय जी को हरा दिया। तब शिव जी ने गणेश जी से कहा कि जाकर पार्वती जी को बुला लाओ जिससे आपस में सुलह हो जाए। गणेश जी चूहे पर सवार होकर गंगा जी के किनारे जा रहे थे। नारद जी ने विष्णु से बता दिया कि गणेश जी पार्वती जी को बुलाने जा

रहे हैं जिससे परिवार में मेल हो जाए। विष्णु जी ने पाँसे का रूप धारण किया और पार्वती जी को हरा दिया। यह जानकर कि मेरी हार का कारण विष्णु भगवान का परिहास था उन्हें शाप देना चाहा। किन्तु शिव के समझाने पर प्रसन्न होकर आशीर्वाद दिया कि जो दीपावली के दिन केवल खेलने के लिए जुआ खेलेंगे वे समृद्ध होंगे। तब से यह प्रथा चली किन्तु यह बुरी लत बनने के कारण समाज के लिए विष हो गई। इसे खेलने के पीछे यह सन्देश भी है जुआ झगड़े की जड़ है अतः नहीं खेलना चाहिए।

अन्नकूट / गोवर्द्धन पूजा / चित्रगुप्त पूजा

कार्तिक शुक्ल प्रतिपदा को अन्नकूट या गोवर्द्धन पूजा का उत्सव होता है। ब्रज क्षेत्र में यह पर्व बहुत धूमधाम से मनाया जाता है। अवध में भी इस पर्व पर छप्पन भोग बनाए जाते हैं जिसमें समस्त मौसमी सब्जियाँ, दालें और अन्न सम्मिलित रहता है।

गाय के गोबर से गोवर्द्धन बनाकर उस पर सीकें और रूई लगाकर छप्पन भोग चढ़ाया जाता है। इसी दिन चिरैया गौर भी मनाई जाती है और पिड़िया व्रत भी इसी दिन से प्रारम्भ होकर पन्द्रह दिन चलता है। काशी के बाबा विश्वनाथ और माता अन्नपूर्णा की पूजा भी की जाती है आँगन में चौखुंटा घेरा बनाकर बीच में दो पुतले गोधन-गोधनी के बनाते हैं। इनकी आँखें कौड़ी की या धान की खील की बनाकर नाभि में दूध भरते हैं। चारों ओर गायें, ग्वाल-बाल, गोपियाँ, सिपाही और कुत्ते-बिल्ली आदि बनाए जाते हैं। गोबर से सूर्य, चन्द्रमा, गंगा, यमुना, गौर आदि भी इस चित्र में बनते हैं। पन्द्रहवें दिन सब पिड़ियों को छुड़ाकर नदी में प्रवाहित कर दिया जाता है।

इसी पर्व में चित्रगुप्त की पूजा भी होती है। जिसमें कलम, दवात, बहीखाता आदि की पूजा करके प्रसाद बाँटा जाता है। मिट्टी के पात्र में सवा सेर मिठाई और सवा रुपया रखकर नये वस्त्र से उसका मुख ढँककर चित्रगुप्त के मन्दिर में अँधेरे मुँह चुपके से रखकर यह कह दिया जाता है कि मेरी बही में बढ़ोत्तरी करने की कृपा करना। जहाँ चित्रगुप्त का मन्दिर नहीं होता वहाँ शिवालय में शिवलिंग के समीप यह पात्र रख दिया जाता है।

इस पर्व पर श्रीकृष्ण-बलराम और उनके चक्र तथा हल के चित्र बनाकर पूजा की जाती है। इनकी लीला के गीत गाए जाते हैं तथा इन्द्र के कोप से ब्रज की रक्षा करनेवाले गोवर्द्धन और गोवर्द्धनधारी श्रीकृष्ण की कथा कही जाती है।

कार्तिक शुक्ल प्रतिपदा को अन्नकूट या गोवर्द्धन पूजा का उत्सव होता है। भगवान श्रीकृष्ण ने ग्रामवासियों के साथ गोवर्द्धन की पूजा की थी। उसी की स्मृति में इस पर्व पर छप्पन भोग बनाए जाते हैं। छप्पन भोग पूरा करने के लिए

समस्त मौसमी सब्जियाँ, समस्त दालें और अन्न सम्मिलित करके भोजन बनता है। द्वार पर गाय के गोबर से गोवर्द्धन बनाते हैं, उसके ऊपर रूई और सीकें लगाई जाती हैं।

कथा-1

एक दिन बालक कृष्ण ने ब्रज में सबके घर रात-भर पकवान बनते देखा तो नन्द बाबा से पूछा, "बाबा, ब्रज में आज किसकी पूजा है?" बाबा ने कहा, "माँ से पूछो।" माँ के गले में हाथ डालकर कृष्ण ने उनसे भी रात-भर व्यंजन बनाने का कारण पूछा। उन्होंने बताया कि इन्द्र राजा पानी बरसाते हैं, जिससे मनुष्यों के लिए अन्न और गायों के लिए घास प्राप्त होती है, इसलिए साल के इस दिन हम लोग रात-भर नाना प्रकार के व्यंजन बनाकर प्रात:काल बैलगाड़ियों से गोवर्द्धन पर्वत पर पहुँचकर इन्द्र की पूजा करते हैं और अच्छी बरसात करने के लिए उनसे प्रार्थना करते हैं। कृष्ण ने पूछा, "क्या आपका लगाया हुआ भोग-पदार्थ इन्द्र खाते हैं?" माँ ने कहा, "वे खाते तो नहीं।" तब उन्होंने कहा कि गिरि गोवर्द्धन की पूजा करो जो हमारी गायों के लिए घास, हम सबके लिए फल-फूल, ईंधन आदि देता है।

इनके समझाने पर सबने गोवर्द्धन पहाड़ की पूजा की। श्रीकृष्ण ने प्रकट रूप में सब भोग खाया, फिर प्रसाद रूप करके वापस किया। इन्द्र जी के क्रोध से सात दिन तक वर्षा हुई। कृष्ण-बलराम ने सबकी रक्षा की। हारकर इन्द्र को क्षमा माँगनी पड़ी। तभी से गोवर्द्धन पर्वत की पूजा होने लगी।

कथा-2

एक औरत ने चिरैया गौर त्योहार के दो दिन पहले अपनी पड़ोसिन से पूछा कि बहन, मेरे पति बड़े गुस्सैल है। हर समय मुझ पर डाँट-फटकार पड़ती रहती है। कोई उपाय बताओ जिससे सुख से रह सकूँ। उसने कहा, "पहले यह बताओ कि तुम चिरैया कैसे खाती हो?" तब इसने बताया कि इसे क्या पूछती हो? अरे भई, चावल दरर-दरर पीस डाला, घसर-घसर सान डाला, चिड़िया बनाया और खा लिया।

पड़ोसिन बोली कि यही तो कारण है कि तुम्हारा पति तुम्हारे हलबल-हलबल काम को पसन्द नहीं करता। अबकी बार तुम ऐसा करो कि जहाँ गणेश-लक्ष्मी की

पूजा करोगी, वहीं चौक पूरो, भीगे चावल थोड़ा सुखाकर एक नदवा (मिट्टी का पात्र) में रखकर उसे चौक पर रख दो। लक्ष्मी-गणेश की पूजा के साथ इन चावलों के बर्तन में भी खील-बताशा, फूल और अँगूठी डालकर उसके ऊपर तेल भरा दीपक रख दो। उसके अन्दर भी एक छोटी दियाली में दीप जलाकर रखो और कह दो कि, "सब घर सोवे नदवा जागे।" फिर सवेरे चार बजे जब कौआ न बोले तभी चावल पीस लो फिर नहा-धोकर श्रृंगार करके पिसे आटे में घी-शक्कर मिलाकर दूध से गूँथकर चिड़िया बना लो, छोटे-छोटे चार अंडे उसकी कोख में चिपका दो, पोथी और खड़ाऊँ बना लो, फिर पूजा घर में जाकर इनकी भी पूजा करो। पूजा के बाद इसके अंडों को बाएँ पैर के अँगूठे से हलका-सा दबा दो। फिर शुद्ध मन से मौन होकर उसे खाओ। अंडों को छत पर डाल दो। हाथ धोकर गौर का सुहाग लो तब बोलो। इस प्रकार शान्तिपूर्वक घर में कार्य करोगी तो पति प्रसन्न रहेंगे। तब से यह स्थिर चित्त से कार्य करने लगी। पति प्रसन्न हुआ।

कथा-3

एक स्त्री का पति उससे बोलता ही नहीं था। उसकी सास उसके हाथ कुछ खाने-पीने की चीज अपने लड़के के पास भेजे तो वह उसे भी न खाए। इससे सास-बहू दोनों उदास रहने लगीं। एक दिन उसने अपनी पड़ोसिन से पूछा, "बहन! कोई उपाय बताओ। जिससे मैं पति की प्यारी बनूँ।" पड़ोसिन ने उसके साथ मसखरी की और कहा, यह कौन-सी बड़ी बात है? इतनी छोटी बात के लिए तो एक छोटा-सा ही उपाय करो। खेत में चली जाओ, पालक तोड़ लाओ और उसे उबाल डालो। बस उससे नहा लो, काम बन जाएगा।

बेवकूफ स्त्री ने ऐसा ही किया। पालक के गर्म-गर्म पानी से नहा डाला। सारे बदन में छाले पड़ गए। दर्द से बेहाल होकर घर के बाहर दरवाजे पर बैठ गई। पति अपने काम पर जाने के लिए खाना खाकर कपड़े पहनकर बाहर निकला। जैसे ही अपना दुपट्टा झाड़कर कन्धे पर डाला, वैसे ही उसकी हवा लगने से स्त्री के फोड़ों पर बैठी मक्खियाँ 'झर्र' से उड़ीं। अब वह बोली, "पालकी का परिचय पावा पिउ बेना हाँकत आवा।"

यह सुनकर उसका पति वापस घर के अन्दर गया। माँ से पूछा, "माँ यह कौन मंत्र पढ़ रही है?" माँ ने कहा, "उसकी पीड़ा का कारण तुम्हीं तो हो। तुम उससे

क्यों नहीं बोलते? जिसके लिए वह पालक के गर्म पानी से नहाए, फोड़ा लिये बैठी है तुम्हारे दुपट्टे की हवा से मक्खियाँ उड़ी होंगी तो उसे अपने टोटके पर विश्वास हुआ होगा।" तब वह बोला कि अच्छा जब इसने इतनी तकलीफ सही, तब इसका भी कहना मान लिया करूँगा।

कथा-4

एक नानी और नातिन थीं नातिन बड़ी दुलारी थी। सब बच्चों को खिझाती, कंकड़ मारती, चीजें तोड़-फोड़ डालती। घरवाले और यहाँ तक कि पड़ोसी भी उससे आजिज आ गए थे। ये नानी से शिकायत करते थे, पर नानी उसे कभी नहीं रोकती थी। इसी तरह करते-करते यह सयानी हुई। विवाह हुआ। इधर नानी गतान्त होकर यमलोक पहुँची। चित्रगुप्त ने इसकी बही देखी और कहा, "इसने कोई पुण्य तो किया ही नहीं, बस, पाप-ही-पाप लादा है। इसने अपनी नातिन से कहा था कि चाहे जितनी ऊधमबाजी करो, बस कह दिया करो कि जो पाप पड़े सो नानी पर पड़े। इस तरह इसने अपनी नातिन का सारा पाप भी अपने सर उठाया हुआ है।"

यह सुनकर यम ने उसे राई की बिनियाँ पुतलियों से बीनने का दंड दिया। वह किसी भी प्रकार जब आँख की पुतलियों से राई नहीं बीन पाती थी, तब इसे यमदूत मारते-कूटते थे। उसने यम देव से जरा देर की छुट्टी माँगी और नातिन के घर की मुँड़ेर पर मँडराई। लड़की ने देखा वह डरी। नानी बोली तुम्हारे कारण यमलोक में मुझे आँख से राई बीननी पड़ रही है। तुम गोधन के दिन व्रत करो, उसी जगह गोधन के पास ही गोबर की डिबिया बनाकर उसमें राई जैसे छोटे-छोटे दाने गोबर के ही रखो। सब पूजा के साथ-साथ उस डिविया के दाने अपनी छोटी अँगुली और अँगूठे से निकालकर अलग रखो। सोने-चाँदी की डिबिया में, राई मिष्ठान्न सहित यमदेव की प्रसन्नता के लिए दान करो और सवा सेर मिठाई मिट्टी की हाँड़ी में रखकर नये कपड़े से बाँधकर चित्रगुप्त के मन्दिर में रखो और यमदेव से प्रार्थना करो कि मेरा किया हुआ जो पाप नानी भोग रही हैं, उससे उन्हें शापमुक्त किया जाए।

लड़की ने ऐसा ही किया। तब से ही गोधन बनाते समय 'राई की विनियाँ' भी बनाई जाती है तथा पूजा करके उँगली व अँगूठे से निकाली भी जाती है। गोवर्द्धन पूजा गोवर्द्धन पर्वत की पूजा भी है और गोबर रूपी धन की भी।

गोबर हमारी प्राथमिक आवश्यकताओं की पूर्ति करता है। ईंधन, खाद तथा स्वच्छता के उपकरण के रूप में। इसीलिए छोटी दीपावाली (नरक चौदस) के दिन घूरे पर दीप जलाते हैं। 'घूरा' गोबर की खाद का ढेर होता है जो धरती को अतिरिक्त ऊर्जा देता है।

गोवर्द्धन पूजा प्रकृति-पूजा का अनन्य उदाहरण है जिसे श्री कृष्ण भगवान ने मान्यता दी।

चिरैया गौर

कार्तिक शुक्ल प्रतिपदा को ही यह व्रत भी सुहागिनें करती हैं। शरद पूर्णिमा की रात खुले आकाश में रखे गए चावल को मौन रहकर पीसकर उसके आटे से चिड़िया, टिक्की, खड़ाऊँ, पोथी, पत्रा आदि बनते हैं। एक चिड़िया के ऊपर आटे का दीपक जला दिया जाता है। यह सारी आकृतियाँ और फरे बनाकर पानी में उबालकर खाया जाता है। चिड़िया का सिर नहीं खाया जाता। चिड़िया केवल सुहागिनें खाती हैं।

चिरैया गौर की कथाएँ और गीत है, जिसमें इसकी विधि महात्म्य का उल्लेख है।

इसमें दीपावली में दी गई कथा-2, कथा-3 तथा कथा-4 कहकर पूजा की जाती है।

इस अवसर पर जो लोकचित्र बनता है उसमें इन कथाओं का अंकन संकेत रूप में किया जाता है।

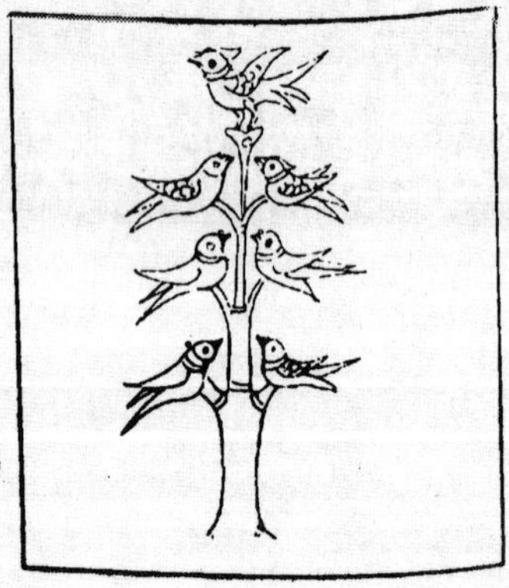

यम द्वितीया / भैयादूज

कार्तिक शुक्ल पक्ष की द्वितीया को बहनें भाई को टीका करके उनकी कुशल-कामना करती हैं। इसमें यमराज और उनकी बहन यमुना की कथा कही जाती है। इसमें दो कहानियाँ कही जाती हैं।

कथा-1

यमराज एक बार बड़े आग्रह के बाद अपनी बहन यमुना से मिलने उसके घर आए। भाई के आने की खुशी में यमुना जी ने विविध पकवान बनाकर इस अवसर पर पूजन किया। यमराज ने अति प्रसन्न होकर बहन से वरदान माँगने को कहा। यमुना ने यही वर माँगा कि आज के दिन जो भाई-बहन यमुना में साथ-साथ स्नान करें या यमुना में यमराज की पूजा कर दीपदान करें, उन्हें यमलोक का दर्शन न करना पड़े। यमराज ने कहा, "एवमस्तु"। यही नहीं, यह आशीर्वाद भी दिया कि इस दिन जो बहन अपने भाई को भोजन कराएँगी, टीका करेंगी, उसे वैधव्य का कष्ट नहीं होगा। उस दिन कार्तिक शुक्ल द्वितीया थी तब से यह पर्व प्रारम्भ हुआ।

कथा-2

एक थी बहन उसके सात भाई थे। सबसे छोटा भाई बहन से बहुत स्नेह करता था। भैयादूज के दिन जब तक बहन से टीका न करा ले, खाता नहीं था।

एक दिन उसकी पत्नी बोली कि यदि तुम्हारी बहन की शादी कहीं दूर हो गई तो तुम क्या करोगे? वह बोला कि मैं बहन की शादी दूर करूँगा ही नहीं।

उसने माता-पिता से कहकर बहन की शादी निकट के गाँव में करा दी। भाग्य की बात, बहनोई बड़े खराब स्वभाव का निकला। वह अपनी ससुराल वालों को देखना भी न चाहे, उसने अपनी दुलहन से साफ-साफ कह दिया कि मेरे घर में तुम्हारे मायकेवाले नहीं आ सकते। मुझे अपना घर नहीं बिगाड़ना है। अब बेचारी ने रो-धोकर सन्तोष किया और मायके यह सन्देश भेज दिया कि कोई यहाँ न आए।

अब भैयादूज का त्योहार आया तो भाई का जी नहीं माना। वह नहा-धोकर टीका कराने बहन की ससुराल पहुँचा। उसके बहनोई ने देखते ही उसे पकड़कर सात तालों के भीतर बन्द कर दिया और स्वयं काम पर चला गया।

बहन का छोटा भाई वेश बदलना जानता था। वह छोटा पिल्ला (कुत्ते का बच्चा) बनकर नाली के रास्ते बहन के पास पहुँच गया। बहन रो-रोकर हल्दी पीस रही थी और सोच रही थी कि हल्दी तो पीस रही हूँ पर भइया को टीका कैसे कर पाऊँगी?

इतने में कुत्ते का पिल्ला कूँ-कूँ करता हुआ उसके पास पहुँच गया। बहन तो दुखी थी ही, उसे क्रोध आ गया। उसने हल्दी सने हाथ से पिल्ले के सिर में मार दिया। पिल्ला ने मार खाते ही सोने की मुहर (स्वर्ण का सिक्का) अपने मुँह से उगल दिया और मोरी (नाली) के रास्ते फिर वापस चला गया। सोने की मुहर देखकर बहन सोच में पड़ गई।

बहनोई लौटकर आया तो ताला खोलकर भीतर गया। वहाँ क्या देखता है कि भाई के माथे पर पाँच टीका लगा हुआ है। उसे निकालकर बाहर लाया और दालान में बैठाकर भीतर अपनी पत्नी के पास पहुँचकर उससे पूछने लगा, “तुमने अपने भाई को पाँच टीका कैसे लगाया?”

वह बोली, “मैंने तो अपने भाई की सूरत ही नहीं देखी। एक टीका की कौन कहे, पाँच कैसे लगाती? हाँ, एक आश्चर्य की बात अवश्य हुई है कि नाली के रास्ते एक कुत्ते का पिल्ला आया था। मैं हल्दी पीस रही थी। गुस्से में आकर मैंने हल्दी के हाथ से उसे मार दिया, तो वह सोने की मुहर उगलकर फिर नाली के रास्ते वापस लौट गया।” मुहर देखकर और सारी बात देख-सुनकर बहनोई को अपनी भूल का भान हुआ। उसने माफी माँगते हुए कहा, “मुझे बहुत दुख है मैं भाई-बहन के सच्चे प्रेम के बीच रुकावट बना। सच्चा प्यार

कभी नहीं टूटता।" वह अपने साले को भीतर ले गया। जैसे उस भाई-बहन के दिन फिरे, वैसे सबके फिरें।

सूर्यषष्ठी / डाला छठ

कार्तिक शुक्ल षष्ठी को यह व्रत-पर्व प्रकाश की पुकार का सन्देश लेकर आता है। इसमें बाँस के नये डाले में सारी पूजन-सामग्री, भोग-सामग्री, विविध प्रकार के फल, मिठाई, नारियल, सब्जियाँ आदि भरी जाती हैं। इसे लेकर व्रती के पति या पुत्र घाट तक जाते हैं। पीछे-पीछे स्त्रियाँ गीत गाती हुई चलती हैं।

काँचहि बाँस के दउरवा, दउरा नइ-नइ जाय।
केरवा (केला) जे भरा दउरवा, दउरा नइ नइ जाय।

इसलिए इसे डाला छठ भी कहते हैं। यह व्रत तीन दिन का होता है। जल में कमर तक खड़े होकर अस्त होते हुए सूर्य को अर्घ्य देकर प्रणाम किया जाता है। वहीं बैठकर छठी माता के और सूर्य भगवान के गीत गाए जाते हैं और कथाएँ कही जाती हैं। यह व्रत पुत्र की कामना और उसकी दीर्घायु की कामना तथा अक्षय सौभाग्य की कामना से किया जाता है।

कथा

सूर्य भगवान की कथा भी इस व्रत में कही जाती है। भगवान दूसरे लोक जाने लगे तो अपनी माँ और पत्नी को मुट्ठी-मुट्ठी भर मोती दे गए।

ये दोनों मोती चबाकर कुछ दिन रहीं, फिर सूखकर काँटा हो गईं।

सूर्य नारायण के पास गईं छुपकर। फटेहाल थीं इसलिए छिपकर बैठ गईं, कुम्हार के आँवें में।

सूर्य भगवान आए, बोले, "यह क्या गति दोनों की हो गई? मैं तो तुम्हारा इन्तजाम कर आया था।"

माँ बोली, "एक-एक मुट्ठी मोती कितने दिन चबाकर गुजर करती।"

सूर्य नारायण बोले, "अरे वह चबाने के लिए थोड़े थे। उनको बेचो-खरचो, चीजें खरीदो।"

वे लौट गईं। वैसा ही किया। अब इसे कैसे खरचें, कहाँ रखें, यही नहीं समझ में आ रहा था।

फिर गईं सूर्यदेव के पास, अबकी सोना-चाँदी, हीरे पहने हुए।

सूर्य भगवान ने फिर पूछा कि कैसे आई?

वे बोलीं, "अब हमारी समझ में नहीं आ रहा है कि कैसे खर्च करें, इतनी सारी सम्पत्ति कहाँ रखें?"

सूर्य भगवान बोले, "अरे दान-पुण्य करो, धर्मशालाएँ बनवाओ, पोखर, कुआँ खुदवाओ, बाग लगाओ।"

वे लौट गईं। वहाँ जाकर फिर ऐसे ही किया।

सूर्य भगवान साधु के वेश में परीक्षा लेने गए। बोले, "बूढ़ी माँ मैं तुम्हारे बेटे के थाल में खाऊँगा। उसी के बिस्तर पर सोऊँगा तुम्हारी बहू मेरी सेवा करे।"

सास ने बहू से कहा, "यह चिन्ता की बात नहीं है, बहू तेरे पास तो अग्नि वस्त्र है, तू जा।"

वह गई तो सूर्य भगवान असली रूप में आ गए। पत्नी के साथ रात-भर रहे, भोर में चले गए।

पुत्र हुआ तो सास ने बहू को घर से निकाल दिया। वह नदी के किनारे रहने लगी।

पुत्र बड़ा हुआ तो जाकर दरबार में प्रणाम किया। सूर्य भगवान ने परिचय पूछा, तो बताया, "मैं सूर्य का बेटा हूँ।" सूर्य भगवान ने पूछा, "तुम्हारी माँ कहाँ है?"

"नदी किनारे रहती है" उसने उत्तर दिया।

वे पुत्र और पत्नी को लेकर घर आए। उस दिन छठ थी। सूर्य भगवान ने माँ को सारी घटना बताई और कहा कि इस कार्तिक छठ को जो स्त्री मेरी पूजा करेगी, उसकी हर मनोकामना पूरी होगी।

सन्तान सप्तमी

यह कार्तिक सुदी सप्तमी को पड़ती है। यह व्रत भी सन्तान और उसकी दीर्घायु की कामना हेतु होता है। इसमें सप्तमी माता का चित्र बनाकर पूजा की जाती है। जिस स्त्री की सन्तान गर्भ में नष्ट हो जाती है या पैदा होकर मर जाती है उसे यह व्रत कराया जाता है। सात विवाहित स्त्रियाँ नष्ट सन्तान स्त्री पर जल डालती हैं और सूर्य-चन्द्रमा सभी देवी-देवताओं से प्रार्थना करती हैं कि इसकी सन्तान की रक्षा करें। सूर्य और कपिला गाय की पूजा की जाती है। देवताओं को भोग लगाकर गाय को खिलाकर तब व्रती स्त्री भोजन करती है। इस व्रत में महादेव पार्वती और गणेश जी की पूजा की जाती है।

इस व्रत को प्रारम्भ करनेवाली महिला सवा-भर चाँदी या सोने का चूड़ा बनवाती है जिसमें सात निशान, सात गाँठ की तरह खीचें रहते हैं। असमर्थता में कच्चे सूत के सात धागों में सात गाँठ देकर अनन्त बनाती हैं। सबकी पूजा करके सात पूए (मीठी पूड़ी) का भोग लगाते हैं। सात पूओं का दान किया जाता है और सात खाया जाता है। शिव जी को पंचामृत से स्नान कराया जाता है। यही प्रसाद सबको देकर सायंकाल एक बार अलोना भोजन किया जाता है। पूजा पर से चूड़ा को उठाकर बाँह में पहन लिया जाता है।

यह व्रत गर्ग मुनि ने मृतवत्सा देवकी को बताया था जिसके करने से दीर्घजीवी कृष्ण का जन्म हुआ।

कहीं-कहीं यह व्रत भाद्र सुदी सप्तमी को मनाया जाता है। गर्ग ऋषि के उपदेश से देवकी ने यह व्रत किया था जिसके प्रभाव से श्रीकृष्ण जीवित बच गए और उनके कंस द्वारा मारे गए सातो पुत्र भी जीवित हुए।

गोपाष्टमी

कार्तिक शुक्ल अष्टमी को गायों को स्नान कराकर बछड़े सहित उनकी विधि-विधान से पूजा की जाती है। पूजन में धूप, दीप, अक्षत, रोली, गुड़, जलेबी का भोग लगाकर आरती उतारकर गाय की परिक्रमा की जाती है। उसके पश्चात भोजन किया जाता है।

इस दिन भगवान कृष्ण सर्वप्रथम गोचारण के लिए गए थे।

इस पर्व पर गोशाला समितियों का गठन तथा उनकी ओर से इस दिन मेलों का आयोजन होता है। जगह-जगह से गायें आती हैं। उनकी वहाँ सामूहिक पूजा की जाती है।

सभी लोग अपनी गोशालाएँ स्वच्छ करते हैं। गाय-बछड़ों के माथे पर हल्दी का टीका लगाकर उनके गले, सींगों को आभूषणों, रंगीन वस्त्रों से सजाकर जंगल में ले जाते हैं।

यह भगवान कृष्ण की गोचारण-लीला की स्मृति का पर्व है। इस तिथि को महिलाएँ गायों की पूजा करती हैं 'रोट' खिलाती हैं।

गायों का जुलूस भी निकाला जाता है।

इन दिन गोशालाओं को धन दान किया जाता है।

श्रीकृष्ण और उनके गोप सखाओं के, गोचारण के·दृश्य लोक-कलाओं में उरेहे जाते हैं। गोचारण-लीला की कथाएँ कही जाती हैं।

अक्षय नवमी / आँवला नवमी

यह अक्षय व्रत कार्तिक शुक्ल नवमी को किया जाता है। इसे आँवला नवमी भी कहते हैं। इस व्रत में पूजा-दान का फल अक्षय होता है। पुराणों में वर्णन आता है कि त्रेता युग का शुभारम्भ इसी तिथि को हुआ था।

आँवले के वृक्ष की परिक्रमा की जाती है। आंटे में गुड़ मिलाकर उससे आँवले के आकार में गोलियाँ बनाकर, तलकर वही चढ़ाया जाता है। पेड़ के नीचे कथा कही जाती है।

कहीं-कहीं लोग इसी दिन जगद्धात्री देवी की पूजा करते हैं। बंगाल में विशेष रूप से हुगली जिले के चन्दन नगर में यह पूजा जगद्धात्री देवी की विशाल प्रतिमाएँ बनाकर की जाती है। तीन-चार दिन बाद ये प्रतिमाएँ गंगा (हुगली) में विसर्जित कर दी जाती हैं।

कुछ लोग तुलसी का विवाह शालिग्राम से इसी दिन करते हैं। इसी दिन विष्णु द्वारा 'कूष्मांड' नामक दैत्य मारा गया था।

इस दिन नित्य नियम (कार्तिक व्रत-पूजन) निभाकर पूड़ी, खीर, पकवान आदि बनाकर सपरिवार आँवले के वृक्ष के नीचे जाया जाता है। वहाँ गौर और आँवला वृक्ष की भलीभाँति पूजा की जाती है। मीठे आटे का आँवला, फल, फूल, मिठाई, टिकिया, बताशा, पूड़ी, हलवा आदि चढ़ाया जाता है। गौर व वृक्ष को चीर चढ़ाकर कच्चा सूत हाथ में लेकर इससे नौ बार प्रदक्षिणा की जाती है। हाथ में लिया हुआ बाकी धागा (ऑड़ी सूत की) पेड़ में खोंसकर गौर का सुहाग लेकर अपने पुरोहित-पुरोहितानी को वस्त्र पहनाकर भोजन कराया जाता है। इस दिन जोड़ा खिलाने का बड़ा पुण्य है। ब्राह्मणों का सत्कार करके परिवार सहित भोजन करना चाहिए। बहुत लोग वृक्ष के नीचे ही कंडे की आग में दाल-बाटी, चूरमा, चूड़ा, मटर की घुघुरी, हलवा, सगपहिता (बथुआ, पालक डालकर पकी दाल), आँवले की चटनी बनाकर सबको खिलाते और

खाते हैं। इस दिन कुष्मांड (पेठे) में नवरतनी रखकर लाल कपड़े में रखकर दान किया जाता है।

इसमें एक कहानी गणेश जी की व एक आँवले की भी कही जाती है।

कथा-1

एक दादी पोता थे। दादी ने दो पैसे देकर उसे बाजार भेजा कि इससे कुछ खरीदकर ज्यादा पैसे में बेचे। पर वह बालक कुछ खरीदना-बेचना जानता ही न था। उसके घर से कुछ दूरी पर जंगल के किनारे एक गणेश मन्दिर था। वह अन्दर गया, गणेश जी को प्रणाम किया और पैसा उन्हीं के चरणों में चढ़ा दिया और बोला, "भगवन इस पैसे से मैं कुछ भी नहीं कर सकता, इसलिए इसको आप ही रखो।"

दूसरे दिन दादी ने फिर दो पैसे दिये। इसने फिर गणेश जी के चरणों में चढ़ा दिया। तीसरे दिन दादी ने कहा, "तू कुछ भी कमाकर नहीं लाता। तुझे खाना नहीं मिलेगा।"

कहकर उसे घर से निकाल दिया। दुखी होकर वह जंगल में चला गया। गणेश जी ने सोचा, जंगल में इसे कोई जानवर खा लेगा। तो गणेश जी एक बूढ़े ब्राह्मण का वेश रखकर उसके पास गए। जंगल में आने का कारण पूछा। उसके बताने पर बोले, "दो दिन से तू मुझ पर पैसे चढ़ा देता है। मैं ही गणेश जी हूँ। पैसा कमाने के लिए तुझे घर से निकाला गया, तो धन तो मैं तुझे अभी ही दूँगा। मन्दिर में आ। जो फूल-हार चढ़ाया हुआ वहाँ हो, वह अपने घर ले जा। जहाँ तेरी दादी रोज गणेश-पूजन करती है, वहीं रख दे। बाकी तू एक वरदान और माँग। मैं तुझ पर प्रसन्न हूँ, तेरी इच्छा पूरी करूँगा।"

लड़का बोला, "तो बाबा मैं अन्न माँगू, धन माँगू, कोठी-बखार माँगू, दाल-भात का भोजन माँगूँ, परोसनेवाली ऐसी माँगूँ जैसा फूल गुलाब का।"

गणेश जी ने कहा, "तूने तो सब कुछ माँग लिया। मैं तेरी इच्छा पूरी करूँगा।"

कहकर वे अन्तर्धान हो गए। लड़का फूल लेकर अपने घर गया, गणेश जी के आगे रख दिया। ये फूल मुहर-अशर्फी में बदल गए। गणेश जी की कृपा से धन की कमी न रह गई। अनन्य सुन्दर बहू भी उसके घर आई।

कथा-2

एक धनी स्त्री नित्य सोने का एक आँवला दान करके भोजन करती थी। बहुत दिनों से यह नियम चला आ रहा था। उनके सात बेटे थे। बड़ी बहू जब आई तो उसने कहा, "अम्माँ जी, इतना सोना आप दान कर देंगी तो हम लोगों के लिए क्या बचेगा?" अब वह चाँदी का आँवला दान करने लगी। सात बहुओं के आने तक आटे का भी दान करने की सामर्थ्य नहीं रह गई। तब दोनों पति-पत्नी पास के जंगल में एक आँवले के पेड़ के नीचे जा बसे। पेड़ से जो आँवला गिरता, उसी का दान करते और कन्द-मूल-फल खाकर दिन गुजारते।

एक दिन पेड़ के पास ही इनके पैर से वहाँ की जमीन खुद गई। देखा तो मुहर-अशर्फियों से भरा एक घड़ा मिला।

अब तो पेड़ों के नीचे संत-महात्माओं की कुटिया बनने लगी। कथा, पूजा, सत्संग होने लगा।

अब वह स्त्री सोने का आँवला फिर दान करने लगी। और वहाँ इनके घर में खाने तक का ठिकाना न रहा। बहुएँ मजदूरी करने निकल पड़ीं।

अब उस स्त्री को भी सत्संग व पूजा-अर्चना के लिए बड़े मकान की जरूरत पड़ी तो राज मजदूर लग गए और किसी भी पेड़ को बिना नुकसान पहुँचाए घर बनने लगा।

बहुओं को किसी ने बताया कि पास ही के जंगल में एक भक्त साहूकार का मकान बन रहा है, वहाँ जाने से तुम लोगों का काम बन सकता है।

बहुएँ बेचारी वहाँ पहुँचकर ईंट, गारा ढोने के काम में लग गईं। एक दिन मालकिन ने घर के काम के लिए कोई मजदूरनी भेजने को कहा। इन औरतों में से एक को भेज दिया गया।

इन्होंने मजदूरनी से कहा, "जरा मेरी पीठ मल दे।"

वह मलने बैठी तो रोने लगी।

उन्होंने कारण पूछा तो बोली, "मेरी सास की पीठ पर ऐसा ही मसा था, वह सोने का एक आँवला रोज दान करती थीं। इससे खूब धन था, जब से वे गईं हम दरिद्र हो गए।"

उन्होंने बहू को पहचान लिया। फिर सबको अपने पास बुला लिया। सब सुख से रहने लगे।

देवोत्थान एकादशी

कार्तिक शुक्ल एकादशी को 'देवोत्थान एकादशी, प्रबोधिनी एकादशी, डिठवन' आदि भी कहते हैं।

इसी दिन शेषशायी विष्णु भगवान जो देवशयनी एकादशी तक सोते रहते हैं, जग जाते हैं। इस दिन पूरे घर-आँगन की सफाई की जाती है जिससे कि घर में दरिद्रता न रह जाए। इसी दिन नई फसल की ईख देवता को चढ़ाकर पहली बार चूसने के लिए गाँठ फोड़ी जाती है। गन्ने के सिरे से सूप बजाते हुए एकादशी की रात बिताकर प्रातः ब्रह्ममुहूर्त में दरिद्र भगाया जाता है। स्त्रियाँ घर के कोने-कोने में 'ईश्वर आएँ, दरिद्दर जाएँ,' कहते हुए सूप बजाती हैं। फिर सूप और गन्ने को अपने पीछे करके फेंक देती हैं। उसके बाद आकर स्नान-पूजन करके व्रत का पारण करती हैं। कुछ लोग तुलसी विवाह एकादशी को ही करते हैं तथा कुछ लोग एकादशी को भी दीप मालिका सजाते हैं।

इस दिन सत्यनारायण व्रत-कथा-पूजन होता है। देवोत्थान एकादशी में कई तरह के भित्तिचित्र और चौक बनते हैं। विष्णु भगवान के चरण ऐपन से अवश्य बनाए जाते हैं।

इस दिन ही आँगन में बड़ा-सा चौक पूर कर भगवान की गोड़िया (चरणचिह्न) बनाकर उस पर मूँग की दाल, चावल, मूली, सिंघाड़ा, गन्ना, चने का साग, आँवला, बेर, आदि रखकर उस पर भगवान की चौकी रखी जाती है। और उस पर भगवान को स्थापित किया जाता है। पाँच गन्नों का मंडप बनता है। पास ही तुलसी का गमला सजाकर रखा जाता है। गन्ने के दो टुकड़ों से चौकी थोड़ा-थोड़ा उठाकर कहा जाता है, "जागो भगवान, उठो भगवान, मंगल करो भगवान। गया के गजाधर, प्रयाग के वेणीमाधव, काशी विश्वनाथ जागो जागो।" परिक्रमा करते-करते चौकी को पाँच बार उठाना चाहिए।

चौकी रखकर जल, फूल, चन्दन, हार, सुगन्ध, मिठाई, बताशा, फल-फलाहारी, गन्ना, सिंघाड़ा, हरा नारियल, पान-सुपारी-लौंग-इलायची आदि वस्तुओं द्वारा भगवान की पूजा सम्पन्न की जाती है।

इस दिन ही भगवान को गर्म कपड़े पहनाए जाते हैं, आग तपाई जाती है व रजाई ओढ़ाई जाती है।

इस दिन ही तुलसी और शालिग्राम का विधि-विधान से ब्याह रचाया जाता है और तुलसी विवाह के गीत गाए जाते हैं। रात्रि जागरण किया जाता है।

द्वादशी को ब्राह्मण को भोजन व दरिद्र नारायण को नया-पुराना वस्त्र और भोजन दिया जाता है। त्रयोदशी को प्रदोष काल में शिव जी को सवा लाख तुलसीदल अर्पित किया जाता है। साल का यह दिन शिव पर तुलसी समर्पण के लिए नियत है। कहते हैं कि इस दिन स्वयं भगवान विष्णु शिव पर तुलसी चढ़ाते हैं और चतुर्दशी को तड़के सबेरे विष्णु पर शिव जी तुलसी समर्पण करते हैं। भक्तगण भी विष्णुसहस्रनाम के पाठ सहित तुलसीदल विष्णु भगवान को अर्पण करते हैं।

वैकुंठ चतुर्दशी

कार्तिक शुक्ल एकादशी से कार्तिक पूर्णिमा तक 'भीष्म पंचक' होता है जिसमें चतुर्दशी का विशेष महत्त्व होता है, जो लोग पूरे कार्तिक-भर कार्तिक स्नान नहीं कर पाते, वे एकादशी से पूर्णिमा तक स्नान करते हैं तथा बैकुंठ चौदस मनाते हैं। बैकुंठ चौदस के दिन तारों की छाँव में स्नान करके नदी-तट पर चौदह दीपक जलाते हैं।

इसमें जो चित्र बनता है उसमें वैकुंठ धाम, देवता आदि बनते हैं। इस दिन व्रत भी किया जाता है। भक्त पुरुष-महिलाएँ मन्दिर में सवा लाख तुलसी दल भगवान विष्णु को अर्पित करते हैं या पुजारी जी से अर्पित करवाते हैं। द्वारिका जी, श्रीनाथ जी आदि मन्दिरों में भी भगवान के चरण पर तुलसीदल चढ़ाए जाते हैं। कार्तिक-स्नानार्थी भी नया वस्त्र, इत्र, मिठाई, फल-फूल, हार, केसर, कपूर, पान, सुपारी, लौंग, इलायची सहित भगवान का पूजन करके लखौरी बत्ती (सवा लाख बत्ती की आरती करते हैं। ये रूई के पाँच धागों से बनी सवा लाख बत्तियाँ

मिट्टी के बड़े बर्तन में सवा सेर घी में भीगी हुई रखी जाती हैं, जिसे भगवान के आगे लेकर खड़ा रहा जाता है। वैसे जो जितनी बत्ती बना लेती हैं, उतनी जलाती हैं। रात्रि जागरण भी किया जाता है।

कार्तिक पूर्णिमा / तुलसी विवाह

पूरे कार्तिक माह-भर प्रात:काल स्नान, दान-ध्यान का विशेष महत्त्व है। पूरे कार्तिक माह-भर तुलसी का चौरा लीपकर उन्हें दीपदान किया जाता है।

कार्तिक पूर्णिमा के दिन इस पूरे स्नान, दीपदान की पूर्णाहुति होती है। पूजन, सत्यनारायण व्रत कथा श्रवण, हवन होता है और तुलसी का शालिग्राम से विवाह रचाया जाता है।

पुराणों में वर्णन है कि इसी तिथि को गज-ग्राह की लड़ाई हुई थी और भगवान विष्णु ने स्वयं आकर गज का उद्धार किया था।

कार्तिक पूर्णिमा के चित्र में गंगा, सत्यनारायण भगवान, तुलसी, गज-ग्राह की लड़ाई, विष्णु और उनका सुदर्शन चक्र आदि बनता है।

इस दिन पवित्र नदियों में स्नान-दान का विशेष महत्त्व है। नदियों के तट पर विशाल मेला लगता है।

पूर्णिमा को यथाशक्ति दान देने का विशेष महत्त्व है। व्रत करके पूजन हवन और प्रसाद भोग का वितरण किया जाता है।

तुलसी के महात्म्य और उनकी कृपा की कथाएँ कहकर 108 परिक्रमा तुलसी की की जाती है। गिनती के लिए मखाना, मेवा या बताशा 108 गिनकर रख लेते हैं और हर परिक्रमा में उसे पूजन चौकी और पौधे में डालते जाते हैं।

जो लोग नित्य तुलसी में दीपदान नहीं कर पाते वे 30 जोड़े दीपक जलाकर 30 जोड़ी पूड़ी चढ़ाकर हवन करते हैं। तुलसी को आभूषण-वस्त्र से सजाकर उन्हें विदा किया जाता है।

भीष्म-पंचक

कार्तिक पूर्णिमा को भीष्म पंचक व्रत पूरा होता है।

इसी दिन भीष्म पितामह पांडवों के बाण से जख्मी होकर शर-शय्या पर लेटे थे और लेटे-लेटे ही उन्होंने पांडवों को उपदेश दिया था, जो शान्ति पर्व महाभारत में वर्णित है।

इस दिन लोग व्रत रखते हैं और भीष्म पितामह ने जो उपदेश दिया है, उसे पढ़ते हैं।

भीष्म-पंचक की कथा में बताया जाता है कि भीष्म पितामह ने जब श्री कृष्ण और पांडवों को राजनीति, धर्म, कर्म के विविध अंगों पर उपदेश दिया तब सन्तुष्ट और प्रसन्न होकर श्रीकृष्ण ने कार्तिक शुक्ल एकादशी से पूर्णिमा तक के पाँच दिनों को भीष्म पंचक की संज्ञा देकर यह घोषणा की कि जो व्यक्ति इन पाँच दिनों तक स्नान, व्रत, पूजन-दान आदि पुण्य कार्य करेगा, उसे समस्त सुख-वैभव मिलेगा और वह परम गति को प्राप्त होगा।

इसमें जो चित्र बनते हैं उसमें भीष्म पितामह की शरशय्या, श्री कृष्ण, पाँचों पाडंव, तथा अर्जुन द्वारा बाण से गंगा प्रकट करने आदि का अभिप्राय व्यक्त होता है।

व्रती पितामह से अपने कुल, कुटुम्ब, परिवार की रक्षा का आशीर्वाद माँगते हैं।

अगहन (अग्रहायण) महीने के मुख्य व्रत-पर्व-त्योहार

• गणेश चतुर्थी • नवान्न पर्व

• वैतरणी व्रत • सीताराम विवाह पंचमी

• अगहन पूर्णिमा-दत्तात्रेय जयन्ती • नरक पूर्णिमा

गणेश चतुर्थी

पार्वती जी के पूछने पर गणेश जी ने कहा, "हे माँ! इस चतुर्थी को गजानन नामक गणेश की विधिपूर्वक पूजा और चन्द्रमा को अर्घ्य देना चाहिए। निराहार रहते हुए जौ, तिल, चावल से हवन और ब्राह्मण भोजन कराना चाहिए।"

कथा

त्रेता युग में महाराजा दशरथ को श्रवण के पिता ने पुत्र-वियोग से मरने का शाप दिया था। बहुत दिनों तक राजा को पुत्र-प्राप्ति नहीं हुई। तब वशिष्ठ जी ने उनसे पुत्रेष्टि यज्ञ कराया, जिससे वे चार पुत्रों के पिता बने।

कैकेयी को दिये वरदान के कारण राम को वन में जाना पड़ा और दशरथ ने प्राण त्यागे।

उधर वन में रावण द्वारा सीता जी का हरण हुआ।

जटायु से हाल मिला कि लंकापति ने सीता का हरण किया है। जटायु की सद्गति करके राम जी ऋष्यमूक पर्वत पर हनुमान द्वारा लाए गए, सुग्रीव से मिताई हुई। सीता की खोज में विशिष्ट वानर सेना भी चली।

सम्पाती वृद्ध गिद्ध मिले। उसने अपनी दिव्य-दृष्टि से अशोक वाटिका में सीता जी को देखकर हनुमान आदि वानर वीरों को बताया और यह भी कहा कि कार्तिक कृष्ण चतुर्थी का व्रत करो, इससे क्षण-भर में समुद्र लाँघकर सीता की खोज कर सकोगे।

तब हनुमान जी ने भी इस व्रत को करके समुद्र पार जाने की शक्ति पाई और सीता जी का दर्शन किया। फिर लौटकर उनकी स्थिति का वर्णन रामचन्द्र जी से किया।

श्रीकृष्ण जी के उपदेश से युधिष्ठिर भी इस व्रत को करके चक्रवर्ती सम्राट बने।

नवान्न पर्व

मार्गशीर्ष कृष्ण पंचमी को नवान्न का पर्व होता है। शुभ साइत में दही के साथ जौ की नई बाली का दाना मिलाकर परिवार के सभी लोग एक ही दिशा में मुख करके (जिस दिशा में साइत बनी हो) खाते हैं और इसके बाद पूरे गाँव में प्रणाम करने जाते हैं। सभी बड़े आशीष देते हैं कि नई फसल से घर में सुख-समृद्धि आए, सद्भाव आए। सभी प्रजाजनों, घर और खेतों में काम करनेवाले मजदूरों को भोजन कराया जाता है।

सब परस्पर शुभकामना करते हैं, 'पुरान खा, नया धरा' अर्थात् इतनी फसल हो कि नया न ख़ाना पड़े, पुराना खाया जाए और नये को पुराना होने के लिए रख दिया जाए।

नये धान का चिउड़ा सर्वप्रथम नवरात्र में नौफर (नई फसल) की पूजा में लगता है। उरद, मूँग, चावल की विभिन्न वस्तुएँ बनाकर क्वार के नवरात्र में नवमी को देवी दुर्गा को भोग लगाया जाता है। यह प्रसाद सबको दिया जाता है।

फिर शरद पूर्णिमा को रात्रि के बारह बजे सिंघाड़ा, चिउड़ा, नारियल, केला आदि चीजों के साथ चावल से बनी चीजों का भोग भगवान को लगाया जाता है।

कार्तिक कृष्ण चतुर्थी करवा चौथ को पूजा में नये चावल की पिन्नी (मिठाई विशेष) बनती है। नई फसल और नई सब्जी से बनी हुई चीजों का भोग कार्तिक कृष्ण प्रतिपदा को अन्नकूट महोत्सव में भगवान के सामने रखा जाता है।

नवान्न पर्व के बाद ही नथा अन्न खाया जाता है। विशेषकर गेहूँ और धान। बच्चों के लिए चना, मटर आदि खाने की छूट होती है। वे कहते हैं, "चना मटर कै कौन नवा जब होई जवा तब करबै नवा।" अर्थात् चना मटर का क्या नवान्न करना? जब जौ होगा तब नवान्न करेंगे।

वैतरणी व्रत

अगहन कृष्ण एकादशी को वैतरणी व्रत किया जाता है।

इसमें श्यामा गाय की पूजा की जाती है। गाय के चरण तथा सींग सुगन्धित तेल से धोकर उनमें चन्दन लगाया जाता है और मुख से प्रारम्भ करके पूँछ तक पूजा की जाती है।

विश्वास है कि मृत्यु के उपरान्त वैतरणी नदी पार करने में दान में दी गई गाय ही सहायक होती है। उसकी पूँछ पकड़कर ही वैतरणी पार की जा सकती है। इसलिए गाय की पूँछ पकड़कर ही गोदान का संकल्प लिया जाता है।

इस व्रत को वर्ष के चार-चार महीनों के तीन भागों में किया जाता है। मार्गशीर्ष में प्रथम भाग होता है— अगहन, पूस, माघ (जिसमें उबला हुआ चावल) गाय को खिलाया जाता है।

दूसरा भाग वैसाख, ज्येष्ठ, आषाढ़ का होता है। जिसमें पकाया हुआ जौ तथा तीसरे भाग सावन, भादों, क्वार, कार्तिक में गाय को खीर अर्पित करके पूजा की जाती है।

जो भी नैवेद्य बनता है इसका प्रथम सवाया भाग गाय को, दूसरा सवाया पुरोहित को तथा शेष भाग व्रती को प्रसाद रूप में प्राप्त करना चाहिए।

वर्ष के अन्त में बिछौना, सोने की गाय, असली गाय अथवा गो का मूल्य तथा लोहा आदि पुरोहित को दान किया जाता है।

इस व्रत में गोदान के महत्त्व को बतानेवाली कथाएँ सुनाई जाती हैं।

स्वर्ग-प्राप्ति के उपायों और नरक के कष्टों से बचने की कथा कहते हैं।

सीताराम विवाह पंचमी

अगहन मास की शुक्लपक्ष की पंचमी को राम विवाहोत्सव मनाया जाता है।

इसी दिन श्रीराम ने शिवधनुष भंग किया था और श्री सीता ने राम का वरण किया था।

इसी दिन अवध क्षेत्र के गाँवों में धनुष यज्ञ-रामलीला के रूप में प्रस्तुत किया जाता है। राम विवाह का मेला लगता है।

रामायण पाठ और विवाह के गीत गाए जाते हैं। दीवालों पर कोहबर रचे जाते हैं। धनुष यज्ञ में राधेश्याम रामायण से गेय संवाद बोले जाते हैं।

बीच-बीच में धनुष यज्ञ में भाग लेने आए विविध राजाओं के प्रहसन भी होते हैं। जिसमें राजा हुड़दंग या मोटके राजा को उलटी चारपाई पर लाया जाता है। मंच पर ही उनका श्रृंगार किया जाता है जिसमें फावड़े से उनका नाखून काटना, फरसे से दाढ़ी बनाना आदि दिखाया जाता है।

रात में नौटंकी और रामलीला के अन्य प्रसंग, भजन-कीर्तन होते हैं।

यह भी उल्लेखनीय है कि अगहन में मिथिला और अवध में विवाह नहीं होते।

जो पात्र 'सरूप' (राम, लक्ष्मण, विश्वामित्र, सीता, सखियाँ, जनक जी आदि) बनते हैं, उन्हें सवा महीने पूर्व से नियम-संयम का पालन करना पड़ता है। वे मांस, मदिरा, धूम्रपान का सेवन नहीं कर सकते। झूठ बोलना, किसी को सताना या धोखा देना आदि वर्जित होता है। किसी ने नियम भंग किया तो वह सरूप नहीं बन सकता। इसलिए वे नियमों का पालन करते हैं।

अगहन पूर्णिमा—दत्तात्रेय जयन्ती

ब्रह्मा, विष्णु और महेश तीनों के अंशावतार और देवी अनसूया तथा अत्रि मुनि के पुत्र श्री दत्तात्रेय के पूजन से स्त्रियाँ सौभाग्य और सन्तति का फल पाती हैं। अन्य क्षेत्रों की अपेक्षा महाराष्ट्र में इस व्रत को विशेष महत्त्व मिलता है। कहीं-कहीं अगहन पूर्णिमा को दत्तात्रेय जयन्ती मनाई जाती है।

इसी दिन सती अनसूया और अत्रि मुनि के साथ इनके पुत्र दत्तात्रेय का पूजन किया जाता है और दत्तात्रेय की कथा सुनाई जाती है। कथा इस प्रकार है।

कथा

एक बार की बात है कि ब्रह्मा की सावित्री, विष्णु की लक्ष्मी और शिव की पार्वती को अपने पतिव्रत धर्म का अहंकार हुआ। घूमते-घूमते नारद जी एक दिन ब्रह्मलोक पहुँचे। आदर-सत्कार देने के बाद ब्रह्माणी ने पूछा, "क्यों मुनि नारद! क्या आपने मेरे समान सच्चरित्र, पतिव्रता नारी संसार में और कोई देखी है?"

उन्होंने जवाब दिया, "हाँ मृत्युलोक में अत्रि मुनि की पतिव्रता पत्नी को मैने देखा है। यदि संयोग पड़ा तो आप स्वयं जान जाएँगी।"

अब वहाँ से चलकर वे वैकुंठ पहुँचे। वहाँ भी लक्ष्मी जी से यही वार्तालाप हुआ और कैलास पर्वत पर पार्वती जी से भी।

तीनों ही नारद मुनि से रुष्ट हुईं और अनसूया (अनुसुइया) की परीक्षा लेने के लिए अपने-अपने पति को उकसाया। तीनों देवों ने पहले तो समझाने की कोशिश की, पर जिद करने पर उनके कहने के अनुसार तैयार हो गए। ब्रह्मा ब्रह्मलोक से, विष्णु बैकुंठ से और महेश कैलास पर्वत से निकले। स्वर्गलोक के चौराहे

पर तीनों की मुलाकात हुई। अपने-अपने लोक से निकलने का कारण उन्होंने एक-दूसरे को बताया।

अब तीनों एक साथ ही साधु वेश में अत्रि मुनि के आश्रम पहुँचे और भिक्षा माँगी। अनसूया जी भिक्षा लेकर निकलीं। वे बोले, "हम सिद्ध अन्न का भोजन करेंगे, स्नान करके अभी आते हैं।" यह सुनकर अनसूया जी भोजन बनाने में जुट गईं और जब ये स्नान करके आए, तब पवित्र आसन पर बैठाकर उन्हें भोजन परोसने लगीं। तब वे तीनों बोले, "जब तक आप निर्वस्त्र होकर भोजन न परोसेंगी, हम भोजन नहीं करेंगे।" अब अनसूया चकित हुईं। ध्यान किया, तब नारद जी की, माता ब्रह्माणी और लक्ष्मी, पार्वती की योजना का उन्हें ज्ञान हो गया। झारी में जल लेकर उन्होंने अत्रि मुनि के पाँव का अँगूठा धोया और वह जल इन तीनों के ऊपर छिड़क दिया। ये तीनों बाल-रूप हो गए। अब अनसूया जी ने निर्वस्त्र होकर तीनों को दूध पिलाया और पालने में झुलाने लगीं।

बहुत समय बीत जाने पर अपने-अपने पति के वापस न आने पर तीनों देवियाँ परेशान होकर उन्हें ढूँढ़ने निकलीं।

तीनों एक स्थान पर एक-दूसरे से मिलीं और अपनी-अपनी व्यथा बताई। उसी समय वहाँ नारद जी मिले और तीनों के पूछने पर बताया कि आप तीनों के पति अत्रि मुनि के आश्रम में शिशु-रूप हो पालने में झूल रहे हैं।

सुनकर तीनों देवियों को बड़ा आश्चर्य हुआ। अनसूया जी के आश्रम पहुँचकर तीनों देवियों ने अपने-अपने पति के विषय में पूछा। अनसूया जी ने कहा, "हाँ! वे तीनों मेरे बालक हैं और पालने में झूल रहे हैं।" तीनों देवियों ने उनसे अपने पति वापस लौटाने की प्रार्थना की। इतने में अत्रि मुनि आ गए। इन तीनों को देखकर पूछा, "ये कौन हैं, और तुमसे क्या प्रार्थना कर रही हैं?" सती अनसूया ने बताया कि पालने में झूलते मेरे बच्चों की ये पत्नियाँ, मेरी बहुएँ हैं। जो अपने-अपने पति को लेने आई हैं। अब ये तीनों एक रूप होकर मेरे बालक भी बनें और अपनी-अपनी पत्नियों के साथ अपने-अपने लोक भी जाएँ। ऐसा करना होगा। उन्होंने झारी में जल लेकर फिर अत्रि मुनि के चरण का अँगूठा धोया और तीनों बालकों पर छिड़क दिया। तीनों ने ही एक ऐसे बालक का रूप धारण कर लिया जिसके तीन सिर और छह हाथ थे। फिर त्रिदेव अपने-अपने असली रूप में आ गए। ब्रह्माणी, लक्ष्मी और पार्वती का पतिव्रता का गर्व खंडित हो चुका था। क्योंकि पालने में खेलते अपने-अपने पतियों को वे पहचान

तक नहीं पाईं। तीनों ने ही माता अनसूया को प्रणाम किया और पति सहित पतिलोक गईं। इस तरह ब्रह्मा, विष्णु और महेश के अंश से दत्तात्रेय का जन्म हुआ। तभी इनका नाम दत्तात्रेय हुआ। उन्होंने चौबीस गुरुओं से चौबीस विद्याएँ तथा अनेक ज्ञान प्राप्त किया था। भागवत पुराण के ग्यारहवें स्कन्ध में इनका विवरण मिलता है।

नरक पूर्णिमा

मार्गशीष पूर्णिमा से प्रारम्भ करके पौष पूर्णिमा तक वर्ष-भर प्रत्येक पूर्णिमा को स्नान-व्रत, पूजन करने का विधान है।

व्रती भगवान विष्णु का पूजन करके केशव से प्रारम्भ करके दामोदर तक बारह नामों का बारहों मासों में क्रमश: जप करें। प्रत्येक पूर्णिमा को जल से भरा कलश, खड़ाऊँ, छाता तथा वस्त्र का यथा सामर्थ्य दान करें, ऐसा नियम है। जिसकी दान करने की सामर्थ्य न हो इसके लिए भगवान विष्णु के नामों का संकीर्तन अक्षय पुण्यकारी होता है। इस व्रत का पालन करने से विष्णुलोक की प्राप्ति होती है।

इस व्रत में सत्कर्मों से नरक की यातना से मुक्ति की कथाएँ कही जाती हैं। स्वर्ग-प्राप्ति के लिए कौन-कौन से कर्म या आचरण करें इसकी शिक्षा दी जाती है।

सत्य आचरण की सीख देने के लिए सत्यनारायण व्रत-कथा और हरिनाम संकीर्तन किया जाता है।

पौष महीने के मुख्य व्रत-पर्व-त्योहार

● पुत्रदा एकादशी ● सुरूपा द्वादशी
● पौष पूर्णिमा ● पौष व माघ मास के सभी रविवार

पुत्रदा एकादशी

यह व्रत पौष कृष्ण एकादशी को सन्तान-प्राप्ति की कामना से किया जाता है। इसमें नारायण की पूजा की जाती है। प्रत्येक माह में दो एकादशी होती है और सभी का अपना विशिष्ट महत्त्व होता है। इस व्रत की कथा है।

कथा

सुकेतु नामक राजा के सन्तान नहीं थी, जिसके कारण पति-पत्नी दुखी रहते थे कि मरने के बाद कौन पिंडदान करेगा। हम पितृ ऋण से कैसे उऋण होंगे।

राजा दुखी होकर जंगल चले गए वहाँ सभी जानवरों को अपने बच्चों के साथ प्रसन्न देखा तो और दुखी हुए।

प्यास लगी तो एक सरोवर में पानी पीने गए, उस सरोवर में कमल खिले थे और चारों ओर मुनियों के आश्रम थे।

मुनियों को उन्होंने बैठे देखा तो उन्हें प्रणाम किया।

मुनियों ने राजा का परिचय और यहाँ पधारने का कारण पूछा।

राजा ने अपनी पुत्रहीनता का दुख बताया।

मुनियों ने कहा हम विश्व देव हैं। आज पुत्रदा एकादशी है, इसके व्रत से मनुष्य तपस्वी, विद्वान और लक्ष्मीवान होता है। इस व्रत को सपरिवार करने से तुम्हें पुत्र प्राप्ति होगी।

राजा ने सपरिवार यह व्रत किया और उन्हें पुत्र-प्राप्ति हुई।

राजकुमार अत्यन्त वीर, धनवान, यशस्वी और प्रजापालक हुआ।

सुरूपा द्वादशी

पौष कृष्ण द्वादशी को किए जानेवाले इस व्रत से दिव्य कान्तियुक्त सौन्दर्य की प्राप्ति होती है। प्रात:काल गाय का ताजा गोबर धरती पर गिरने से पहले ही किसी पात्र में एकत्र कर उसे सुखाकर शाम को विधिवत विष्णु पूजन करके उसी गोबर से 108 हवि दी जाती है। इसमें रुक्मिणी, सत्यभामा, कृष्ण, विष्णु, नारद आदि का चित्र बनाकर पूजा की जाती है। इसकी कथा है।

कथा

रानी रुक्मिणी को अपने रूप का अहंकार हो गया और सास के प्रति कोई प्रमाद हो गया। श्रीकृष्ण की माता ने कुपित होकर कृष्ण का विवाह किसी कुरूप कन्या से करने का निश्चय किया।

श्रीकृष्ण को भी नारद जी ने इस संकट से उबारा और कथा सुनाई कि रूप के अहंकार में लक्ष्मी जी ने महर्षि दुर्वासा का परिहास उड़ाया था। ऋषि के शाप से वे सत्यभामा के रूप में धरती पर जन्म ले चुकी हैं। श्रीकृष्ण ने सत्यभामा से विवाह करके माँ की आज्ञा का पालन किया।

माता ने रुक्मिणी से कहा कि तुम सत्यभामा को अपने स्वरूपा एकादशी व्रत का कुछ पुण्य दे दो जिससे उसकी कुरूपता दूर हो जाए।

पर रुक्मिणी जी राजी नहीं हुईं।

तब सबके सिखलाने पर सत्यभामा ने रुक्मिणी जी से मुँह दिखाई के नेग में इस व्रत के पुण्य का कुछ अंश माँग लिया।

रुक्मिणी जी ने उनकी इच्छा पूरी की और सत्यभामा का रूप कान्ति से युक्त हो गया।

पौष पूर्णिमा

इस पूर्णिमा से ही माघ मास प्रारम्भ हो जाता है और स्नान, व्रत, दान, भजन-कीर्तन का महात्म्य बढ़ जाता है। पौष मास को 'खलमास' भी कहते हैं। इसमें मकर संक्रान्ति के पहले तक कोई शुभ कार्य नहीं किया जाता है। पूरे भारत में यह पर्व विभिन्न रूपों में मनाया जाता है।

पौष व माघ मास के सभी रविवार

पौष-माघ के रविवार व्रत को अत्यधिक पुण्यकारी और आरोग्यवर्द्धक तथा सुखदायी माना गया है।

मध्याह्न 12 बजे से 1 बजे तक जब रवि का रथ रुका रहता है उसी समय इस व्रत में पूजा करना अच्छा माना जाता है।

इसमें ताँबे के पात्र में लाल चन्दन से सूर्य की मूर्ति उरेहकर जल, फूल, चन्दन, अक्षत, पकवान, फल आदि से पूजा करके धूप, दीप, कपूर आरती के बाद उसी स्थान पर भोग के लिए बनी वस्तु से हवन करके बारह बार प्रदक्षिणा की जाती है। दक्षिणा का संकल्प करके ईश्वर से प्रार्थना की जाती है और सूर्य के विभिन्न नामों का जप करते हुए पूजा की जाती है।

सूर्य की महिमा की कथाएँ कही जाती हैं।

पवित्र नदियों के तट पर मेला लगता है। स्नान, दान, पूजन के लिए लोग आते हैं।

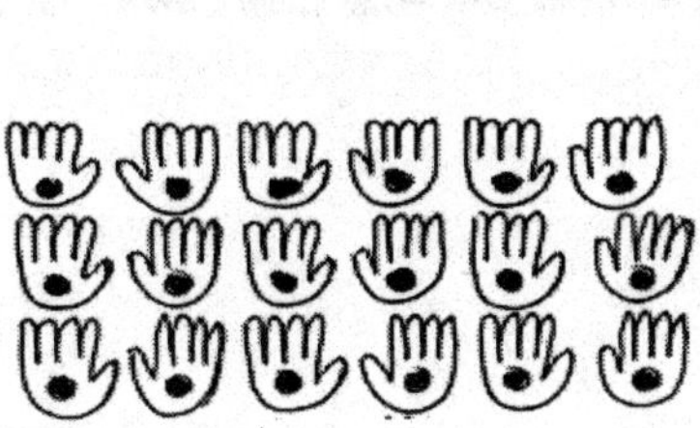

माघ महीने के मुख्य व्रत-पर्व-त्योहार

- गणेश चतुर्थी / संकट चौथ • षटतिला एकादशी
- मौनी अमावस्या • मकर संक्रान्ति • गौरी चतुर्थी
- बसन्त पंचमी-सरस्वती पूजा • शीतला छठ
- अचला सप्तमी, नर्मदा सप्तमी, • भीष्म अष्टमी
- जया एकादशी • वाराह द्वादशी / भीष्म द्वादशी
- माघी पूर्णिमा, • रविदास जयन्ती

गणेश चतुर्थी / संकट चौथ

माघ मास की कृष्ण चतुर्थी को सन्तानवती स्त्रियाँ निर्जला व्रत रखकर सन्तान की कुशल-कामना हेतु प्रार्थना करती हैं और चन्द्र दर्शन करके संकटहारी गणेश की पूजा करती हैं। इस व्रत में तिल और गुड़ का पहाड़ तथा 'भेंड़ा' (मेष) बनाकर भोग लगाया जाता है। कथा सुनकर फलाहार किया जाता है और तिल-गुड़ के पहाड़ तथा भेंड़ा काटकर उसका प्रसाद बाँटते हैं। यह व्रत बलि-प्रथा के विरोध में प्रतीकात्मक रूप में गुड़, तिल के भेंड़े की बलि चढ़ाकर किया जाता है। पहाड़ काटने का अभिप्राय है कि पहाड़ जैसे संकट भी गणेश जी की कृपा से कट जाते हैं। इस व्रत में परिक्रमा करते समय लोकमंगल भाव से कहा जाता है :

चार दियना चार बाती। आज चौथ की राती।
बाँधे होय सो छूटैं, बिछुरे होंय सो मिलैं।

चार दीपक की चार बत्तियाँ हैं। आज चतुर्थी की रात है। जो बन्धन में हों वे मुक्त हों, जो बिछुरे हों वे मिल जाएँ।

कथा-1

सत्ययुग में मकरध्वज प्रजा-सेवी राजा हुआ। महर्षि याज्ञवल्क्य की कृपा से उसे पुत्र-प्राप्ति हुई। वह धर्मपाल मंत्री को राजकाज सौंपकर पुत्र-प्रेम के कारण महल में रहने लगा।

मंत्री के पाँच पुत्र थे। छोटी बहू गणेश जी का पूजन किया करती थी। चौथ को जब वह पूजन करने लगी तो सास ने कहा, "यह तू क्या पाखंड कर रही है?" पुत्र से भी उसे डँटवाया पर उसने व्रत नहीं छोड़ा और गणेश जी से प्रार्थना की कि उन्हें सद्बुद्धि दें।

गणेश जी ने उसकी सहायता की। एक दिन उन्होंने राजपुत्र को मंत्री के घर में छिपा दिया। राजा व्याकुल हुआ। मंत्रियों, राजदरबारियों और सेना को राजकुमार का पता लगाने का आदेश दिया। सबने नगर, नदी, पहाड़, जंगल छान डाला पर राजकुमार का पता न चला। तब राजा ने इस मंत्री से कहा कि तुम्हारे ऊपर मैंने राजकुमार की रक्षा का भार सौंपा था। शीघ्र ही यदि राजकुमार न मिला तो तुम्हारे परिवार को खत्म कर दिया जाएगा।

धर्मपाल बहुत दुखी हुआ। घर में जाकर उसने सब हाल बताया। छोटी बहू ने भी सुना। उसने कहा, "पिता जी! आप लोगों ने गणेश पूजन में विघ्न डाला था, इसलिए ऐसा हुआ। यदि हम सब विधिपूर्वक श्रद्धा-पूजन व व्रत करें तो उनकी कृपा प्राप्त कर सकते हैं।" दैवयोग से दूसरे दिन ही चैत्र कृष्ण चौथ थी।

ससुर ने उसकी बात मान ली। सबने संकटनाशक विकट गणेश का पूजन श्रद्धा और भक्ति के साथ किया। गणेश जी प्रसन्न हुए। राजकुमार मिल गया। सबने बहू की बड़ाई की, धन्य-धन्य कहा, जिसकी प्रार्थना से गणेश जी ने वंश की रक्षा की।

इस कथा को गणेश जी ने माता पार्वती को सुनाया था। गणेश जी आदि देवता हैं इसलिए इसमें कोई आश्चर्य न करें।

कथा-2

एक बार गणेश जी बालक का रूप धारण करके चुटकी में चावल व दिउली में दूध लेकर जगत में आए और प्रत्येक से खीर बनाने का आग्रह करने लगे। सबने चुटकी-भर चावल की खीर कैसे बनेगी सोचकर, ना कर दिया। उन्हीं में एक वृद्धा थी। उसने कहा, "ला भइया, मैं खीर बना दूँ।"

गणेश जी ने कहा, "एक बड़ा सा भट्ठा खुदवाओ, उसी पर बड़ा भारी कड़ाह चढ़वाओ।" वृद्धा ने वैसा ही किया गणेश जी ने चुटकी के चावल व दिउली का दूध कड़ाह में डाल दिया और सारे गाँव को निमंत्रण दे दिया। खीर से कड़ाह भर गया। वृद्धा ने गणेश जी का भोग लगाया और सारे गाँव को खूब खिलाया। खीर फिर भी बच रही। वृद्धा ने गणेश जी से पूछा, "बाकी खीर का क्या करना है?" गणेश जी ने कहा कि पाँच हंडों में खीर भरकर अपने आँगन में चारों कोनों तथा

बीच में गाड़ दो, सबेरे चारों कोनों के हंडे खोद लेना। सब मुहर-अशर्फी से भरे होंगे और बीच आँगनवाले हंडे का मुख खुला रखो, उसमें रखी खीर का हमेशा सदावर्त (सदाव्रत) बाँटो।

इस तरह सबको दर्शन देकर गणेश जी अन्तर्धान हो गए।

कथा-3

एक तालाब में एक मेढक-मेढकी रहते थे। मेढकी को पूर्वजन्म के किसी पुण्य से गणेश जी का नाम याद था। सो वह हर समय गणेश जी, कहा करती थी।

हर समय एक ही नाम सुनते-सुनते मेढक ऊब गया। उसने कहा, "क्यों री! ये तू किसका नाम हरदम जपती रहती है। अरे भई! मैं तेरा पति हूँ, तुझे मेरा नाम जपना चाहिए न?"

अब क्या करती बेचारी। तब से वह मेढक जी, मेढक जी जपने लगी। एक दिन ऐसा हुआ कि एक आदमी आया और एक घड़ा पानी उस तालाब से भर ले गया। बहाव में पड़कर मेढक-मेढकी भी उसी घड़े में जा पड़े। उसने पानी भरा घड़ा ले जाकर चूल्हे पर चढ़ा दिया।

अब जब नीचे से गरम-गरम लगा तब मेढक चिल्लाया, "अरी तू किसका नाम लिया करती थी, उसी का ले, वही आकर तेरी-मेरी जान बचावे।"

अब मेढकी गणेश जी, गणेश जी, गणेश जी पुकारने लगी।

इतने में उस जंगल से निकलकर एक हाथी आया। उसने सूँड़ से घड़े को पकड़ा और जमीन पर पटक दिया। मेढक-मेढकी उछलकर तालाब में कूद गए। इस तरह गणेश जी के स्मरण से दोनों की प्राण रक्षा हुई।

कथा-4

एक देवरानी जेठानी थी। जेठानी गरीब थी, देवरानी के घर काम करती थी। उससे कहा कि कुछ आटा दे दो तो कुछ भोग लगाने के लिए बना लूँगी। देवरानी ने साँवा-कोदो की भूसी दे दी। उसने उसी का ढुंढा बनाकर सिकहर पर रख दिया। गणेश जी आए बालक बनकर। कहा भूख लगी है, उसने कहा—ढुंढा रखा है खा लो। गणेश जी खाकर बोले—मेरा पेट खराब है, कहाँ फिरूँ। उसने कहा आँगन

में फिर लो। उन्होंने कहा कहाँ धोऊँ? उसने कहा मेरे सिर के बालों में पोंछ लो। गणेश जी ने पोंछा तो बाल सोने के हो गए। जहाँ-जहाँ शौच किया था सब सोना-चाँदी, अशर्फी हो गया।

देवरानी ने पूछा यह चमत्कार कैसे हो गया? जेठानी ने बताया तो उसने अगली चौथ को वैसा ही करने का नाटक किया। गणेश जी ने उसका घर गन्दगी से भर दिया। क्षमा माँगी तब गणेश जी ने कहा कि छल की सजा मिली। पर जेठानी की विनती पर देवरानी को गणेश जी ने क्षमा कर दिया।

षटतिला एकादशी

माघ कृष्ण एकादशी को यह व्रत किया जाता है। इसमें भी अन्य एकादशियों की तरह अलोना फलाहार किया जाता है। इसमें पुलस्त्य ऋषि की कथा कही जाती है।

कथा-1

एक ऋषि ने पुलस्त्य ऋषि से पूछा कि मृल्युलोक में मनुष्य ईर्ष्या करते हैं और काम, क्रोध, मद, मोह, लोभ में डूबे रहते हैं फिर भी उन्हें नरक क्यों नहीं मिलता? किस व्रत के पुण्य से उनके पाप नष्ट हो जाते हैं?

ऋषि पुलस्त्य ने बताया कि माघ मास में जो लोग प्रात: स्नान-ध्यान, जप, पाठ-पूजा नियम से करते हैं, पुष्य नक्षत्र में गाय के गोबर में कपास और तिल मिलाकर कंडे बनाते हैं और षटतिला एकादशी का नियमपूर्वक व्रत करते हैं, उन्हें नरक में नहीं जाना पड़ता। इस व्रत का नियम है। तिल स्नान, तिल का उबटन, तिल का हवन, तिलोदक, तिल दान, तिल भोजन, जल भरा कुम्भ, गाय व तिल पात्र वेदपाठी ब्राह्मण को दान दिया जाता है।

गरीबों को भोजन कराया जाता है। रात्रि जागरण करके तिल मिले सुखाए कंडों से 108 बार हवन किया जाता है।

दूसरे दिन नित्य नियम करके गरीबों को भोजन कराकर तब भोजन करनेवाले लोग नरक में नहीं जाते।

कथा-2

नारद मुनि से श्रीकृष्ण ने कथा कही।

एक तपस्विनी ब्राह्मणी थी वह व्रत तो खूब करती थी पर अन्न दान नहीं। मैंने सोचा कि मेरी भक्ति से इसे वैष्णव लोक तो मिल जाएगा पर अन्न दान के बिना

तृप्ति कैसे मिलेगी? मैं मृत्यु लोक गया और उससे अन्न माँगा। वह दुर्बलता के कारण चिड़चिड़ी हो गई थी। अन्न भिक्षा के स्थान पर उसने मुझे क्रोधित होकर मिट्टी का पिंड दे दिया।

मैं वापस लौट आया। वह ब्राह्मणी जब स्वर्ग में आई तो मिट्टी के ढेले के दान के कारण उसे यहाँ महल मिला। लेकिन महल में और कुछ नहीं था।

तब वह मेरे पास आई और कहा मेरे महल में कोई वस्तु नहीं है, तब मैंने उससे कहा तुम अपने महल में जाओ, दरवाजा बन्द कर लो। जब देव स्त्रियाँ तुम्हें देखने आएँगी तो उनसे षटतिला एकादशी का पुण्य और विधि सुन लेना तभी द्वार खोलना।

उसने ऐसा ही किया और सुनी हुई विधि से षटतिला एकादशी का व्रत किया, जिसके पुण्य से उसका घर धन-धान्य से पूर्ण हो गया।

मौनी अमावस्या

माघ मास की अमावस्या को मौन होकर स्नान करना पुण्यकारी माना गया है। इस व्रत का सम्बन्ध मोहिनी अवतार से है। इस दिन तीर्थों में लोग अपना केश कटवाते हैं। इस पर्व पर प्रयाग में त्रिवेणी के संगम पर स्नान, दान का विशेष महत्त्व है। पूरे माघ-भर लोग तीर्थराज प्रयाग में गंगातट पर कल्पवास करते हैं। यहाँ सन्त, महात्माओं, शंकराचार्यों, नागा संन्यासियों के अखाड़े होते हैं। इस तिथि को भारत की सभी पवित्र नदियों के तट पर स्नान-दान का मेला लगता है।

इसमें मस्तक पर तिल व सुपारी रखकर स्नान करने और तिल दान का विशेष महत्त्व है। स्नान-दान के बाद जब घाटिया (गंगा-पुत्र) कहता है, “राम बोलो, मौन खोलो” तब मौन खुलता है। स्नान के बाद वेणीमाधव का दर्शन और पूजन किया जाता है। विश्वास है कि प्रयागराज के क्षेत्र में रहनेवालों को अनायास ही पुण्य-फल मिलता है।

मकर संक्रान्ति

मकर संक्राति प्रतिवर्ष 14 जनवरी या 15 जनवरी को जब सूर्य मकर राशि में प्रवेश करते हैं और दक्षिणायन से उत्तरायण होते हैं तब मनाई जाती है। इस संक्रान्ति से दिन बड़े होने लगते हैं।

इसमें स्नान-दान का विशेष महत्त्व है। यह ऋतुओं के सन्धिकाल का पर्व है। इसीलिए तिल और गुड़, चावल और उड़द का मिश्रण करके दान दिया जाता है और खाया भी जाता है।

इसमें बननेवाली लोक-कला में अष्टदल कमल का विशेष महत्त्व है। इस कमल में सूर्य का आवाहन करके पूजन किया जाता है।

बेटियों, बहनों को खिचड़ी, तिलवा और वस्त्र आदि का उपहार भेजा जाता है।

अवध क्षेत्र में यह त्योहार खिचड़ी नाम से प्रसिद्ध है। दक्षिण भारत में इस पर्व को पोंगल कहते हैं। पंजाब में 13 जनवरी को मकर संक्रान्ति से पूर्व लोहड़ी का पर्व मनाया जाता है।

संस्कृत में सक्रान्ति को विषुवत कहते हैं जिसका अर्थ है विषमता। बंगाल और उड़ीसा में इसे विशू कहते हैं तो आसाम में इसे बिहू या भोगल बिहू भी कहते हैं। इसमें अगहनी अन्न से बना भोजन खाने और दान करने का नियम है।

कथा-1

सूर्य की पत्नी सन्ध्या देवी बहुत सुकुमार थीं। वे सूर्य का प्रखर ताप न सहन कर पाने के कारण अपनी छाया के पास अपनी दोनों सन्तानों यम, यमी को छोड़कर वन में तप करने चली गईं।

सूर्य उनके विरह में दुखी होकर उन्हें खोजने निकले।

मार्ग में एक सुन्दरी मादा अश्व पर मोहित हो गए और अश्व-रूप धारण कर उसके साथ रमण किया। इससे वैद्यराज अश्विनीकुमार का जन्म हुआ।

छाया की कोख से भी सूर्य की दो सन्तानें हुईं—एक कन्या ताप्ती और पुत्र शनिदेव। ताप्ती नदी और शनिदेव की पूजा की जाती है।

कथा-2

माता यशोदा ने श्रीकृष्ण जी के जन्म के लिए मकर संक्रान्ति पर व्रत-पूजन-दान का नियम पालन कर सूर्य भगवान से प्रार्थना की थी।

इस दिन से ही दान के बहुत से नियम लिये जाते हैं। जो साल-भर तक चलते रहते हैं। सौ सेरी (सौ सेर) का नियम भी लिया जाता है जिसमें खाने-पीने, सोने व गृहस्थी के काम में आनेवाली चीजें सेर-सेर भर दी जाती हैं।

बारह संक्रान्तियों पर चौदह ब्राह्मणों को विभिन्न प्रकार की वस्तुएँ खिलाई जाती हैं। इस तिल संक्रान्ति पर चौदह कम्बल, रूई भरी मिर्जई, गद्दा, परातें आदि सुख देनेवाली वस्तुएँ दान में दी जाती हैं।

गौरी चतुर्थी

यह व्रत माघ शुक्ल चतुर्थी को किया जाता है। इसमें कुन्द के फूलों से देवी की पूजा की जाती है तथा तरह-तरह के शाक, नमक, शक्कर, जीरा आदि का दान कन्याओं को दिया जाता है। इस व्रत के फल से अक्षय सौभाग्य मिलता है।

माता गौरी गाय के गोबर से बनती हैं। कहीं-कहीं त्रिकोण ऊर्ध्वमुखी गौरी बनती हैं जो शिवलिंग की आकृति में होती हैं तो कहीं-कहीं गोल अरघे की आकृति में बनती हैं, जिसमें शिवलिंग रखा जाता है।

शिव गौरी के इस प्रतीक को हल्दी रंगे नये कपड़े से सजाकर पूजा होती है।

माता गौरी की दया और कृपा की कथाएँ कही-सुनी जाती हैं। माँ गौरी लोक मंगल के लिए शिव को प्रेरित करती हैं और हठपूर्वक दुखिया का दुख दूर कराकर तभी शिव को आगे बढ़ने देती हैं।

वसन्त पंचमी—सरस्वती पूजा

माघ शुक्ल पंचमी को यह पर्व ऋतु परिवर्तन की सूचना लेकर आता है। इसमें कामदेव की पूजा करने का वर्णन मिलता है। इसी दिन से होलिका इकट्ठा करने के लिए रेंड़ (अरंड) का पेड़ गाड़कर होलिका की स्थापना होती है।

बसन्त पंचमी से लेकर माघी पूर्णिमा को होली जलाने तक प्रतिदिन होलिका बटोरने की टोली निकलती है जिन्हें होलिहार कहा जाता है। वसन्त पंचमी के दिन वासन्ती रंग में कपड़े रँगे और पहने जाते हैं। केसर डालकर मीठा चावल और बेसन के लड्डू बनाकर खाए-खिलाए जाते हैं। पुरोहित, दसौन्ही, ब्राह्मण, माली आदि घर-घर में जाकर आम का बौर और जौ की बाली दिखाकर नई ऋतु का आशीर्वाद और सन्देश देकर दक्षिणा, उपहार इत्यादि पाते हैं।

लोक-कला में कमल, हंस, वीणा, पुस्तक और माँ सरस्वती के प्रतीक बनाकर पूजे जाते हैं। इस पर्व पर सुहागिन स्त्रियाँ धोबन से सुहाग लेती हैं।

कथा

एक दिन पार्वती जी नदी के किनारे सुहाग बाँटने बैठीं। घाट पर सबसे पहले धोबन पहुँची। उसे पार्वती जी ने ढेर सारा सुहाग दे डाला, फिर गरीब निम्नवर्ग की स्त्रियाँ पहुँचीं उन्हें भी भरपूर सुहाग मिला। उच्चवर्ग की स्त्रियों को सजने, सँवरने में देर लग गई। वे सबसे बाद में पहुँचीं। तब तक सुहाग समाप्त हो चुका था।

तब पार्वती जी के कहने पर धोबन ने कृपा करके अपनी माँग से थोड़ा-थोड़ा सिन्दूर उच्चवर्ग की स्त्रियों को दिया। इसीलिए सुहाग पर्वों में और विवाह आदि के अवसर पर भी धोवन से सुहाग लेकर उसका चरण छूकर आशीर्वाद लेने की प्रथा चली आ रही है।

शीतला छठ

माघ शुक्ल पष्ठी को छठ माता की पूजा की जाती है। यह व्रत बंगाल, आसाम तथा उत्तरी भारत में किया जाता है।

कथा

एक ब्राह्मण दम्पती नि:सन्तान थे। उन्होंने साल-भर षष्ठी देवी की स्तुति की। देवी की कृपा से ब्राह्मणी गर्भ से हुई किन्तु एक वर्ष बीत जाने के पश्चात भी बच्चा पैदा न हुआ।

एक दिन वह गंगा स्नान को गई और फिसलकर गिर पड़ी जिससे उसके पेट से एक थैला निकला जिसमें साठ बच्चे थे। बच्चों के विवाह योग्य होने पर ब्राह्मणी ने पति से कहा— मैं उसी घर में अपने बच्चों का विवाह करूँगी जहाँ साठ बेटियाँ हों। ब्राह्मण को ढूँढने पर वह घर मिल भी गया। सबका विवाह हो गया।

एक दिन ब्राह्मणी ने बहुओं से पानी गर्म करने और चावल रौंधने को कहा— षष्ठी के कारण बहुओं ने ऐसा करने पर एतराज किया किन्तु ब्राह्मणी के क्रोध करने पर उसकी आज्ञा का पालन किया। ब्राह्मणी दूसरे दिन उठी तो उसका पूरा परिवार व पशु सब मृत मिले। ब्राह्मणी रोने लगी। षष्ठी माता एक वृद्धा का रूप धारण कर आईं और ब्राह्मणी से बोलीं, "तुमने किया तो बहुत बुरा पर सदैव तुमने मेरी पूजा-स्तुति की है। इससे मैं तुम्हें क्षमा करती हूँ। तुम इन सबको भात लगाकर शीतल पानी से नहला दो, तो सब जी उठेंगे।"

शीतला पष्ठी को दही इमली मिलाकर अपने परिवार व पशुओं को टीका करना और बच्चों के हाथ में इमली बाँधना, यह कहकर वह अन्तर्धान हो गईं। वृद्धा ने वैसा ही किया जिससे सब फिर से जीवित हो गए। तब से वह सदैव पष्ठी देवी का पूजन करती रही।

अचला सप्तमी / नर्मदा सप्तमी

यह सूर्य का व्रत है। एक दिन पूर्व पष्ठी तिथि को सूर्य भगवान का पूजन करके एक बार भोजन किया जाता है। सप्तमी को नदी या सरोवर में स्नान करके सिर पर आरती की थाली रखकर, कमर से ऊपर तक जल में खड़े होकर सूर्य की स्तुति की जाती है। सप्तमी की रात के अन्त में एक हाथ में दीप लेकर स्थिर जल को हिलां दिया जाता है।

कथा

भगवान श्रीकृष्ण ने युधिष्ठिर को इन्दुमती वेश्या की कथा सुनाई थी, जिसने पश्चाताप करके इस व्रत को किया था और दोषमुक्त हुई थी। सूर्य की अष्टदली प्रतिमा बनाकर उसके मध्य में शिव-पार्वती को स्थापित करके पूजन किया जाता है। ताँबे के पात्र में चावल भरकर ब्राह्मण को भोजन कराकर तब स्वयं भोजन किया जाता है।

जहाँ नदी सरोवर न हो वहाँ कुएँ पर या आँगन में ही गड्ढे में पानी भरकर उसके पास पूजन किया जाता है। नर्मदा नदी की पूजा-अर्चना का इसमें विशेष महत्त्व है। इसी सप्तमी को नर्मदा जयन्ती भी मनाते हैं।

भीष्म अष्टमी

माघ सुदी अष्टमी को यह व्रत करके महाभारत के महत्त्वपूर्ण व्यक्तित्व भीष्म पितामह का पूजन और तर्पण किया जाता है।

इसमें भीष्म पितामह की कथा कही जाती है।

इसी तिथि को गंगा-शान्तनु के पुत्र देवव्रत ने मत्स्यगन्धा नामक धीवर कन्या का विवाह अपने पिता से कराने के लिए आजीवन ब्रह्मचारी रहने की प्रतिज्ञा ली थी।

पिता ने प्रसन्न होकर उन्हें इच्छामृत्यु का वरदान दिया था भीष्म सबके पितामह हैं। निःसन्तान हैं, पर हर भारतीय के पूर्वज और सबके द्वारा किए तर्पण के अधिकारी हैं।

पितृपक्ष में सर्वप्रथम पूर्वजों में भीष्म पितामह को तर्पण करके तब बाकी पितरों का तर्पण किया जाता है।

जया एकादशी

माघ शुक्ल एकादशी को जया एकादशी का व्रत करने से भूत-प्रेत-पिशाच आदि योनियों से मुक्ति मिलती है और बैकुंठ धाम मिलता है। इस व्रत में भीष्म पितामह का भी पूजन-वन्दन किया जाता है।

कथा

देवराज इन्द्र नन्दन वन में अप्सराओं के साथ विहार कर रहे थे। नृत्यगान का कार्यक्रम चल रहा था। पुष्यवती नाम की गन्धर्व नारी माल्यवान गन्धर्व पर मोहित हो गई और मन चंचल होने के कारण उसका गान अशुद्ध हो गया।

इन्द्र ने अपना अपमान समझकर उन्हें पिशाच होने का शाप दे दिया।

दोनों अत्यन्त दुखी हुए। पिशाच योनि में उन्हें क्षण-भर को भी निद्रा न आती।

दैवयोग से माघ महीने की जया एकादशी को अनजाने में ही इनका उपवास हो गया और कोई पाप-कर्म इनसे नहीं हुआ।

इस एकादशी के पुण्य फल से इनका शरीर छूट गया और ये पुन: गन्धर्व हो गए।

देवराज के आश्चर्यचकित होकर पूछने पर दोनों ने भगवान विष्णु के एकादशी व्रत के पुण्य प्रभाव का वर्णन किया।

इन्द्र ने दोनों का स्वागत किया।

प्रत्येक एकादशी को स्नान, दान, पूजन का सुफल मिलता है। मन के विकार दूर होते हैं।

वाराह द्वादशी / भीष्म द्वादशी

माघ शुक्ल द्वादशी को विष्णु के वाराह अवतार की तिथि मानी जाती है।

इस व्रत में अपनी सामर्थ्य के अनुसार वाराह की स्वर्ण, पीतल या मिट्टी की प्रतिमा बनाकर पूजन, रात्रि जागरण किया जाता है। अगले दिन यह प्रतिमा कलश सहित दान करने का विधान है।

भीष्म पितामह की जयन्ती भी इस तिथि को मनाई जाती है।

इस व्रत में वाराह अवतार की कथा तथा भीष्म पितामह की कथा कही-सुनी जाती है।

ऐसा विश्वास है कि इस व्रत के पुण्य से धन-धान्य, पुत्र आदि और यश की प्राप्ति होती है।

माघी पूर्णिमा

इस पूर्णिमा को पूरे माघ महीने का स्नान पूरा होता है। पवित्र नदियों के तट पर स्नान-दान-पूजन का महत्त्व बताया गया है। माघी पूर्णिमा को तीर्थराज प्रयाग में कल्पवास पूरा होता है।

कथा

इस तिथि को भगवान विष्णु ने शंख कन्या के रूप में जन्म लिया था।

यह शंख कन्या तीर्थराज प्रयाग में यमुना नदी में कमल पुष्प पर विराजमान राजा तक्ष को मिली थी।

इस पूर्णिमा को ऋषि वाल्मीकि के जन्म-दिवस का जुलूस निकाला जाता है और रामलीला के प्रसंग मन्दिरों में सजाकर मूर्तियों का श्रृंगार किया जाता है।

पाँच दिनों तक यह माघी मेला धूमधाम से मनाया जाता है।

इसमें गंगा स्नान और गंगा के महात्म्य की कथाएँ कही जाती हैं और गंगा, सरयू माँ के गीत गाए जाते हैं।

रविदास जयन्ती

माघी पूर्णिमा को ही रविदास जयन्ती मनाई जाती है।

सन्त रविदास कर्मयोगी थे। चमड़े का काम करते हुए पद रचना करते और गाया करते थे।

जाति-पाँति के बन्धनों को दूर करने में उनकी भक्ति का बहुत योगदान है। इनका एक प्रसिद्ध पद है

जाति-पाँति पूछे ना कोई, हरि को भजे सो, हरि का होई॥

कथा

सब लोग गंगा स्नान को जा रहे थे तो इन्होंने कहा था कि मन चंगा तो कठ़ौती में गंगा, और अपना काम तल्लीनता से करते रहे। तब गंगा जी ने स्वयं कठौती में प्रकट होकर उन्हें उपहार और वरदान दिया था।

ऐसी जनश्रुतियाँ और कथाएँ मिलती हैं।

संत रविदास को 'रैदास' नाम से प्रसिद्धि मिली।

संत मीरा से इनकी भेंट हुई थी और एक-दूसरे से प्रभावित होकर आदर करते थे।

फाल्गुन महीने के मुख्य व्रत-पर्व-त्योहार

• गणेश चतुर्थी • जानकी अष्टमी • जानकी नवमी • विजया एकादशी • महाशिवरात्रि • फुलेरा दूज • कामदा सप्तमी • आनन्दा नवमी • आमलकी एकादशी / रंगभरनी एकादशी • अशोक पूर्णिमा • महाप्रभु चैतन्य जयन्ती • होलिका दहन।

गणेश चतुर्थी

फाल्गुन कृष्ण चतुर्थी को हेरम्ब नामक गणेश जी का पूजन करके खीर में कनेर के फूल मिलाकर आहुति दी जाती है।

कथा

युवनाश्व नामक राजा के राज्य में विष्णु शर्मा नामक विद्वान रहते थे। उनके सात बेटे सात बहुएँ थीं पर सभी अलग-अलग रहते थे। वे कभी किसी के यहाँ भोजन करने जाते तो तिरस्कार पाते थे।

एक बार इस चतुर्थी को उन्होंने व्रत किया और बहुओं से बारी-बारी जाकर पूजन-सामग्री माँगी। छह बहुओं ने अपमानित करके निराश लौटा दिया।

सबसे छोटी बहू ने उन्हें आदरपूर्वक पूजन-सामग्री देकर उनके साथ गणेश जी का पूजन किया और उन्हें प्रेमपूर्वक भोजन कराकर स्वयं भूखी रह गई।

रात को विष्णु शर्मा को वमन और दस्त होने लगे। वस्त्र गन्दे हो गए बहू ने उनके शरीर और कपड़ों की सफाई की, रात-भर सेवा में लगी रही। गणेश जी की कृपा से वे स्वस्थ हो गए और बहू का घर धन-धान्य से भर गया।

छह बड़ी बहुओं ने छोटी बहू से पूछा कि तुम रातों-रात धनवान कैसे बन गई? तो उसने गणेश चतुर्थी के व्रत पूजन और श्वसुर की सेवा के फल की बात बताई।

यह सुनकर सभी बहुओं ने यह व्रत किया और श्वसुर से क्षमा माँगी। इस प्रकार सभी को धन दौलत मिली।

धर्मराज युधिष्ठिर ने भी श्रीकृष्ण के कहने पर यह व्रत किया और अपना खोया हुआ राज्य वापस प्राप्त किया।

जानकी अष्टमी

फाल्गुन कृष्ण अष्टमी को कुछ लोग सीता के प्राकट्य की तिथि मानते हैं। इसमें जानकी जी का पूजन किया जाता है। जनश्रुति है कि श्रीरामचन्द्र जी ने गुरु वशिष्ठ के निर्देशानुसार समुद्र तट पर यह व्रत और तप किया था जिसके फलस्वरूप जीवन साथी के रूप में उन्हें सीता प्राप्त हुई।

जानकी नवमी

कुछ लोग फाल्गुन कृष्ण नवमी को जानकी के प्राकट्य की तिथि मानते हैं कि इसी तिथि को महाराज जनक को हल की नोक की हराई से सीता मिली थीं। हराई से मिलने के कारण ही उनका नाम सीता पड़ा, क्योंकि हराई का अर्थ सीता होता है। इस पर्व पर व्रती स्त्रियाँ हल से जुते खेत की मिट्टी से सीता की प्रतिमा बनाकर पूजा करती हैं।

इस व्रत में धान का लावा, मखाना, गाय का दूध और गुड़ की पाग बनाकर सीता जी को भोग अर्पित किया जाता है।

हवन करके मंगल गीत, भजन-कीर्तन, रामचरितमानस का पाठ और रामकथा गायन किया जाता है।

कहीं-कहीं वैशाख शुक्ल नवमी को जानकी जयन्ती मनाई जाती है।

कथा

इसमें कथा कही जाती है कि जनकपुर में अवर्षण होने पर पंडितों ने कहा कि यदि राजा चाँदी के हल और सोने के फाल से स्वयं खेत जोतें तो वर्षा होगी।

राजा जनक ने ऐसा ही किया और उन्हें सीता पुत्री के रूप में प्राप्त हुईं।

विजया एकादशी

फाल्गुन कृष्ण एकादशी को विजया एकादशी के व्रत में सोने, चाँदी, ताँबे या मिट्टी के कलश में जल भरकर उस पर पंच पल्लव रखकर नीचे सतनजा (सात अनाज) और ऊपर पात्र में जौ रखकर उस पर लक्ष्मी-नारायण की प्रतिमा स्थापित करके पूजी जाती है।

द्वादशी को वेदपाठी ब्राह्मण को यह घट दान करने से सभी बाधाएँ दूर होती हैं और शत्रु पर विजय प्राप्त होती है। इसीलिए इसका नाम विजया एकादशी है।

इस व्रत में श्रीराम द्वारा लंका विजय के लिए किये गए इस व्रत की कथा कही जाती है।

इस व्रत के प्रभाव से ही श्रीराम ने समुद्र पर बाँध बनाकर उसे पार किया। कहा जाता है कि लक्ष्मण जी ने श्रीराम को बताया था कि कुमारी द्वीप में एक मुनि रहते हैं जिन्होंने अनेक ब्रह्मा देखे हैं वे आपको सागर तरण का उपाय बता सकते हैं।

श्रीराम के वहाँ पहुँचने पर मुनि ने आने का प्रयोजन जानकर कहा—आप विजया एकादशी का व्रत सेनापतियों के साथ करिए। आप अवश्य विजयी होंगे।

ब्रह्मा जी ने नारद जी से बताया है कि जो इस व्रत का महात्म्य सुनता है उसे भी अश्वमेघ यज्ञ के फल की प्राप्ति होती है और विजय मिलती है।

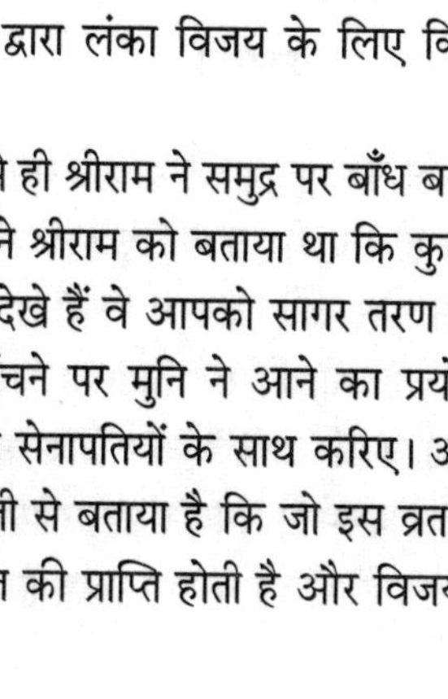

महाशिवरात्रि

फाल्गुन कृष्ण त्रयोदशी को महाशिवरात्रि का व्रत किया जाता है। यह शिव-पार्वती के विवाह मंगल का व्रत है। शिव जी को व्रती निर्जल, निराहार रहकर बेलपत्र, धतूरा, मदार, बेर, गन्ने की गड़ेरियाँ, फल, भंग, आम का बौर, गंगा जल, दूध, भस्म आदि चढ़ाकर पूजते हैं।

कथा-1

एक कथा यह भी मिलती है कि फाल्गुन शुक्ल द्वादशी समुद्र मन्थन से निकला विष पीने के कारण शिव मूर्च्छित हो गए थे। उनकी कुशल-कामना के लिए इस तिथि को देवताओं ने व्रत, उपवास और रात्रि जागरण किया था। इसीलिए इसकी स्मृति में यह व्रत किया जाता है। त्रयोदशी की रात बिताकर चतुर्दशी को ब्रह्म मुहूर्त में ही उठकर बमभोले की रसोई बनाई जाती है और शिव को भोग लगाकर व्रत का पारण किया जाता है। इस दिन बमभोले बनकर साधु लोग गृहस्थों के घर बम-बम भोले कहते हुए आते हैं और उन्हें भोजन कराया जाता है।

कथा-2

इसमें एक बहेलिए की कथा कही जाती है जो अनजाने में ही इस तिथि को निराहार रहकर शिव की पूजा का फल पा जाता है।

वह शिकारी रात हो जाने के कारण बेल के पेड़ पर शरण लेता है। उसके साथ जल का पात्र भरा था वृक्ष के नीचे शिवलिंग था।

बहेलिया जितनी बार अपना आसन बदलता था तो बेलपत्र और जल नीचे शिवलिंग पर गिर जाता था।

इस अनायास व्रत और शिव-पूजन के फलस्वरूप उसे शिवलोक की प्राप्ति हुई

इस दिन एक बालक को शिव जी का रूप दिया जाता है और शिव जी की बारात बड़े धूम-धाम से निकाली जाती है जिसमें तरह-तरह के शिवगण नाचते-कूदते चलते हैं। हर द्वार पर शिव जी की आरती उतारी जाती है।

कथा-3

एक कथा है कि सीता जी ने यह व्रत रखा था। वह अक्षत, फूल, बेलपत्र चढ़ाकर शिव की परिक्रमा करने लगीं तो शिव जी ठठाकर हँस पड़े। कहा, "कन्या! जो वर माँगना चाहो, माँग लो।" सीता जी वर माँगती हैं—अयोध्या ससुराल हो, सरयू नदी में नित्य स्नान करूँ, राजा दशरथ, रानी कौशल्या ससुर-सास मिलें, लक्ष्मण देवर मिलें और श्रीराम पति हों। शिव जी ने उन्हें 'तथास्तु' कहकर वर दिया।

इस भाव को लेकर गीत भी गाए जाते हैं।

फुलेरा दूज

इसमें पाँच रंगों से आँगन में चौक पूरकर फूलों से सजाया जाता है। बसन्त पंचमी से होली का उत्सव शुरू होता है। फुलेरा द्वितीया से रंगों का प्रयोग शुरू होता है। होली तक नित्य रंगों और फूलों से चौक पूरकर, सजाकर फाग गीत गाया जाता है।

इसमें गोबर के हथियार बनाकर सुखाकर रखे जाते हैं। ये सूख जाने पर सब बटोरकर होलिका में जलाए जाते हैं। हथियार में ढाल और तलवार बनाई जाती हैं। ढाल तो होलिका को समर्पित किया जाता है, तलवार रख ली जाती है।

इस दिन मन्दिरों में चाँदी के कटोरे में रंग (केसरिया) घोलकर सोने की पिचकारी से भगवान पर पाँच या सात बार रंग डालकर यह प्रसाद दर्शनार्थियों पर डाला जाता है। होली तक यह कार्यक्रम चलता रहता है।

एक प्रकार से यह वसन्त के स्वागत का और नववर्ष के स्वागत का पर्व है।

नववर्ष में सबका जीवन हर्ष-उल्लास के रंग से भरा रहे यह प्रार्थना की जाती है।

ढाल होलिका को समर्पित करने का अभिप्राय है, हमारा रक्षा कवच तुम बनो। तुम माँ हो सन्तान की रक्षा के लिए स्वयं का बलिदान करनेवाली मातृशक्ति। तलवार हमने अपने पास रख ली है आत्मरक्षा के लिए और अन्याय के विरुद्ध लड़ने के लिए।

कामदा सप्तमी

फाल्गुन शुक्ल सप्तमी से प्रारम्भ करके पूरे वर्ष सूर्य की पूजा करने का विधान है।

फाल्गुन के बाद चार महीनों में प्रत्येक सप्तमी को अलग-अलग फूलों, धूप और नैवेद्य से पूजा की जाती है।

भोग में तीन पूए (मीठी पूड़ी) बनाए जाते हैं। एक में बड़ा सुराख बना होता है। उसी से सूर्य भगवान का दर्शन करते-करते सूर्य को अर्घ्य दिया जाता है।

एक पूवा दान कर दिया जाता है। एक प्रसाद रूप में बाँटकर खाया जाता है।

सभी व्रतों में 'गो ग्रास' अथवा 'अग्रासन' के रूप में पहले प्रसादस्वरूप बना भोजन निकालने की प्रथा चली आ रही है।

ये पर्व यह सन्देश देते हैं कि पूरी प्रकृति की चिन्ता करना, उनका ध्यान रखना हमारा कर्तव्य है क्योंकि प्रकृति हमारी चिंता करती है। हमारी रक्षा, पालन-पोषण करती है। हम प्रकृति के अंग हैं उससे अभिन्न हैं।

इसमें सूर्य देव की महिमा की कथाएँ कही जाती हैं।

आनन्दा नवमी

यह व्रत पाँच दिन का है। जिसमें पंचमी को एक समय भोजन, छठ को अलोना भोजन, सप्तमी को अयाचित अर्थात् बिना माँगे जो मिल जाए, अष्टमी और नवमी को उपवास करके पूरा किया जाता है।

इसमें आनन्दा देवी की पूजा की जाती है और प्रत्येक चातुर्मास में देवी के अलग- अलग नामों से पूजन करके मौसम के अलग-अलग फूल और नैवेद्य अर्पित किये जाते हैं।

कृत्य कल्पतरु और हेमाद्रि ग्रन्थों में इसका उल्लेख किया गया है।

आनन्दा देवी सुख-ऐश्वर्य और आनन्द को देनेवाली हैं।

यह आनन्द सांसारिक सुखों का भी होता है और परमानन्द का भी।

उस परमानन्द की प्राप्ति होने पर सबके सुख में अपना सुख या आनन्द पाने का भाव मन में समा जाता है।

इसीलिए व्रत-पर्व-त्योहार हमें लोक से लोकोत्तर की ओर, सांसारिक आनन्द से परमानन्द की ओर ले जाते हैं। इसीलिए हर युग में व्रत, पर्व, त्योहार प्रासंगिक हैं और सदैव रहेंगे।

आमलकी एकादशी / रंगभरनी एकादशी

फाल्गुन शुक्ल एकादशी को आँवले के पेड़ के नीचे जल से भरा कलश रखकर परशुराम जी की पूजा की जाती है और राजा चैत्ररथ की कथा कही जाती है। राजा चैत्ररथ बहुत विद्वान और धार्मिक थे। उनके राज्य में वेदध्वनि सदा गूँजा करती थी कोई दरिद्र या कंजूस नहीं था। सभी विष्णुभक्त थे। आबाल, वृद्ध सभी एकादशी का व्रत-पूजन करते थे।

आमलकी एकादशी को सबने व्रत-पूजन किया। वहीं के जंगल में एक निर्दयी बहेलिया रहता था जो जीव हिंसा करके अपने कुटुम्ब को पालता था। उस दिन वह उधर से ही निकला। भूख-प्यास से व्याकुल था फिर भी पूजा आदि देखने के लिए मन्दिर में बैठ गया। रात्रि जागरण, भजन, कीर्तन, कथा-वार्ता देखते-सुनते रात बीत गई। राजा अपने महल को गए और बहेलिया घर गया। कुछ समय बाद बहेलिए की मृत्यु हो गई। आमलकी एकादशी को अनायास किये गए व्रत तथा जागरण के प्रभाव से उसने राजा विदूरथ के घर जन्म लिया। उसका नाम वसुरथ रखा गया। वह इस जन्म में धार्मिक, सत्यवादी, दानवीर और कर्मवीर राजा बना। वह सदैव यज्ञ किया करता था। एक बार शिकार खेलने वन में गया और मार्ग भटककर थककर वृक्ष के नीचे सो गया। उसी समय वहाँ म्लेच्छ आए और बोले कि इसने हमारे सम्बन्धियों को प्रताड़ित किया है तथा हम सभी को देश निकाला दिया है, इसलिए इसे मार डालना चाहिए। पर जब वे राजा पर अस्त्र-शस्त्र चलाने लगे तो उल्टे म्लेच्छों को ही चोट लगने लगी और वे सब मूर्च्छित हो गए। तभी सोते हुए राजा के शरीर से एक दिव्य स्त्री प्रकट हुई और उसने म्लेच्छों का संहार कर दिया। राजा ने जगने पर वहाँ म्लेच्छों को मरा देखा तो सोचने लगा कि यह मेरा कौन हितैषी है जिसने मेरी प्राण-रक्षा की। तभी आकाशवाणी हुई— राजा! विष्णु भगवान ने तुम्हारी रक्षा की है। तुम पूर्व जन्म में व्याध थे और रंगभरनी / आमलकी एकादशी के व्रत के पुण्य से तुम्हारी रक्षा हुई है।

अशोक पूर्णिमा

इसमें पृथ्वी की पूजा और चन्द्रमा को अर्घ्य दिया जाता है।

वर्ष के प्रथम चार महीने में धरणी नाम से और आगे के चार मास में मेदिनी नाम से और अन्तिम चार मास में वसुन्धरा नाम से पूजा की जाती है।

प्रत्येक चातुर्मास के अन्त में केशव की पूजा होती है।

अग्निपुराण और स्कन्दपुराण में इसका वर्णन हुआ है। पृथ्वी को अशोका भी कहा गया है। इसलिए इस व्रत का नाम भी अशोका है।

अशोक वृक्ष का भी विशेष पौराणिक, सांस्कृतिक महत्त्व है। इस वृक्ष ने माता सीता को लंका में शरण और छाया दी थी। अशोक शोक हरण का प्रतीक है।

महाप्रभु चैतन्य जयन्ती

फाल्गुन पूर्णिमा को महाप्रभु चैतन्य का जन्मदिन भी मनाया जाता है और फूलों के झूले में उनका चित्र रखकर लोग जुलूस निकालकर भावोन्माद में हरिकीर्तन करते हुए चलते हैं।

श्री चैतन्य महाप्रभु को भगवान श्रीकृष्ण का अवतार माना जाता है।

बाउल गीतों में चैतन्य प्रभु की सुध-बुध खो देनेवाली असीम भक्ति व्यक्त हुई है। ये बाउल गीत बंगाल के हैं पर रूप बदलकर हर लोकभाषा में भावाभिव्यक्ति करते रहे हैं।

महाप्रभु चैतन्य स्वामी के चरित गान करके मन्दिरों में भाव-विभोर होकर भक्त जन नृत्य करते हैं।

होलिका दहन

फाल्गुन पूर्णिमा को नक्षत्र विचार करके भद्रा न रहने पर होलिका दहन किया जाता है। फुलेरा दूज से होलिका की तैयारी होने लगती है अष्टमी से होलाष्टक लग जाता है, जिसमें शुभ कार्य प्राय: नहीं किया जाता।

होली के पहले जिस दिन पुष्य नक्षत्र हो उस दिन शीतला जी तथा सभी देवताओं के लिए गुझिया बनाई जाती है। इसे इस समय गोंठना कहते हैं। इसका भाव है कि पिछला वर्ष अच्छा बीता अगला वर्ष और अच्छा, मीठा हो इसलिए मिठाई बनाकर शीतला जी और होलिका के लिए रखकर भगवान को भोग लगाकर सबको प्रसाद दिया जाता है और इसी दिन से त्योहार के लिए पकवान बनने शुरू हो जाते हैं।

नारियल की रस्सी में गोबर के बल्लों की माला पिरोयी जाती है। यदि पूर्णिमा को भद्रा नक्षत्र हो तो माला पहले ही पिरो ली जाती है।

कही-कहीं बड़े-बूढ़ों की पूजा की जाती है। सब लोग उन्हें प्रणाम करके टीका लगाते हैं। परिवार के सदस्यों का हाथ लगवाकर नारियल, तिल या कोई भी तेल चौराहे पर भैरव जी के लिए रखी ईंट पर डाल दिया जाता है। इस दिन पितरों और सभी देवताओं का भोग लगाकर उसे ब्राह्मणों को दान कर दिया जाता है।

होलिका की प्रदक्षिणा करके होलिका की अग्नि कहीं-कहीं घर में भी लाई जाती है और जल से अर्घ्य देकर उन्हें शीतल करके पूजा की जाती है। होलिका में अबीर-गुलाल और रंग चढ़ाकर वहीं से रंग खेलना आरम्भ किया जाता है। पैर के अँगूठे से लेकर दाहिना हाथ जहाँ तक सीधा उठे उतना बड़ा कच्चा धागा नापकर होलिका में डाल दिया जाता है। विश्वास है कि इससे पुरुषों और बच्चों की उम्र बढ़ती है। दूसरे दिन धुरड्डी या धुलेड़ी और होली का पर्व मनाया जाता है।

कुछ अन्य लोकपर्व-व्रत-पूजन

• औसान माई का पूजन (दुरदुरिया) • संकठा माई का पूजन • वैभव लक्ष्मी पूजन
• सम्पदा देवी की कथा • सन्तोषी माता का व्रत • चातुर्मास • दशाफल व्रत
• पुरुषोत्तम मास / मलमास / अधिक मास • प्रदोष व्रत
• श्रीसत्यनारायण व्रत • सातों वारों के व्रत। (रविवार से शनिवार तक)
• सूर्यग्रहण, चन्द्रग्रहण, स्नान-दान • सोमवती अमावस्या
• सोलह सोमवार व्रत • कुम्भ/ अर्द्ध कुम्भ/महाकुम्भ

औसान माई का पूजन (दुरदुरिया)

यह पूजन बृहस्पतिवार के दिन किया जाता है। एक दिन पहले सात सुहागिनों को न्योता देकर व्रत रखने और पूजन करने के लिए कहा जाता है। आँगन में चादर या साड़ी बिछाकर उसके तीन ओर सुहागिनें बैठती हैं। दक्षिण मुख करके नहीं बैठा जाता है। बीच में दुरदुरिया व्रत करनेवाली बैठती हैं। इसमें सात ढेरी मिठाई, चना या लइया-गुड़ रखा जाता है। गोबर की गौर के चारों ओर सात मिट्टी की डलियाँ रखकर उन पर जल, मिठाई, सिन्दूर, पान आदि चढ़ाकर धूप आरती की जाती है। उस पर चढ़ाया हुआ चना एक-एक सभी उठा लेती हैं और छीलकर समूचा ही हाथ में रखते हुए कथा सुनती हैं।

कथा की समाप्ति पर वापस उसे चढ़ा देती हैं। जिनको कोई मन्नत माननी होती है, वे उस फुटेहरा को अपने पास रख लेती हैं। मन्नत पूरी होने पर वापस जब पूजा करती हैं तब उसमें उसे फिर चढ़ाती हैं।

इस पूजा के बारे में कई मान्यताएँ हैं। कुछ लोगों का कहना है कि यह मुस्लिम बहनों की पूजा है। औसान शब्द संकट के लिए वे प्रयोग करती हैं। संकठा देवी ही औसान माई हैं।

दूसरा मत है कि किसी भी शुभ कार्य के पूरा हो जाने पर यह पूजा की जाती है। इसीलिए यह 'अवसान' देवी की पूजा है जो सारे कार्य सम्पन्न होने के बाद धन्यवाद ज्ञापन के लिए होती है। राजा दशरथ ने भी राम विवाह के बाद नगर की सौभाग्यवती स्त्रियों को आमंत्रित करके उनका स्वागत-सत्कार कर भोजन कराया था और आभूषण प्रदान किया था। वर-वधू को आशीर्वाद देने के लिए भी यह व्रत किया जाता है। इसमें औसान माता की महिमा और कृपा की कथाएँ कही जाती हैं।

इसमें पाँच कथाएँ कही जाती हैं। अगियारी और आरती होती है। कथा पूरी होने पर सातों सुहागिनें एक-दूसरे को पूजा की ढेरी उठाकर देती हैं, आँचल में पूजा करनेवाली स्त्री सबसे भीख लेती है। सातों अपने-अपने आँचल से मुट्ठी में

उठाकर भिक्षा देती हैं। सबको सिन्दूर से टीका किया जाता है। सब बैठकर मिठाई और भूजा खाकर पानी पीती हैं। अन्त में सभी मिलकर बीच में बिछी पूजा की चादर को समेटती हैं। इसी में गौरी और मिट्टी के ढेले तथा चढ़ी हुई पूजन-सामग्री बटोरकर कुएँ में डाल दिया जाता है।

आँचल का यह प्रसाद जो लड़कियाँ खाती हैं उनके विवाह में लगन पड़ने पर किसी भी बृहस्पतिवार के दिन दुरदुरिया चबवानी आवश्यक होती है। औसान माता नागिन के रूप में भी दीन-दुखियों की सहायता करती हैं। इसकी कथाओं में नागिन माता की कृपा और उदारता की कई कथाएँ हैं। साथ ही सहज, निश्छल,परोपकारी जन की हर मनोकामना पूरी होती है, यह इसका संकेत है।

कथा

राजा के घर सन्तान नहीं थी। राजा-रानी बहुत दुखी थे। रानी ने औसान माई की दुरदुरिया की मनौती मान दी कि हमारे पुत्र होगा तो सात सुहागिन बुलाकर दुरदुरिया चबवाएँगे। माँ की कृपा हुई पुत्र जन्म के बाद रानी ने राजा से कहा कि औसान माई की मनौती पूरी करनी है। राजा बोले, "ठीक है, बच्चे के मुंडन में कर देना।" मुंडन हुआ तो जनेऊ का वादा कर दिया, फिर विवाह का। विवाह तय हुआ तो मनौती की याद नहीं रही। जब बारात चलने लगी तो औसान माई एक वृद्धा का रूप धारण कर आईं और बोलीं कि मुझे बहुत तेज़ प्यास लगी है, गुड़ और भूजा के साथ पानी पिला दो। रानी को तब भी नहीं याद आया। बोलीं, "आज जब हमारे यहाँ इतनी भीड़-भाड़ है। देख रही हो कि बारात जा रही है, जाओ, फिर कभी आना।" वृद्धा लौट पड़ी। बारात चली गई। सारे बाराती हाथी, घोड़ा, ऊँट सब रास्ते में मरते गए फेरों के समय दूल्हा भी मूर्च्छित हो गया और मर गया। राजा विह्वल हो उठे। कन्या पक्षवालों ने कहा कि कोई मनौती तो नहीं थी जो आप लोगों ने नहीं पूरी की।

राजा ने रानी से पुछवाया तब रानी को याद आया और बारात चलते समय आई हुई बूढ़ी माँ की भी याद आई। सब लोग हाथ जोड़कर विनती करने लगे।

बूढ़ी माँ की तलाश होने लगी। वे कुछ दूर पर फिर दिखाई दीं।

सभी लोग उनके पैर पड़े। बूढ़ी माई ने कहा कि, "तुमने एक दुरदुरिया मानी और सारे काम पूरे होते गए, वादा करते गए। अब सारे वादों को जोड़कर हर वादे

के लिए सवा-सवा मन की दुरदुरिया चबवाओ। आप तो राजा-महाराजा हो, ऐसा कर सकते हो। तब तुम्हारा सब-कुछ जैसा था, वैसा हो जाएगा।"

माँ तो भावना की भूखी हैं। गरीब से भक्ति का एक लोटा जल ही लेकर तृप्त हो जाती हैं।

राजा ने वैसा ही किया। पूजन पूरा होते ही सब कुछ पहले जैसा हो गया। औसान माई की जय-जयकार होने लगी। बेटा-बहू ब्याह कर घर आए तो फिर से रानी ने दुरदुरिया चबवाई।

संकटा माई का पूजन

सभी प्रकार की मनोकामनाओं की पूर्ति के लिए तथा किसी भी तरह के संकट निवारण के लिए विघ्न निवारक संकठा देवी की मनौती की जाती है और कार्य पूरा होने पर, मंगल कार्य निर्विघ्न सम्पन्न होने पर तथा संकट टलने पर मनौती पूरी करने के लिए व्रत-पूजन किया जाता है। इसमें कहीं-कहीं सात तो कहीं आठ और नौ तो कहीं ग्यारह सुहागिनें जिमाने का न्योता दिया जाता है। मनौती करते समय ही यह संकल्प लिया जाता है कि इतनी सुहागिनों को न्योतकर पूजन करके प्रसाद खिलाएँगे। न्योती गईं सुहागिनों को गौरहनी या गौरैया भी कहते हैं। इस पूजन में दही, पेड़ा का भोग लगाकर सुहागिनों को खिलाने का प्रचलन अधिक है। मनौती करते समय यह संकल्प लिया जाता है कि कितने वजन के पेड़े खिलाए जाएँगे। इसमें सुहागिनों को महावर, बिन्दी लगाकर उनका सम्मान किया जाता है।

इसमें कथाओं की संख्या भी निश्चित रहती है, चार, पाँच, सात, नौ या ग्यारह कथाएँ कहने का प्रचलन भिन्न-भिन्न स्थानों पर है।

कथा

एक राजा सन्तानहीन थे। सन्तान के लिए दूसरा विवाह किया तो नई रानी ने पहली रानी को घर से निकलवा दिया। रानी वन में कुटी बनाकर रहने लगीं। राजा परदेश जाने लगे तो दोनों रानियों से पूछा कि तुम्हारे लिए क्या लाएँ। नई रानी ने श्रृंगार-पटार की चीजें मँगवाईं तथा बड़ी रानी ने कहा कि मेरे लिए कुछ लेते आइएगा।

राजा हर दुकान पर कहें कि कुछ भी दे दो। पर कोई भी कुछ का अर्थ नहीं बता रहा था।

एक मसखरे ने कहा कि कुछ का मतलब बन्दर होता है।

राजा ने बड़ी रानी के लिए बन्दर लाकर दे दिया।

बन्दर पुत्र की तरह रानी की सेवा करने लगा। राजा को किसी-न-किसी बहाने से कुटी में बुलाने लगा।

कुछ दिन बाद राजा को खबर किया कि मेरी माँ गर्भवती हैं और उनको सारी सुविधाएँ दीजिए जो आनेवाले राजकुमार की माँ को दी जानी चाहिए।

राजा ने प्रसन्न होकर रानी के खान-पान और रहने की राजसी व्यवस्था कर दी। दास-दासियों को सेवा में भेज दिया गया।

पर बन्दर बाकी काम तो सबसे कराता पर रानी माँ के पास किसी को फटकने भी नहीं देता था। प्रसव के समय भी किसी को भीतर नहीं आने दिया। राजा को पुत्र-जन्म की सूचना दे दी।

राजा आए तो उनसे बोला कि ज्योतिषी ने कहा है कि बेटे का मुख देखते ही राजा मर जाएँगे। सोलह वर्ष के बाद ही देख सकते हैं।

राजा ने सोलह वर्ष की अधीर प्रतीक्षा की। बेटे का विवाह तय कर दिया गया, बारात चली, बन्दर ने राजा से कहा था कि द्वार पूजा में आपको दूल्हा दिखा दूँगा।

रानी माँ से कहकर सुगन्धित मिठाइयों का गुड्डा बनवाकर उसे दुल्हे के वेश में सजाकर पालकी में बैठा दिया।

मार्ग में एक बाग में पालकी रखकर बाराती जलपान, विश्राम करने लगे। मिठाई के गुड्डे की सुगन्ध से आकृष्ट होकर संकठा माई वहाँ आईं और उनकी माया से सभी बाराती सो गए। बन्दर पेड़ पर छिपकर देखता रहा।

जैसे ही संकठा देवी गुड्डा खाकर मुख पोंछते हुए पालकी से बाहर निकलीं उसने जाकर उन्हें पकड़ लिया और बोला, "मेरा सोलह वर्ष का राजकुमार वापस कीजिए देवी जी! वरना मैं सबको बता दूँगा कि आपने क्या किया है।"

देवी मुस्कराईं और बोलीं, "आँख बन्द कर लो, अभी यहाँ बच्चे खेलेंगे। एक को पकड़ लेना।"

देवी अन्तर्धान हो गईं। वहाँ तमाम बालक खेल रहे थे। एक स्वस्थ, सुन्दर किशोर को बन्दर ने पकड़ लिया, बाकी सब लुप्त हो गए।

बन्दर ने दूल्हा वेश में लड़के को पालकी में बैठा लिया।

द्वार-पूजा के समय राजा ने वरपुत्र को देखकर पुत्र के साथ बन्दर को भी गले लगा लिया।

बारात लौटी तो बन्दर ने रानी माँ को पुकारा—माँ! द्वार खोलो बेटा-बहू की आरती उतारकर परछ लो।

रानी तो भय से अचेत हो गईं कि अब तो झूठ पकड़ लिया गया होगा।

थोड़ा चेत आने पर किसी तरह जाकर दरवाजा खोला तो सामने दूल्हा-दुल्हन को देखकर हर्ष से विभोर हो उठीं। बन्दर ने माँ को बताया कि संकठा माता की कृपा से यह सौभाग्य का दिन आया है।

रानी ने धूमधाम से संकठा माँ का पूजन किया और सुहागिनों को खिलाकर सत्कार किया। तभी से संकठा देवी की पूजा का प्रचलन हो गया।

वैभव लक्ष्मी

यह व्रत-पूजन धन-वैभव, ऐश्वर्य प्रदान करनेवाली लक्ष्मी माता को प्रसन्न करके कामना सिद्धि के लिए किया जाता है। यह व्रत शुक्रवार के दिन किया जाता है। वैभव लक्ष्मी धन लक्ष्मी हैं। व्रत प्रारम्भ करने से पहले ही संकल्प लिया जाता है कि ग्यारह या इक्कीस शुक्रवार को पूजन किया जाएगा। इस पूजन में श्रीयंत्र की पूजा की जाती है।

प्रात: उठते ही लक्ष्मी माँ की जयकार करके उनका स्मरण, वन्दन किया जाता है। यह व्रत-पूजन अपने घर में ही किया जाता है, यदि यात्रा या प्रवास में हों तो उस शुक्रवार को छोड़कर अगले शुक्रवार को किया जाता है। घर में अशौच होने पर या मनौती करनेवाली की अशुचि के दिनों में यह पूजन नहीं किया जाता, अगले शुक्रवार के लिए टाल दिया जाता है। किन्तु मनौती की संख्या पूर्ण की जाती है। पूजन के बाद प्रसाद ग्रहण किया जाता है। उस दिन एक बार भोजन किया जाता है। संकल्प के अनुसार उतने शुक्रवार पूजन पूरा होने के बाद उद्यापन किया जाता है।

कथा

शीला नाम की एक स्त्री धार्मिक प्रकृति की थी, वह सबका सहयोग करती थी। स्वभाव सन्तोषी था, उसका पति भी विवेकी और सुशील था। उनके सुखी गृहस्थ जीवन की सराहना सभी लोग करते थे। पर दैवयोग से पति को जल्दी-से-जल्दी धनवान बनने की लालसा हो गई। उसे जुआ खेलने, मद्यपान और गाँजा-चरस पीने आदि की बुरी लत लग गई, जिसके कारण घर का सामान, जेवर आदि सब बिक गया। पर शीला लक्ष्मी माता की भक्त थी और उसे विश्वास था कि मेरा संकट माँ जरूर दूर करेंगी।

एक दिन एक माता जी ने द्वार खटकाया, शीला ने द्वार खोला तो उनको देखकर आनन्द से विभोर हो उठी। उसे लगा कि जैसे माता लक्ष्मी ही आ गईं, पर उसने माता जी का परिचय पूछा, तो उन्होंने बताया—बेटी! तुम मन्दिर जाती हो, वहीं मैं भी आती हूँ और वहीं हमारी भेंट तुमसे हुई थी, शायद तुम भूल गई। इधर तुम्हें मन्दिर में न आते देखकर मैंने सोचा कि तुम्हारी खोज-खबर ले लूँ। शीला का हृदय उनकी आत्मीयता से विह्वल हो उठा और वह रोने लगी।

माँ जी ने उसे हृदय से लगाया और उसका दुख दूर करने का उपाय बताया कि वैभव लक्ष्मी का व्रत करके पूजन करो तो तुम्हारे दुख दूर हो जाएँगे।

व्रत की विधि है कि 'नीचे वस्त्र बिछाकर चावल की ढेरी लगाओ उस पर पानी से भरा ताँबे का कलश रखकर उस पर कटोरी रखो। उस कटोरी में सोना, चाँदी अथवा रुपया रखकर धूप, दीप से माँ की पूजा करो। श्री लक्ष्मीयंत्र सामने रखकर उसकी भी पूजा करो, हल्दी, कुमकुम, अक्षत, लाल रंग का पुष्प चढ़ाकर मीठी चीज का भोग लगाओ। आरती करके माँ के सामने अपनी मनौती मानो और प्रसाद बाँटो। कलश का जल तुलसी की क्यारी में डाल दो, चावल पक्षियों को डाल दो, कटोरी में रखा आभूषण या रुपया वापस रख लो। व्रत पूरा होने पर आखिरी शुक्रवार को उद्यापन करो उसमें खीर आदि का नैवेद्य चढ़ाओ, श्रीफल नारियल तोड़कर अर्पित करो। सात कुँवारी या सुहागिन स्त्रियों को कुमकुम का तिलक लगाकर खीर का प्रसाद अर्पित करो। इस व्रत को करने से तुम्हारे सारे दुख दूर होंगे और घर में धन-वैभव का सुख आ जाएगा।

शीला ने ऐसा ही किया और व्रत प्रारम्भ करते ही उसके पति का स्वभाव बदल गया, धीरे-धीरे उसकी बुरी लतें छूट गईं, उस पर चोरी का इल्जाम लगा था यह झूठ सिद्ध हुआ। वह वापस घर लौटा और फिर से शीला के जीवन में सुख के दिन आ गए। वैभव लक्ष्मी व्रतकथा की पुस्तकें भी प्रसाद में बाँटी जाती हैं।

सम्पदा देवी की पूजा

यह व्रत पूजन खोए हुए धन वैभव को वापस प्राप्त करने के लिए किया जाता है। इसमें सम्पत्ति देनेवाली माता लक्ष्मी का वन्दन होता है।

कथा

प्राचीन समय में एक राजा नल थे। उनकी रानी का नाम दमयन्ती था। एक दिन एक वृद्धा महल के नीचे सम्पदा की कहानी कह रही थी और पूजा का धागा बाँट रही थी।

रानी ने खिड़की से देखा तो दासी को भेजा कि देखो नीचे भीड़ क्यों लगी है? दासी ने वृद्धा से सब समझकर एक धागा अपनी रानी के लिए ले लिया। रानी ने भी व्रत किया और पूजा के बाद धागे को गले में पहन लिया। यह सम्पदा का डोरा लगते वैशाख के, किसी अच्छे दिन व्रत करके पूजा और कहानी के बाद विसर्जित कर दिया जाता है।

पर राजा दरबार से लौटा, रानी के गले में पीला धागा देखकर उसने कहा, "जवाहरात के गहनों के बीच तुमने यह क्या पहना है? इसे हटा दो, शोभा नहीं देता," और डोरा तोड़कर फेंक दिया। रानी बहुत दुखी हुई।

उसी रात को सम्पदा देवी ने राजा से कहा, "राजा! मैं सम्पदा हूँ। मैं तेरे घर से जा रही हूँ और तेरे घर में विपदा आएगी, तेरे धन का कोयला हो जाएगा। नौकर-चाकर तुझे छोड़कर भाग जाएँगे।"

दूसरे दिन ऐसा ही हुआ, अन्न-धन सब कोयला हो गया, नौकर-चाकर भाग गए। बहुत सोच-विचार के बाद राजा ने रानी से कहा कि अब हमें महल-अटारी छोड़ देना चाहिए। जहाँ राज रजा, वहाँ भीख माँगने से तो मर जाना अच्छा है।

अपने पुरोहित से कहा, "ब्राह्मण देवता! आपकी कन्या महल में दीया जलाएगी, साफ-सफाई रखेगी, पानी भर लेगी। मैं कुछ दिन के लिए बाहर हो आऊँ।"

ब्राह्मण की बेटी को महल में रख दिया।

राजा-रानी रात को ही महल से निकल पड़े। सुबह अपने तालाब पर पहुँचकर राजा ने दो तीतर मारे। रानी से कहा, "तुम इसे भूनो, तब तक मैं नहा लूँ।" रानी ने तीतर भून दिए। राजा लौटकर आए तब तक दोनों तीतर उड़ गए।

तब राजा अपने भाई के घर गए। मैला वेश देखकर इन्हें पुराने महल में उतारा गया।

जहाँ-जहाँ गए कहीं तो सोने की सोलह बर्छी खो गई, कहीं खूँटी पर टँगा नौलखा हार दीवार में बना मोर निगल गया। वहाँ से भी वे चुपके से निकल आए।

भाई को खबर हुई तो बोला, "मेरा भाई चोर तो नहीं है। संकट के दिन मनुष्य के जीवन में आ ही सकते हैं, तब चाहे जो घट जाए।"

राजा फिर अपनी बहन के घर पहुँचे। बहन ने भी नौकरों से हाल जानकर उन्हें तालाब के किनारे छोलदारी में टिकाया और एक घड़ा मुहर, अशर्फी लेकर यहाँ पहुँची। राजा का हाथ लगते ही वह धन कोयला हो गया।

इसे वहीं गाड़कर राजा-रानी फिर चले आए और एक बाग में पहुँचे। इनके पहुँचते ही बगीचा हरा हो गया।

मालिन बोली, "आज मेरे बाग में ऐसा कौन आया है कि जिसके आने से मेरा बारह वर्ष का सूखा बाग हरा हो गया।"

राजा बोला, "मैं तो भिखारी हूँ, चाहो तो मुझे नौकर रख लो।"

मालिन ने दोनों को रख लिया।

रानी बोली, "मैं झाड़ू नहीं लगाऊँगी, जूठे बर्तन नहीं माँजूँगी, सेज नहीं बिछाऊँगी, बाकी तुम जो काम बताओगी, सब करूँगी।"

मालिन ने कहा, "तुम्हारा आदमी कुएँ से पानी भरकर पेड़ सींच देगा और तुम माला पिरो दिया करना और साथ चलकर बिकवा देना।" मंजूरी हो गई।

दूसरे दिन वह फूल-माला बेचने निकली। एक जगह महिलाएँ मंडल बनाकर कथा-पूजा कर रही थीं। इसने उनसे फूल खरीदने के लिए कहा और पूछा कि आप लोग मंडल बनाकर यहाँ किस देवता की पूजा कर रही हैं? उन लोगों ने बताया कि हम लोग यहाँ सम्पदा माता की कथा-पूजा कर रही हैं।

रानी बोली, "बारह वर्ष पहले मैंने भी सम्पदा का डोरा लिया था, पर मेरे पति ने डोरा तोड़कर फेंक दिया, जिस कारण मेरा राज्य चला गया। अब यदि माता हमारे अपराध क्षमा करें, मेरे दिन बहुरें तो मैं भी विधिपूर्वक सम्पदा माता की पूजा करूँगी।"

रात में राजा को स्वप्न हुआ। एक नारी-मूर्ति दिखी जिसने कहा, "मैं सम्पदा हूँ। तेरा प्रायश्चित हो गया। कल सुबह पानी भरने से तुझे धन, हल्दी व फल मिले तो समझ लेना कि मैं आ गई, तब रानी को डोरा दिलाकर घर चले जाना।"

दूसरे दिन सब चीजें मिलीं और रानी ने सम्पदा का डोरा लिया। मालिन को बहुत धन देकर वहाँ से चलकर फिर बहन और भाई के घर पहुँचे।

अब बर्छी, नौलखा हार और मुहर अशर्फी से भरा घड़ा सब वहाँ ज्यों-का-त्यों वापस मिला। सबकी चीजें सबको सँभलवाकर अपने राज्य में आए।

यहाँ भी पहले की तरह सब राजपाट मिला।

राजा ने उस ब्राह्मण कन्या का सुयोग्य वर से ब्याह कर दिया।

राजा अपने परिवार और प्रजा के साथ सम्पदा माता का व्रत, पूजन धूमधाम से हर वर्ष करने लगे।

सन्तोषी माता का व्रत

सन्तोषी माता गणेश की पुत्री हैं। इनके व्रत-पूजन में शुक्ल पक्ष के प्रथम शुक्रवार को प्रारम्भ कर 16 शुक्रवार तक व्रत किये जाने का विधान है। इसमें चना-गुड़ का देवी को भोग दिया जाता है और खट्टे खाद्य-पदार्थों का निषेध होता है।

सन्तोषी माता को सन्तोष, सुख, शान्ति और वैभव की माता के रूप में पूजा जाता है। इस व्रत-पूजन से धन, विवाह, सन्तानादि भौतिक सुख मिलते हैं।

माता सन्तोषी के सम्मुख एक कलश जल भरकर उसके ऊपर एक कटोरा भरकर गुड़ व चना रख, घी का दीपक जलाकर माता को अक्षत, फूल, सुगन्धित गन्ध, नारियल, लाल वस्त्र या चुनरी अर्पित करते हैं।

व्रती हाथ में गुड़ और भुने चने रखकर कथा कहते या सुनते हैं। कथा समाप्त होने पर हाथ का गुड़-चना गाय को खिलाते हैं। कलश पर रखा गुड़-चना का प्रसाद बाँटते हैं। कथा समाप्त होने और आरती होने के बाद कलश के जल को घर में सब जगहों पर छिड़ककर बचा हुआ जल तुलसी की क्यारी में सींच दिया जाता है।

कथा

एक माँ के सात बेटे थे। छह कमाते थे और एक न कमानेवाला था। माँ कमाऊ पूतों को अच्छी रसोई बनाकर प्रेम से खिलाती पर सातवें को बचा-खुचा जूठन खिलाती थी। वह भोला था, मन में कुछ भी विचार नहीं करता था। एक दिन वह अपनी पत्नी से बोला, देखो मेरी माता को मुझसे कितना प्रेम है? उसने कहा वह

तुम्हें सभी की जूठन खिलाती है, फिर भी तुम ऐसा कहते हो, चाहो तो तुम स्वयं देख सकते हो।

एक त्योहार के दिन माँ ने सात प्रकार के भोजन और चूरमे के लड्डू बनाए। सातवाँ लड़का यह बात जाँचने के लिए सिर दुखने का बहाना करके पतला कपड़ा ओढ़कर सो गया और देखने लगा। माँ ने छह बेटों को बहुत अच्छे आसनों पर बिठाया और सात प्रकार के भोजन और लड्डू परोसे, वह उन्हें बड़े प्रेम से खिलाती रही। जब वे सब उठ गए तो माँ ने उनकी थालियों से जूठन इकट्ठी की और उनसे एक लड्डू बनाया। फिर उससे बोली, "आ रे रोटी खाले" वह बोला, "माँ मैं भोजन नहीं करूँगा मैं तो परदेश जा रहा हूँ।"

माँ ने कहा, "कल जाता है तो आज ही चला जा।"

वह घर से निकल गया। चलते समय उसे अपनी पत्नी की याद आई जो गोशाला में कंडे पाथ रही थी। वह बोला, "हम विदेश को जा रहे हैं, आएँगे कछु काल तुम रहियो सन्तोष से, धरम आपनो पाल।"

पत्नी बोली, "जाओ पिया आनन्द से, हमारी सोच हटाय। राम भरोसे हम रहे, ईश्वर तुम्हें सहाय। देहु निशानी आपनी, देख धरूँ मैं धीर। सुधि हमरी ना विसारियो, रखियो मन गम्भीर।"

वह बोला, "मेरे पास बस यही अँगूठी है इसे ले और मुझे भी अपनी कोई निशानी दे दे।" वह बोली, "मेरे पास क्या है? यह गोबर भरे हाथ हैं।" यह कहकर उसने उसकी पीठ पर गोबर भरे हाथ की थाप मार दी वह लड़का चल दिया।

वह दूर देश में पहुँचकर एक व्यापारी की दूकान पर जाकर बोला, "भाई मुझे नौकरी पर रख लो।" व्यापारी को नौकर की जरूरत थी। अत: बोला, "तनख्वाह काम देखकर देंगे।" वह सवेरे से देर रात तक नौकरी करने लगा। थोड़े ही दिनों में सारा लेन-देन और हिसाब-किताब करने लगा। सेठ ने उसे दो-तीन महीने में ही आधे मुनाफे का हिस्सेदार बना दिया। बारह वर्ष में वह नामी सेठ बन गया और मालिक उसके भरोसे काम छोड़कर कहीं बाहर चला गया।

इधर उसकी पत्नी को सास और जिठानियाँ बड़ा कष्ट देने लगीं। वे उसे लकड़ी लेने जंगल में भेजतीं, भूसी की रोटी देतीं, फूटे नारियल के खोपड़े में पानी देतीं।

एक दिन वह लकड़ी लेने जा रही थी तो रास्ते में उसने कई औरतों को व्रत करते देखा। उसके पूछने पर एक स्त्री बोली, "यह सन्तोषी माता का व्रत है। इसके करने से मनोवांछित फल मिलता है। इससे गरीबी, मन की चिन्ताएँ, मुकदमे, कलह, रोग नष्ट होते हैं और सन्तान, सुख, धन, प्रसन्नता, शान्ति, मनपसन्द वर मिलता है व बाहर गए हुए पति के दर्शन होते हैं।" उसने उसे व्रत करने की विधि बता दी।

उस दिन सारी लकड़ियाँ बेचकर गुड़-चना लेकर वह घर चल पड़ी। सामने एक मन्दिर देखकर पूछा तो पता चला कि यह सन्तोषी माता का मन्दिर है। वह मन्दिर में गई और माता के चरणों में लेटकर विनती करने लगी, "माँ! मैं अज्ञानी हूँ, दुखी हूँ, तुम्हारी शरण में हूँ। मेरा दुख दूर करो।"

माता को दया आ गई। एक शुक्रवार को उसके पति का पत्र आया और अगले शुक्रवार को पति का भेजा हुआ धन मिला। अब तो जेठ, जेठानी और सास नाक सिकोड़ के कहने लगे। अब तो इसकी खातिर बढ़ेगी, यह बुलाने पर भी नहीं बोलेगी।

यह बोली—पत्र और धन आवे तो सभी के लिए अच्छा है। वह मन्दिर में गई और रोते हुए बोली, "हे माँ! मैंने तुमसे पैसा कब माँगा था? मुझे तो अपना सुहाग चाहिए, मैं तो अपने पति के दर्शन और उनकी सेवा करना चाहती हूँ।" माता ने प्रसन्न होकर कहा जा बेटी तेरा पति आएगा। वह प्रसन्नता से घर गई और घर का काम-काज करने लगी। सन्तोषी माता ने उसके पति को स्वप्न में घर जाने का आदेश दिया और पत्नी की याद दिलाई।

उसने कहा, "माँ मैं कैसे जाऊँ, परदेश की बात है। लेन-देन का कोई हिसाब नहीं है।" माँ ने कहा, "मेरी बात मान, सवेरे नहा-धोकर मेरा नाम लेकर घी का दीपक जलाकर दंडवत करके दुकान पर बैठना। देखते-देखते सारा लेन-देन सही हो जाएगा। धन का ढेर लग जाएगा।"

सवेरे उसने अपने स्वप्न की बात सभी से कही तो सब खिल्ली उड़ाने लगे। वे कहने लगे कि कहीं सपने भी सत्य होते हैं? पर एक वृद्ध ने कहा, "भाई जैसे माता ने कहा है वैसे करने में क्या हर्ज है?"

उसने नहा-धोकर, माता को दंडवत करके घी का दीपक जलाया और दुकान पर जाकर बैठ गया। थोड़ी ही देर मे सारा लेन-देन साफ हो गया, सारा माल बिक गया और धन का ढेर लग गया। यह प्रसन्न हुआ और घर के लिए गहने और सामान खरीदकर जल्दी ही घर को रवाना हो गया।

उधर उसकी पत्नी रोज लकड़ियाँ लेने जाती और सन्तोषी माता की सेवा करती। उसने माता से पूछा, "हे माँ यह धूल कैसी उड़ रही है?" माता ने कहा, "तेरा पति आ रहा है। तू लकड़ियों के तीन बोझ बना ले। एक नदी के किनारे रख, एक यहाँ रख और तीसरा अपने सिर पर रख ले। तेरे पति के दिल में उस लकड़ी के गट्ठे को देखकर मोह पैदा होगा। जब वह यहाँ रुककर नाश्ता-पानी करके घर जाएगा तब तू लकड़ियाँ उठाकर घर जाना और चौक के बीच में गट्ठर डालकर जोर-जोर से तीन आवाजें लगाना, 'सासू जी! लकड़ियों का गट्ठा लो, भूसी की रोटी दो, नारियल के खोपड़े में पानी दो'। आज मेहमान कौन आया है?" इसने माँ के चरण छुए और उसके कहे अनुसार सारा कार्य किया।

वह तीसरा गट्ठर लेकर घर गई और उसी तरह बोली। सुनकर सास बाहर आई और कपट भरे वचन बोली, "बेटी! तेरा पति आया है। आ मीठा भात भोजन कर, गहने, कपड़े पहन।"

माँ के ऐसे वचन सुनकर उसका पति बाहर आया और पत्नी के हाथ में अँगूठी देखकर व्याकुल हो पूछा, "यह कौन है?"

माँ ने कहा, "यह तेरी बहू है। आज बारह बरस हो गए, यह दिन-भर घूमती-फिरती है। काम-काज करती नहीं, तुझे देखकर नखरे कर रही है।" वह बोला, "ठीक हैं, मैंने आपको और इसे देख लिया है। अब मुझे दूसरे घर की चाबी दे दो, मैं उसमें रहूँगा।"

माँ ने कहा, "ठीक है, जैसी तेरी मरजी" और उसने चाबियों का गुच्छा पटक दिया। उसने अपना सामान तीसरी मंजिल के ऊपर के कमरे में रख दिया। एक ही दिन में उनके राजा के समान ठाठ-बाट हो गये।

अगला शुक्रवार आया। वह अपने पति से बोली, "मुझे सन्तोषी माता के व्रत का उद्यापन करना है।"

वह बोला, "बहुत अच्छा, खुशी से कर ले।" उद्यापन में उसने जेठ के लड़कों को भोजन करने के लिए कहा। पीछे से जिठानियों ने अपने बच्चों को सिखा दिया कि तुम खटाई माँगना जिससे उसका उद्यापन पूरा न हो। लड़कों ने भोजन के बाद खटाई खाने को माँगी। बहू कहने लगी, "यह तो सन्तोषी माता का प्रसाद है खटाई कैसे दे दूँ?" लड़के बोले, "पैसा लाओ।" वह भोली थी उसने पैसे दे दिए जिससे वे इमली लेकर खाने लगे। जिससे सन्तोषी माता ने उस पर रोष किया।

राजा के दूत उसके पति को पकड़कर ले गए। वह रोती हुई माता जी के मन्दिर गई और उनके चरणों में गिरकर कहने लगी। हे माता! यह क्या किया? हँसाकर अब मुझे क्यों रुलाने लगी?

माँ बोली—पुत्री! तुमने अभिमान करके मेरा व्रत तोड़ा है।

वह बोली—माता! मेरा कोई अपराध नहीं है। मुझे तो लड़कों ने भुलावे में डाल दिया। माँ मुझे क्षमा करो। मैं दुबारा तुम्हारा उद्यापन करूँगी। माता बोली जा तेरा पति रास्ते में आता हुआ ही मिलेगा। उसे रास्ते में उसका पति मिला। उसके पूछने पर यह बोला राजा ने मुझे बुलाया था। मैं उनसे मिलने गया था, वे फिर घर चले गए।

शुक्रवार आया, वह दुबारा उद्यापन करने लगी। उसने फिर जेठ के लड़कों को बुलाया। जेठानियों ने फिर वही बात सिखा दी। लड़के भोजन की बात पर फिर खटाई माँगने लगे। उसने कहा—खटाई कुछ भी नहीं मिलेगी आना हो तो आओ। यह कहकर वह ब्राह्मणों के लड़कों को लाकर भोजन कराने लगी। यथाशक्ति उसने उन्हें दक्षिणा दी। माता की कृपा से नवें मास में उसके एक चन्द्रमा के समान सुन्दर पुत्र हुआ। अपने पुत्र को लेकर वह रोजाना मन्दिर जाने लगी।

एक दिन सन्तोषी माता ने सोचा कि यह रोज यहाँ आती है। आज मैं इसके घर चलूँ इसका घर देखूँ। माँ ने भयानक रूप बनाया, गुड़ व चने से सना मुख, ऊपर को सूँड़ के समान होंठ जिन पर मक्खियाँ भिनभिना रही थीं, इसी सूरत में वह उसके घर गई।

देहली में पाँव रखते ही उसकी सास बोली—देखो! कोई डाकिन आ रही है, इसे भगाओ नहीं तो किसी को खा जाएगी। लड़के भागकर खिड़की बन्द करने लगे।

सातवें लड़के की बहू खिड़की से देख रही थी। वह वहीं से चिल्लाने लगी—आज मेरी माता स्वयं मेरे घर आई हैं। यह कहकर उसने बच्चे को दूध पीने से हटाया तो उसकी सास बोली—पगली! किसे देखकर उतावली हुई है? बच्चे को पटक दिया।

इतने में सन्तोषी माता के प्रताप से वहाँ लड़के-ही-लड़के नजर आने लगे। बहू बोली— सास जी! मैं जिसका व्रत करती हूँ, यह वही सन्तोषी माता हैं। यह कहकर उसने सारी खिड़कियाँ खोल दीं। सब सन्तोषी माता के चरण पकड़कर विनती करने

लगे, "हे माता! हम मूर्ख हैं, अज्ञानी हैं, पापिनी हैं, तुम्हारे व्रत की विधि हम नहीं जानतीं। तुम्हारा व्रत भंग कर हमने बहुत बड़ा अपराध किया है। हे जगत माता! आप हमारा अपराध क्षमा करो।" इस पर माता उन पर प्रसन्न हुईं—बहू को जैसा फल दिया वैसा माता सबको दें।

चातुर्मास व्रत

यह आषाढ़ शुक्ल एकादशी, द्वादशी या पूर्णिमा को जब सूर्य कर्क राशि में प्रवेश करते हैं तब से प्रारम्भ करते हैं। कार्तिक शुक्ल द्वादशी को व्रत पूरा किया जाता है। उपवास और पूजन करके प्रार्थना की जाती है कि व्रत निर्विघ्न पूर्ण हो। यदि व्रत के बीच में मेरी मृत्यु हो तो भी यह व्रत पूर्ण माना जाए।

यह व्रत बृहस्पति और शुक्र जब अस्त हो जाते हैं तभी प्रारम्भ किया जाता है। व्रत के महीनों में ये खाद्य-पदार्थ वर्जित हैं—सावन में साग, भादों में दही, क्वार में करैला, दूध और कार्तिक में दालें, गुड़, तेल और घी भी वर्जित है।

व्रती भूमि शयन करता है। मांस, मदिरा, धूम्रपान भी वर्जित हैं। व्रत पूरा होने पर भोज करके दान-दक्षिणा दी जाती है।

चातुर्मास वसन्त और वर्षा ऋतु दोनों में होता है। चातुर्मास में स्नान, दान, संयमित जीवन का विशेष महत्त्व है। मन्दिरों में और घरों में भजन, कीर्तन, रात्रि जागरण करके भक्तजन लोक-कल्याण की कामना करते हैं।

दशाफल व्रत

सावन महीने के कृष्ण पक्ष अष्टमी से प्रारम्भ करके दस वर्षों के लिए संकल्प लेकर यह व्रत किया जाता है।

इसमें दस सूत्रों का डोरा हाथ में बाँधने से पूर्व गोपाल कृष्ण की प्रतिमा को अर्पित किया जाता है। तुलसी के दस दल से श्रीहरि के दस नामों की पूजा की जाती है। दस ब्राह्मण जिमाए जाते हैं। प्रत्येक ब्राह्मण को दस-दस पकवान खिलाए जाते हैं।

यह व्रत ग्रहों की दशा खराब होने पर उससे होनेवाले अनिष्ट से बचने के लिए भी किया जाता है।

जिस ग्रह की दशा खराब हो उसको प्रसन्न करने के लिए पूजा-पाठ करके उससे शान्ति हेतु प्रार्थना की जाती है।

पुरुषोत्तम मास / मलमास / अधिक मास

यह जिस किसी मास में पड़ता है वह एक माह वर्ष में अतिरिक्त जुड़ जाता है। इस पूरे अधिक मास में व्रत, पूजन, कथा, कीर्तन, दान-पुण्य किया जाता है। इस मास में किये गए पुण्य कार्यों का फल अक्षय होता है।

यह सावन में पड़ता है तो शिव की विशेष पूजा होती है। जिस मास में सूर्य संक्रान्ति नहीं होती, उसे ही अधिक मास माना जाता है। अधिक मास सोलह दिन और चार घड़ी के अन्तर से प्रत्यावर्तित होता है। इसी प्रकार जिस महीने में दो संक्रान्ति पड़ जाती है वह क्षय मास होता है। इसे मास की हानि भी कहते हैं। यह पहले 141 (एक सौ एकतालीस) वर्ष बाद आता है, फिर 19 (उन्नीस) वर्ष बाद।

अधिक मास में शुभ कार्य नहीं किये जाते। इसके अलावा फल-प्राप्ति के लिए किये जा रहे कार्य भी वर्जित हैं। अधिक मास-भर शुक्ल प्रतिपदा से लेकर दूसरे माह की अमावस्या तक पूरे महीने व्रत, उपवास, दान-पुण्य करने से समस्त पापों का क्षय होता है ऐसा विश्वास है। कहते हैं कि जिस प्रकार छोटे बीज से वटवृक्ष बन जाता है उसी प्रकार पुरुषोत्तम मास में किया गया छोटा-सा दान-पुण्य महान फल देता है। इसमें सन्त-महात्माओं की सेवा करने से तीर्थस्थान का पुण्य मिलता है।

गीता में भगवान कृष्ण ने कहा है कि मैं मासों में पुरुषोत्तम मास हूँ। नित्य प्रति प्रात: स्नान आदि से निवृत्त होकर सूर्य भगवान को जल अर्घ्य अर्पण करके उनके निमित्त 35 मीठे पुवों का दान करने से विशेष फल मिलता है ऐसा विश्वास है।

प्रदोष व्रत

सूर्यास्त और रात्रि के सन्धिकाल (सन्ध्या) को प्रदोष काल होता है। इसमें भगवान शिव और माता पार्वती का पूजन किया जाता है। यह व्रत स्त्री-पुरुष सभी के लिए फलदायी है।

त्रयोदशी को जो वार (दिन) पड़ता है, उसी के नाम से प्रदोष का नामकरण किया जाता है। इस प्रकार वार के अनुसार सात प्रदोष हैं जिनके व्रत का विशिष्ट महत्त्व और फल बताया गया है।

रवि प्रदोष—आरोग्य दीर्घायु देनेवाला।

सोम प्रदोष—सभी अभीष्ट फलों और सिद्धियों को देनेवाला।

मंगल प्रदोष—रोगों का क्षय और उत्तम स्वास्थ्य देनेवाला।

बुध प्रदोष—सकल कामना पूर्ण करनेवाला।

गुरु प्रदोष—शत्रु विनाश करके, विजय देनेवाला।

शुक्र प्रदोष—सौभाग्य और समृद्धि देकर स्त्री का कल्याण करनेवाला।

शनि प्रदोष—सन्तान की कामना पूर्ण करता है।

ब्रह्म मुहूर्त में उठकर नित्यकर्म से निवृत्त, पवित्र होकर शिव का ध्यानपूर्वक पूजन करके व्रत प्रारम्भ किया जाता है। किसी संकल्प या इच्छा से व्रत करें तो सायंकाल तक निर्जल व्रत रखकर सायंकाल को पुन: स्नान आदि करके तब पूजन किया जाता है। सन्ध्या-पूजन के बाद एक समय भोजन किया जाता है। इसमें दक्षिण और पश्चिम मुँह करके पूजन वर्जित है।

श्रीसत्यनारायण व्रत

सत्यनारायण व्रत सत्य के प्रति आस्था और विश्वास का व्रत है। यह व्रत जिस दिन मन में संकल्प जगे, किया जा सकता है। वैसे पूर्णिमा और एकादशी को अधिकांश लोग करते हैं। व्रती सत्यनारायण की कथा सुनकर पूजन करके ही जल-फलाहार ग्रहण करते हैं।

व्रत में पूजन और कथा-श्रवण अवश्य किया जाता है। गौरी-गणेश का पूजन करके सभी देवताओं का आवाहन किया जाता है और कथा होती है।

कथा-1

एक लकड़हारा बहुत गरीब था। उसने एक दिन किसी को सत्यनारायण व्रत-पूजन करते देखा तो मन में संकल्प लिया कि आज लकड़ी बेचने से जो आय होगी, उससे इस व्रत को करेगा। उस दिन उसको लकड़ी का बहुत अच्छा मूल्य मिल गया। यह व्रत करने से वह धन-धान्य से सम्पन्न हो गया।

साधु नामक एक वैश्य को सन्तान नहीं थी, उसकी पत्नी ने किसी को व्रत करते देखा तो उसने भी व्रत का संकल्प लिया। पर वैश्य ने कहा कि पुत्र-जन्म के बाद व्रत-पूजन करेंगे। उनके घर कन्यारत्न ने जन्म लिया तो वैश्य की स्त्री लीलावती ने व्रत करने की याद दिलाई। वैश्य बोले कि इसके विवाह के समय व्रत करूँगा। कन्या का नाम कलावती रखा गया। वह चन्द्रमा की कला-सी नित्य बढ़ने लगी। विवाह हुआ तो वे व्रत करना भूल गए।

वैश्य अपने जामाता के साथ व्यापार करने चले गए। संकल्प कर व्रत करना भूल जाने के कारण उन्हें दुख भोगना पड़ा।

वे जहाँ व्यापार के लिए गये थे उस राज्य के राजा के घर चोरी करके चोर भाग रहे थे। राजा के सिपाही पीछा करते आए तो पकड़े जाने के डर से चुराया माल

वैश्य के डेरे में फेंककर चोर भाग गए। सिपाहियों ने वैश्य और उसके जामाता को चोर समझकर पकड़ लिया और वे बन्दीगृह में डाल दिए गए।

इधर लीलावती और कलावती का सारा धन चोर चुरा ले गए और वे भिक्षा माँगकर जीवन-यापन करने लगीं।

एक दिन कलावती कन्या ने किसी के घर सत्यनारायण भगवान का व्रत-पूजन होते देखा तो वह बैठकर कथा सुनने लगी। कथा पूरी होने पर प्रसाद लेकर घर आई। माँ ने देरी का कारण पूछा तो उसने पूजन की बात बता दिया और माँ को भी प्रसाद दिया।

अब लीलावती को व्रत के संकल्प की याद आई और उसने पुन: संकल्प किया कि कल जो धन भिक्षा में मिलेगा उससे वह व्रत-पूजन करेगी। उस दिन वे भिक्षा माँगते-माँगते दयालु उदार धनिकों की बस्ती में पहुँच गईं। उन्हें भिक्षा में उस दिन अधिक धन मिला। उस धन से श्रद्धा व भक्ति से व्रत-पूजन किया। जिसके प्रभाव से लीलावती का चोरी गया धन वापस मिल गया और जिस राजा के बन्दीगृह में वैश्य जामाता सहित बन्दी थे, उन्हें स्वप्न हुआ कि हे राजन! तुम्हारे बन्दीगृह में जो दो बन्दी हैं, वे निरपराध हैं, उन्हें छोड़ दो, नहीं तो तुम्हारा सर्वनाश हो जाएगा।

राजा ने प्रात: होते ही उन्हें मुक्त कराकर उनके बाल कटवाए, नहला-धुलाकर उन्हें कीमती वस्त्राभूषण दिये। उनका धन जो ले लिया गया था उसे लौटाकर और भी धन-धान्य देकर क्षमा माँगते हुए आदर सहित विदा किया।

जब वे नौका में सारा धन भरकर वापस घर लौटने लगे तो भगवान ने सोचा कि इनकी परीक्षा ली जाए। सत्यनारायण भगवान ने दंडी स्वामी के वेश में आकर उससे पूछा, "वत्स! तुम्हारी नौका में क्या भरा है?"

वैश्य ने विनोद करते हुए कहा, "अरे दंडी महराज! इसमें तो लता-पत्र हैं।"

दंडी ने कहा, "ऐसा ही हो।" कहकर वे आगे कुछ दूर जाकर रुक गए।

वैश्य ने देखा कि उसकी नाव हल्की होकर ऊपर तैरने लगी। नाव में लता-पत्र देखकर वैश्य मूर्च्छित होकर गिर पड़े। दौड़कर दंडी स्वामी के पास पहुँचे और क्षमा माँगी।

तब दंडी स्वामी ने कहा कि तुम सत्यभगवान का व्रत-पूजन संकल्प करके भूल गए थे, इसीलिए यह दुख भोगा, पर तुम्हारी पत्नी के व्रत-पूजन से प्रसन्न होकर तुम्हें भगवान ने कारागार से मुक्ति दिलाई। फिर भी तुमने अहंकारवश असत्य वचन कहा, इसी का दंड मिला।

अब वैश्य ने संकल्प करके व्रत-पूजन किया तो नौका फिर धन-धान्य से भर गई। जब वे अपने घर के निकट पहुँचे तो दूत से अपनी सकुशल वापसी का सन्देश घर भेजा।

उस समय लीलावती बेटी के साथ सत्यनारायण का व्रत-पूजन कर रही थी। जल्दी-जल्दी व्रत-पूजन करके कलावती पति से मिलने की उत्कंठा में प्रसाद लिये बिना ही तट पर पहुँच गई। प्रसाद की उपेक्षा के कारण उसका पति नौका सहित लुप्त हो गया। हाहाकार मच गया। कलावती अपने पति की खड़ाऊँ लेकर सती होने को तैयार हो गई। तभी आकाशवाणी हुई कि यह प्रसाद छोड़कर चली आई है, तभी ऐसा हुआ, वह वापस जाकर प्रसाद पाकर आए तो इसका मंगल होगा। कलावती ने ऐसा ही किया और उसका पति नौका सहित सामने दिखाई पड़ा।

कथा-2

इसी प्रकार एक बार एक स्थान पर कुछ गोप सत्यनारायण की कथा कर रहे थे। एक राजा शिकार करके लौटे थे, वहीं पेड़ के नीचे बैठ गए। गोपों ने कथा पूरी करके आदरपूर्वक राजा को भी प्रसाद अर्पित किया। पर अभिमानवश राजा ने प्रसाद वहीं छोड़ दिया।

परिणामस्वरूप उनके सारे हाथी, घोड़े, गायें और सारे पुत्र मर गए। हाहाकार मच गया। आकाशवाणी हुई कि राजा ने अभिमान के कारण सत्य भगवान का प्रसाद नहीं खाया। इसी से उनका कुल-परिवार, राज-पाट नष्ट हो गया। फिर आकाशवाणी हुई कि राजा जाकर श्रद्धा-भक्ति से प्रसाद लें तो सब ठीक हो जाएगा। राजा ने जंगल में जाकर गोपों से क्षमा माँगी, प्रसाद प्राप्त किया और उनके साथ पूजन किया। उनका सब कुछ पूर्ववत हो गया।

इस प्रकार सत्यनारायण व्रत कथा सत्य पर दृढ़ रहने, सबका आदर करने और सत्यदेव की पूजा करने का व्रत है। इस व्रत-पूजन में सत्यनारायण व्रत कथा की पुस्तक से पंडित जी कथा बाँचते हैं। पाँच अध्यायों की यह कथा है। शुभारम्भ की पंक्तियाँ हैं एकदा नैमिषारण्ये ऋषयः शौनकादयः...। एक बार नैमिषारण्य में शौनक आदि ऋषियों ने विश्व-कल्याण के लिए इस व्रत-पूजन के बारे में बताया था। तभी से यह व्रत-पूजन कथा पूरे भारतवर्ष में श्रद्धापूर्वक कही-सुनी जाती है।

इस कथा का सन्देश है—सत्य का पालन और वचन-निर्वाह का संकल्प। ईश्वर 'सत्य' है और सत्यनारायण की कृपा उसी पर होती है जो 'सत्य' का निर्वाह करते हैं।

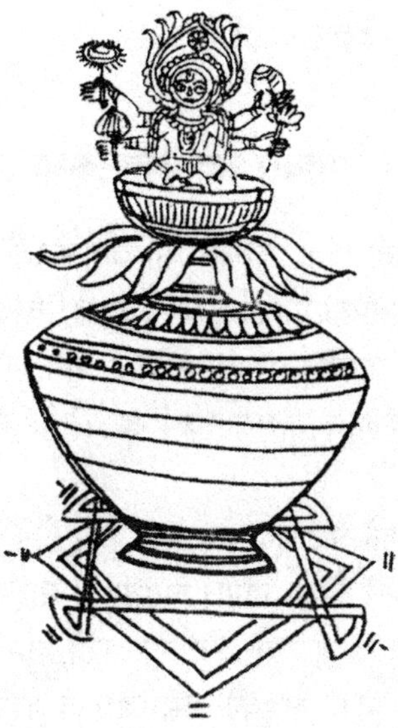

सातों वारों के व्रत
(रविवार से शनिवार तक)

रविवार से लेकर शनिवार तक सातों वारों को ग्रह भी कहते हैं। इसमें राहु व केतु को जोड़कर नवग्रह कहलाते हैं। इनकी अनेक कहानियाँ प्रचलित हैं।

सातों वारों की कथाएँ इस प्रकार हैं :

रविवार व्रत-पूजन-कथा

एक दादी-पोती थीं। दादी पोती रविवार का व्रत करतीं। दोनों स्नान करके तीन पूवे बनाकर दोपहर में आँगन लीपकर जल, फूल, चन्दन, अक्षत, भोग, आरती से पूजन कर अगियारी करतीं। प्रणाम के बाद भोग लगाए हुए में से एक गाय को, एक पोती को खिलाकर तीसरा स्वयं खा लेतीं। यह क्रम बहुत दिनों तक चलता रहा।

एक दिन पुआ बनाने के बाद जब वह फूल लेने को निकलीं तभी सूर्यदेव साधु के वेश में आए और मिक्षा माँगी। लड़की ने बाहर आकर बताया कि दादी घर में नहीं हैं। सूर्यदेव ने कहा, "सो कोई बात नहीं, तुम तो हो, तुम्हारे घर में पुवे बने रखे हैं, एक ले आओ।" लड़की असमंजस में पड़ी, फिर एक पूआ लाकर दे दिया। खाने के बाद संत बोल्ले, "बेटी, पेट भरा नहीं, दूसरा पुआ भी लाओ।" अब क्या करे वह? सोचा, दादी की डाँट खा लूँगी, पर संत को भूखा न लौटाऊँगी, उसने दूसरा पुआ भी खिला दिया।

फिर तीसरा पुआ भी खिला दिया।

सन्त ने कहा, "बेटी! मैं सूर्यदेव हूँ, तुझसे प्रसन्न हुआ। जब तेरे ऊपर कोई संकट आए मुझे याद करना मैं तेरी सहायता करूँगा।"

सन्त के जाते ही दादी आ गईं। कहा, "पुआ लाओ, पूजा की जाए।"

लड़की ने सब हाल बताया। दादी नाराज हुईं। दो थप्पड़ लगाकर घर से बाहर निकाल दिया, कुंडी बन्द कर ली। लड़की रोती-रोती घर के सामने के पीपल के पेड़ के नीचे बैठी रही। उसी समय शिकार की टोह में कोई राजकुमार उधर आ निकला। उसने लड़की से रोने का कारण पूछा। मालूम होने पर उसने लड़की को घोड़े पर बैठा लिया और अपने राजमहल ले गया।

कुछ वर्ष बीत गए। लड़की सयानी हो गई। अब तक राजकुमार राजा बन गया था। उसने लड़की से शादी करने की सहमति अपनी प्रजा से माँगी। प्रजा ने कहा, “हमारे राजा के अनुकूल यदि यह किसी राजघराने की हो तो हमें क्या एतराज हो सकता है।” अब राजा ने लड़की से कहा, “मेरी प्रजा तुम्हारा मायका देखना चाहती है, कल ही हम लोग वहाँ के लिए प्रस्थान करेंगे।”

अब तो लड़की बहुत घबराई। तभी उसे सूर्यदेव के कहे वचन याद आए। उसने बड़ी तन्मयता से सूर्यदेव को याद किया और उनसे ढाई दिन के लिए मायका माँगा।

सूर्यदेव ने उसकी प्रार्थना स्वीकार कर ली थी और दादी का घर राजमहल हो गया था। तमाम दास-दासी हार, इत्र-दान, गुलाब पाश लिये खड़े थे। भोजन-सामग्री से कमरे अटे पड़े थे। राजा अपने मंत्रियों, सभासदों और प्रतिष्ठित प्रजागणों के साथ वहाँ पहुँच गया। अगवानी के लिए उधर से फूलों की वर्षा की गई, हार-पान से स्वागत हुआ। हाथी-घोड़ों की व्यवस्था हुई। दो दिन विविध प्रकार से इन सबका मनोरंजन किया गया। सभी बड़े सन्तुष्ट हुए। अब तीसरा दिन आ गया था। लड़की वापस लौटने की जल्दी मचाने लगी। राजा अभी और ठहरना चाहता था, पर लड़की की जिद देखकर सब लौट पड़े। अभी थोड़ी ही दूर गए थे कि राजा ने एक सिपहसालार को हुक्म दिया कि वहाँ से मेरी माला व खड़ाऊँ ले आएँ जो मैं वहाँ भूल आया हूँ। आज्ञा का पालन हुआ। पर यह क्या! न वहाँ राजमहल, न कुछ, बस उस पीपल के पेड़ पर माला टँगी थी और उसी के नीचे खड़ाऊँ रखी थी। खड़ाऊँ माला देते हुए सिपहसालार ने सब हाल राजा को बता दिया।

महल में लौटकर राजा ने तलवार म्यान से बाहर निकाल ली, और कारण पूछा। लड़की ने सूर्यदेव के वचन और उनसे ढाई दिन का मायका माँगने की बात बता दी।

राजा सन्तुष्ट हुआ। प्रजा की सहमति मिल ही गई थी। उससे विवाह करके राजा सुखपूर्वक प्रजा-पालन करने लगा।

सोमवार व्रत-पूजन-कथा

अयोध्या के राजा सगर के साठ हजार पुत्रों की मुक्ति के लिए भगीरथ की तपस्या से प्रसन्न होकर शिव जी ने अपनी एक लट खोलकर एक धार गंगा की निकाल दी, जिसके आगे-आगे भगीरथ शंख-घंटा बजाते हुए अपने गन्तव्य की ओर चले बाकी जल शिव की जटाओं में ही बँधा रहा।

एक दिन पार्वती जी ने शिव जी को रोज की तरह भाँग घोंटकर पिलाने के बाद कुंडी-सोंटा माँज-धोकर रख दिया और उनकी जटाओं को सहलाने लगीं। एक लट ही उठाई थी कि मछली, घोंघे आदि दिखाई पड़े। पार्वती जी चौंकी, बोलीं, "यह सिर में किसे बिठा रखा है?" शिव जी मनुहार करते बोले, "अरे कोई नहीं, यह तो तुम्हारी छोटी बहन गंगा है।"

सुनकर पार्वती जी नाराज हो गईं। व्यंग्य से बोलीं, "अच्छा! तो इसे मेरी छोटी बहन बनाकर लाए हो सिर पर चढ़ाए बैठाए रखोगे? पीसना-धोना" मैं करूँगी, सिर-सिंहासन इनके लिए?

गंगा जी ने कहा, "नहीं बहन, मैं तुम्हारे सब कामों में हाथ बटाऊँगी।"

पर पार्वती जी खुश न हुई और शिव जी से कहा, "इन्हें सिर से उतारो और इनके लिए अलग घर बना दो।"

अब शिव जी क्या करते। कैलास पर्वत की दो सुन्दर गुफाओं में दोनों सौतों को रहने के लिए प्रबन्ध कर दिया। गंगा जी उसमें जाकर रहने लगीं।

प्रतिदिन प्रात:काल दोनों स्नान कर ताजे सुन्दर फूलों की माला पिरोकर शिव जी की सेवा में ले जातीं। गंगा उनकी बराबरी करे, यह पार्वती जी को पसन्द नहीं था। एक दिन उन्होंने बाग के सब सुन्दर ताजे फूल तोड़ लिए और वासी कुम्हलाए फूल चुनकर टोकरी में रखकर गंगा के दरवाजे पर रख आई।

इधर गंगा जी जब स्नान करके फूल उतारने निकलीं, तब दरवाजे पर रखी टोकरी पर दृष्टि पड़ते ही समझ लिया कि यह किसका काम है। फिर सूखे फूल हटाकर टोकरी ले बाग की तरफ बढ़ीं कि दो-चार पुष्प भी मिल जाएँ तो शिव जी के चरणों पर रख दूँ। परन्तु वहाँ कहाँ फूल रखे थे। तब उन्होंने सोचा कि अब 'बड़ी' को कुछ अपना परिचय दिये बिना काम नहीं चलनेवाला। वह उचित समय की प्रतीक्षा करने लगीं।

जब पार्वती ऋतुमती हुई और चौथे दिन स्नान करके शिव जी के पास जाना चाहा तो गंगा जी ने सारा पानी सोख लिया। अब हिमालय पर कहीं पानी नहीं पार्वती जी कैसे नहाएँ।

गंगा की इस करतूत की शिकायत उन्होंने अपने पिता हिमवान को भेजी। हिमवान् भी गंगा पर नाराज हुए। बोले, "यह गंगिया समझती होगी कि पानी के बिना मेरी बेटी स्नान ही न कर पावेगी। पर मैं अपनी बेटी को दूध से नहलाऊँगा।"

सेवक गण दूध से भरे घड़े ले-लेकर आ गए और पार्वती जी ने जी भरकर स्नान किया। पर यह क्या! तमाम चींटी और मक्खियों ने पार्वती जी को चाटना शुरू किया। अब पार्वती जी घबराईं और शिव जी के पास दौड़कर गईं। शिव जी ने उनकी सब बातें सुनीं, मुस्कराए और गंगा जी को बुलाकर दोनों में मेल करा दिया। अब गंगा जी ने सब पानी छोड़ दिया। नदी, नद, ताल, तलैया सब भर गए।

पार्वती जी ने प्रेमपूर्वक स्नान किया और फूल चुनकर शिव जी को माला पहनाई। फिर दोनों सुखपूर्वक रहने लगीं। और दोनों शिव की प्रिय बनीं। हिमवान भी गंगा जी की महिमा के आगे नतमस्तक हुए।

मंगलवार व्रत-पूजन-कथा

रात्रि के प्रथम प्रहर में पश्चिम की ओर एक लाल तारा दिखाई देता है। यह मंगल ग्रह है। इन्हें लाल रंग पसन्द है। ये झगड़ा कराने में प्रवीण हैं। जन्मांग के अनुसार यदि वे वक्री हुए तो कुछ-न-कुछ पीड़ा अवश्य पहुँचाएँगे। इनकी शान्ति के लिए लाल वस्तु का दान देना और मूँगा पहनना होता है। ये पृथ्वी के पुत्र हैं। इनकी सवारी मेढ़ा है। इनके बाएँ हाथ में त्रिशूल, दाहिने में अभय मुद्रा है। वैसे मंगलवार का दिन हनुमान जी का दिन माना जाता है और इस दिन इन्हीं की कथा कही जाती है। ये ही मंगल ग्रह का भी शमन कर देते हैं।

कथा

युधिष्ठिरादि पाँचों पांडव तेरह वर्ष का वनवास भोग रहे थे। इसमें उन्हें भ्रमण करना ही पड़ता था। द्रौपदी भोजन-छाजन का इन्तजाम सँभाले थीं। ऋषि-मुनि अपने शिष्यों

के साथ आ ही जाते थे। उनके सत्कार में त्रुटि न हो, इसलिए उन्होंने सूर्य भगवान से प्रार्थना की। सूर्यदेव ने प्रसन्न होकर द्रौपदी को एक बटलोई दी और कहा, "जब तक तुम भोजन नहीं करोगी, बटलोई का अन्न नहीं चुकेगा।"

इस प्रकार सूर्यदेव की कृपा से द्रौपदी भोजन की तरफ से निश्चिन्त हो गईं। एक बार जब ये लोग हरिद्वार से कुछ आगे सप्तस्रोत के किनारे कुटिया बनाकर रह रहे थे, तब एक दिन द्रौपदी ने रोज की तरह अतिथियों और पतियों को खिलाया और खा-पीकर बटलोई माँज-धोकर रख दिया। फिर गंगा किनारे एक टीले पर बैठकर सामने का सुहावना दृश्य देखने लगीं। तभी उन्होंने देखा कि एक सुन्दर नील कमल कहीं से बहता हुआ आ रहा है। उनका उसे लेने का मन हुआ।

द्रौपदी के पाँच पति थे, इसलिए उनकी कोई इच्छा नहीं टलती थी। हठात उनकी दृष्टि अपार बलशाली भीम पर पड़ी तो उन्होंने उनसे उस फूल को लेने की इच्छा प्रकट की। इतने में ही दूसरा फूल बहता हुआ आया और फिर तीसरा। भीम गंगा में उतरे, फूल पकड़ना चाहा पर वह दूर होता गया। तब उन्होंने सोचा कि देखना चाहिए ये फूल कहाँ से आ रहे हैं और कौन इनका मालिक है। बिना उससे पूछे फूल लेना भी अपराध है। निश्चय करके वे फूल की दिशा में चल दिये। चलते-चलते फूलों की घाटी में पहुँच गए। परन्तु फूल उसके भी आगे से चले आ रहे थे। उनका उद्गम-स्थल अभी भी दूर था।

भीम को उस कमल वन में पहुँचना ही था, सो वे और आगे बढ़े। तभी उन्होंने देखा कि एक भीमकाय वानर राह में अपनी पूँछ फैलाए केले के पत्ते पर फलाहार कर रहा है। भीम ने कहा, "ऐ वानर अपनी पूँछ हटा लो, मुझे आगे जाना है।"

वानर ने कोई जवाब नहीं दिया और यथावत् फलाहार करता रहा। भीम को क्रोध आ गया। बोले, "ऐ वानर! मैं कह रहा हूँ, पूँछ हटा। मुझे आगे जाना है।" वानर थोड़ा मुस्कराया और कहा, "तो तुम्हीं हटा दो न, देख ही रहे हो कि मैं फलाहार कर रहा हूँ।"

क्रोध से भीम आगबबूला हो गए और पूँछ को जोर से धक्का मारा। पूँछ टस-से-मस न हुई। उन्होंने कई बार जोर लगाया। परन्तु सब व्यर्थ। न पूँछ हटनी थी, न हटी।

तब कुछ उनकी समझ में आया और वे हाथ जोड़कर उनके सम्मुख खड़े हुए और पूछा, "आप कौन हैं?"

वानर ने शान्तिपूर्वक बताया, "मैं पवन पुत्र हनुमान हूँ, और तुम पवन पुत्र भीम हो। बल-पौरुष में तुम मुझसे कुछ ही कम हो परन्तु अभिमानी हो।"

भीम ने बड़े भाई को प्रणाम किया और कहा, "द्रौपदी की इच्छानुसार मैं इस बहते हुए कमल-पुष्प को लेने आया हूँ। यह कहाँ से आ रहे हैं, और क्या मैं इन्हें ले सकता हूँ?"

हनुमान जी ने बताया, "सुदूर सुमेरु पर्वत के समीप कुबेर की अलकापुरी है। उसी के नन्दन कानन में कुबेर के मालियों ने यह नील कमल का वन लगाया है। इन्द्र भी अमरावती से इस कानन (वन) में गन्धर्वों का नृत्य देखने आते हैं। नदी में कभी-कभी ये फूल बहते हुए दिखाई देते हैं। तुम मालियों से पूछकर उनका चयन कर सकते हो।" यह सुनकर भीम ने उन्हें प्रणाम किया और अपने गन्तव्य को चले। वहाँ पहुँचकर मालियों से फूल के लिए पूछा। मालियों ने कुबेर से आज्ञा लेकर उन्हें कुछ नील कमल दे दिये। जिन्हें लेकर वे प्रसन्नता से लौटे और द्रौपदी के पास पहुँचकर उन फूलों से उनका श्रृंगार कर दिया।

बुधवार व्रत-पूजन-कथा

एक माँ-बेटे थे। बेटा अपनी उम्र के लड़कों का ब्याह होते देखता, बारात में शामिल होता, स्वागत-सत्कार पाता छोटी बहू को उनके घर में आते देखता तो उसे भी ब्याह का शौक लगता।

उससे रहा न गया तो उसने माँ से कहा, "मा! मेरा ब्याह कर दो।"

माँ ने कहा, "बेटा! तेरा ब्याह तो बचपन में हो चुका है, गौना अभी नहीं हुआ।" यह सुनकर बेटे ने कहा, "फिर गौना भी करा लो, माँ। मैं आज ही चला जाऊँ और तुम्हारी बहू को बुला लाऊँ।" माँ ने कहा, "कहीं ऐसे गौना होता है? गौने के लिए पहले लड़कीवालों के यहाँ शुभ दिन की पत्रिका जाती है। फिर उधर से स्वीकृति आने पर रिश्तेदार-परिवार के साथ लड़की के लिए वस्त्र-आभूषण, गोद भरने को मेवा-मिष्ठान्न, नारियल, सौभाग्य वस्तुएँ और प्रजाजनों के लिए, न्यौछावर के लिए कपड़े आदि लेकर जाया जाता है।"

उनके द्वारा किया हुआ स्वागत स्वीकार किया जाता है तब सजी-धजी पालकी में सुन्दर बहू बैठकर तुम्हारे घर आएगी। फिर दोनों की परीछन और आरती करके अन्दर लाऊँगी।

बेटा बोला, "नहीं माँ। यह सब करने में बहुत वक्त लगेगा, मैं आज ही विदा कराने जाऊँगा।"

माँ के मना करने पर भी बेटा न माना। बुधवार के दिन ही अपनी पत्नी को विदा कराने ससुराल पहुँच गया। वहाँ सबने कहा, "बुधवार के दिन तुम विदा कराने आ गए हो, तुम्हें किसी ने रोका नहीं?" उसने कहा, "हाँ, माँ ने बुधवार को यहाँ आने के लिए बहुत मना किया, पर मैं माना ही नहीं और आ गया।"

तब लोगों ने कहा, "ठीक है, अब आ ही गए हो तो दो चार दिन रुको। बेटी की विदाई करने के लिए कुछ समय तो चाहिए ही।"

उसने विदा के लिए जल्दी मचा दी, समझाया गया कि बुधवार को विदा कराना ठीक नहीं। पर वह नहीं माना। बेटी विदा होकर चली। रास्ते में पति को प्यास लगी, तालाब में हाथ-मुँह धोने, पानी पीने चला गया। लौटा तो देखा कि पत्नी सहित बैलगाड़ी भी गायब है। सामने देखा एक आदमी गाड़ी लेकर जा रहा है। उसने उसे दौड़कर पकड़ लिया और कहा गाड़ी मेरे हवाले करो पर बुधदेव गाड़ी हाँकते रहे और कहा कि यह मेरी पत्नी और मेरी गाड़ी है। वह गाड़ी के पीछे-पीछे भागता रहा। अन्त में राजा से फरियाद की। राजा ने तीनों को दरबार में बुलाया और कहा कि कल तुम्हारे मामले का निपटारा होगा।

राजा ने तीनों को अलग-अलग तीन कमरों में बन्द कर दिया और तीनों द्वार पर सन्तरी लगा दिया यह कहकर कि ये तीनों जो भी बोलें उसे कल बताना। लड़के ने पत्नी सहित भोजन नहीं किया। बुधदेव ने डटकर भोजन किया और पलंग पर सोने चले गए। लड़का पछताने लगा कि माँ का कहना नहीं माना इसीलिए यह सब भोगना पड़ा। दूसरे दिन दरबार लगा तो राजा ने बुधदेव से कहा कि आप तो देवता लग रहे हैं मैं तो केवल मनुष्यों का न्याय कर सकता हूँ। बुधदेव ने कहा कि आपको न्याय तो करना ही पड़ेगा वरना राजधर्म से च्युत हो जाएँगे। हाँ तरकीब मैं आपको बता सकता हूँ। सात टोटी का करवा मँगाकर उसमें हम दोनों को घुसा दो जो इसके छेद में से निकल जाए उसी की पत्नी, उसी की गाड़ी। राजा समझ गए कि इस परीक्षा में तो मनुष्य हार जाएगा। क्योंकि यह मनुष्य के वश की बात नहीं है।

फिर बुधदेव की बात मानकर ऐसा किया गया। बुधदेव जीत गए। राजा ने उस स्त्री से पूछा, "तुम पहचानो कि तुम्हारा पति कौन है?" स्त्री ने पति को देखा ही नहीं था। बुधदेव ने कहा कि "यह शर्मीली है उत्तर नहीं दे सकती।"

राजा ने कहा, "मैं यह निर्णय नहीं कर सकता किसी और के पास जाइए।" बुधदेव दुल्हन लेकर अपने घर चले। वह लड़का भी उनके पीछे-पीछे दौड़ता गया। बुधदेव ने घर पहुँचकर माँ से कहा, "माँ द्वार खोलो तुम्हारी नई बहू लाया हूँ।" माँ ने कहा, "बहू तो घर में है, तू जरूर किसी को परेशान करने के लिए उसकी बहू लाया है।" इतने में वह लड़का पहुँचकर माता के चरणों में गिर पड़ा और बोला, "माता जी! यह मेरी पत्नी है। मेरी गाड़ी है। मैंने न अपनी माँ की, न ससुरालवालों की आज्ञा मानी कि बुधवार को विदाई न कराओ। इसी से बुधदेव नाराज हो गए हैं और मुझे दंड दे रहे हैं।" बुधदेव की माँ ने कहा, "मिठाई और रुपये की भेंट करके बुधदेव से क्षमा माँगो।" लड़के ने वैसा ही किया। बुधदेव ने उसकी पत्नी और गाड़ी उसे लौटा दी।

बृहस्पतिवार व्रत-पूजन-कथा

बृहस्पतिवार के व्रत में भगवान विष्णु की पूजा केले के पौधे में की जाती है। जिसमें पीला वस्त्र, पीला चन्दन, पीला फूल और पीली भोग-सामग्री चढ़ाई जाती है। कहा गया है कि बृहस्पति उतावले देवता हैं इसलिए किसी भी शुभ कार्य को जल्दी कराने के लिए बृहस्पति की पूजा की जाती है। व्रती अलोना पीला भोजन करता है। बृहस्पति को बाल धोना, तेल लगाना, नाखून काटना, बाल कटवाना वर्जित है।

कथा

एक लड़की बृहस्पति का व्रत नियमपूर्वक करती थी। विष्णु भगवान उसे प्रसन्न होकर दर्शन देते और सोने के कटोरे में चार लड्डू और एक गिन्नी देते थे। वह प्रसाद के बेसन के लड्डू खा लेती और कटोरा व गिन्नी घर में रख देती।

उसकी भाभी को पूजा-व्रत में विश्वास नहीं था। उसने ननद के ऊपर लांछन लगाया कि यह चरित्रहीन है। इसे कोई सोने का कटोरा और गिन्नी दे जाता है। भाई को पहले विश्वास नहीं हुआ पर रोज-रोज सुनते-सुनते क्रोध में आकर वह बहन को लेकर मकोय खिलाने के बहाने जंगल में ले गया। उस दिन बृहस्पतिवार था। बहन ने हल्दी, गुड़ और चने की दाल अपने आँचल के छोर में बाँध ली थी।

एक तालाब के किनारे केले का पेड़ देखकर बोली, "भइया! यहाँ स्नान करके पूजा कर लूँ।" बहन ने पूजा की। कथा कही। भाई ने सुनी। जब केले को प्रणाम किया तो पीले श्रृंगार से सज्जित विष्णु भगवान ने चतुर्भुज रूप में दर्शन देकर सोने के कटोरे में लड्डू और गिन्नी का प्रसाद दिया। भाई ने बहन से क्षमा माँगी और घर वापस चलने को कहा। पर बहन ने कहा कि मुझे यहीं छोड़ दो। भाभी को नाराज मत करो। भाई ने कहा, "मैं अकेले वापस नहीं जाऊँगा, तुम्हें मारकर मैं भी यहीं मर जाऊँगा।" विवश होकर वह भाई के साथ घर लौटी। भाई ने पत्नी को आवाज दी, आओ! मेरी बहन की आरती उतारो। भाभी नाराज होने लगी तो भाई ने कहा, "तुमने झूठा कलंक लगाया है। इस बहन को प्रेमपूर्वक रखने से ही तुम्हारे घर में सुख-समृद्धि रहेगी।" बहन ने भाभी को भी व्रत करने के लिए कहा। अगले बृहस्पतिवार को तीनों ने व्रत रखा। बहन ने प्रार्थना की हे बृहस्पतिदेव! मेरे ऊपर लगा कलंक दूर करने के लिए मेरी भाभी को भी दर्शन दो। विष्णु भगवान प्रकट हुए और सबने उनकी जय-जयकार की।

शुक्रवार व्रत-पूजन-कथा

शुक्र का रंग श्वेत है। श्वेत वस्त्राभूषण धारण करते हैं। घोड़ा इनका वाहन है। ये दैत्यों के गुरु हैं। ये सूर्य के पुत्र हैं। इनकी शान्ति के लिए चाँदी की अँगूठी में हीरा जड़वाकर पहना जाता है। श्वेत वस्त्र का दान किया जाता है। शुक्र जब ढाई महीने के लिए अस्त होते हैं तब कोई शुभ कार्य नहीं किया जाता।

कथा

एक गर्वीली रानी फूलों की सेज पर बैठी दास-दासियों पर हुक्म चलाती रहती थी। शुक्रदेव ने साधुवेश में आकर रानी से भिक्षा माँगी। रानी बोली, "मैं तो फूलों की सेज पर हूँ, भिक्षा कौन दे?" शुक्राचार्य बोले, "रानी उठो, मुट्ठी-भर आटा दे दो नहीं तो वह दशा होगी कि माँगे भीख भी नहीं मिलेगी।" रानी बोली, "जाओ जाओ! अपना रास्ता देखो।"

शुक्रदेव लौट गए। राजा महल में आए तो रानी ने साधु की कही बात बताई। राजा बोले, "संत, महात्माओं का अपमान नहीं करना चाहिए। कुछ न दे सको तो

कम-से-कम मीठा वचन तो बोलना ही चाहिए, पानी पिलाना चाहिए। अब जैसा शुक्राचार्य कह गए हैं। वैसे ही तुम्हें भोगना होगा। अपने राज्य में तुम भीख माँगोगी तो बदनामी होगी इससे अच्छा तो मर जाना है। तुम्हें लकड़ी के बक्से में लिटाकर नदी में तैरा देता हूँ।" ऐसा ही किया गया। बहते-बहते नदी किनारे बक्सा पेड़ से टकराकर रुक गया। वहाँ किसी का महल बन रहा था। राजमजदूर काम पर लगे थे। उन्होंने बक्सा खींचकर खोला तो उसमें रानी थीं। रानी ने कहा, "मुझे बहुत भूख लगी है, जल्दी से कुछ खाने को दो।" मजदूरों ने धन-सम्पत्ति की आशा से बक्सा निकाला था। एक भूखी स्त्री को पाकर बोले, "खाने को यहाँ क्या धरा है? दिन-भर मजदूरी करके शाम को जो चार टिक्कर सेंककर पेट का झोंझ भरते हैं तुम्हें भी वही करना होगा।" लाचार रानी ने भी ईंट-गारा ढोया। मजदूरी से शाम को आटा नमक आया तब रोटी मिली।

एक दिन मकान की स्वामिनी आई और उस सुन्दर मजदूरनी को देखकर मालिश करने के लिए महल में भेजने के लिए कहा। वह रानी की ननद थी पर भाभी को पहचान नहीं पाई। महल में उसके ऊपर काम का पहाड़ लाद दिया गया। दिन-भर काम करती रात को मालकिन की मालिश। वह आटा पीसती, सूखे बाल, मैले कपड़े, खुरदरे हाथवाली उस रानी को कोई पहचान नहीं सका। इसी प्रकार कुछ समय बीता। शुक्र की दशा समाप्ति पर आ गई। एक दिन शुक्रदेव फिर साधु के वेश में उसके पास पहुँचे। वह उस समय आटा पीस रही थी। शुक्रदेव ने कहा, "रानी अब तो तू फूलों की सेज पर नहीं है, मुट्ठी-भर आटा दे सकती है।" रानी शब्द सुनकर उसे ध्यान आया कि यहाँ मुझे कौन रानी कहेगा? फिर वह साधु को पहचानकर उनके चरणों में गिर पड़ी और बोली, "मैं अपना अन्न नहीं दे पाई थी। यहाँ पराया धन कैसे दे पाऊँगी?"

शुक्रदेव बोले, "चक्की की बीचवाली खूँटी के चारों तरफ फैले आटे की एक मुट्ठी देने का तुम्हें अधिकार है। वह तुम दो, तुम्हारे अच्छे दिन निकट हैं।" रानी ने ऐसा ही किया और शुक्रदेव सन्तुष्ट होकर चले गए।

तभी राजा ने अपनी रानी को याद किया और ढूँढ़ने निकले। पहले अपनी बहन के पास पहुँचे। बहन ने रात को उस स्त्री को भाई का पैर दबाने के लिए भेजा। वह पैर दबाने पहुँची। राजा के पैर में एक मस्सा था। उसे देखकर रोने लगी। आँसू पैर पर गिरे तो राजा ने उसकी तरफ देखा और पूछा, "क्यों रो रही हो?" अब दोनों ने एक-दूसरे को पहचान लिया। रानी ने बताया शुक्राचार्य जी ने

कहा कि अब मेरे बुरे दिन पूरे हो गए हैं। उन्होंने कहा कि कभी किसी वस्तु का घमंड मत करना। संत-महात्मा का अपमान मत करना। राजा ने कहा, "मुझे भी स्वप्न आया कि अपनी रानी को ढूँढ़ो।" राजा ने अपनी बहन से पूरी बात बताई और कहा, "तुम्हें एक दासी पर इतना काम नहीं लादना चाहिए कि उसे दिन-रात चैन न मिले।" बहन लज्जित हुई और भाभी का श्रृंगार करके व वस्त्राभूषण से सुसज्जित करके क्षमा माँगते हुए भाई के साथ विदा किया। राजा-रानी न्यायपूर्वक राज करने लगे।

शनिवार व्रत-पूजन-कथा

शनिदेव के पिता सूर्य हैं। इनका रंग काला है। इनकी सवारी बकरा है। काला वस्त्र, काले तिल, उड़द आदि से पीपल के पेड़ या शनि देव के मन्दिर में पूजा की जाती है। शनि की शान्ति के लिए काली वस्तु, सरसों का तेल दान देना व नीलम पहनना चाहिए। वैसे जब ये दृष्ट हों और शुभ ग्रहों से युक्त हों तब शनि की साढ़ेसाती लाभप्रद व सुखदायक होती है। जन्मराशि के अनुसार जब इनकी सीधी किरण पड़ती है तो कष्टकारक होती है। उसे शनि की दशा लगी कहते हैं। मंगल, राहु और शनि को दुर्घटनाकारक कहा गया है। जब ये अरिष्टप्रद होते हैं तो रक्त विकार होता है। ये बारहों राशियों पर भ्रमण करते हैं और एक साथ कई राशियों पर प्रभाव डालते हैं।

कथा

विद्वान रावण बहुत अहंकारी था किन्तु शिव को दस बार अपना मस्तक काटकर अर्पित करने के कारण शिव की कृपा उसे मिली थी। उसने कैलास पर्वत को उखाड़ लिया था। अपने भाई कुबेर को भगाकर उनकी सोने की लंका और पुष्पक विमान छीन लिया था। जल, थल, वायु, पृथ्वी, आकाश, यम, वरुण, कुबेर, दसों दिग्पालों को उसने अपने वश में कर रखा था। वायु लंका में झाड़ू देते और इन्द्र पानी भरते। नवग्रहों को उसने बन्दी बना रखा था और शनि को तो सिंहासन की सीढ़ी पर उलटा लिटा दिया था। शनि की पीठ पर पैर रखता हुआ सिंहासन तक पहुँचता था। नारद जी ने देवों, नवग्रहों का कष्ट दूर करने के लिए सोचा और लंका पहुँचे। रावण ने

उनका स्वागत किया। नारद ने कहा, "आपने शनि को पेट के बल लिटाया है इसे सीधा लिटाइए और उसकी छाती पर पैर रखकर सिंहासन तक पहुँचिए।" रावण ने ऐसा ही किया, ऐसा करते ही उसकी दृष्टि शनि से मिली और रावण के नाश के बीज बो दिये गये। उसने सीता का हरण किया और राम-रावण युद्ध हुआ जिसमें अपने पुत्र-पौत्रों सहित वह मारा गया।

सूर्य ग्रहण / चन्द्र-ग्रहण / स्नान-दान

सूर्यग्रहण, चन्द्रग्रहण होने पर कोई कार्य करने का निषेध होता है। लोग बैठकर कीर्तन-भजन करते हैं कि शीघ्र ग्रहण समाप्त हो ग्रहण के बीच में स्नान करते हैं फिर उग्रह होने के बाद स्नान करके दान किया जाता है। यह दान डोम को दिया जाता है। डोम को राहु-केतु का स्वरूप माना जाता है।

गर्भवती स्त्रियों के प्रति विशेष सावधानी रखी जाती है कि वे ठीक मुद्रा में आराम से बैठकर भगवान का स्मरण करें। ग्रहण का प्रभाव गर्भस्थ शिशु पर पड़ने का भय रहता है। गर्भवती के उदर भाग में गोबर और तुलसी लगा दिया जाता है, गेरू से गोंठ दिया जाता है, जिससे राहु-केतु उसका स्पर्श न कर सकें। यदि वह कुछ काटती है तो बच्चे का अंग चिर जाता है, सिलती है तो अंग जुड़ जाते हैं। अत: ग्रहण की छाया से बचाने के लिए उसका विशेष ध्यान रखा जाता है।

सूर्य ग्रहण के स्नान का मेला कुरुक्षेत्र में बहुत विशाल लगता है। सभी पवित्र नदियों पर मेला लग जाता है। नदी न मिलने पर तालाब, पोखर, कुएँ पर ही लोग स्नान करते हैं। एक कहावत है—

गंगा नहाय तो सर्वो पावे, नदी नहाय तो आधा।
कुआँ नहाय तो कुछ ना पावै, घरे नहाय अभागा॥

इसीलिए पवित्र नदियों पर सन का मेला जुटता है। कुरुक्षेत्र में तो भारी भीड़ जुटती है।

सोमवती अमावस्या

यह त्योहार साल के बारहों महीनों में जिस महीने में सोमवार को अमावस्या पड़े तभी किया जाता है। पवित्र नदियों में मौन स्नान करके पूजा की जाती है। शृंगार सामग्री का दान किया जाता है। पीपल वृक्ष की पूजा करके, आटे की गोली चढ़ाकर ब्रह्मा, विष्णु, महेश की पूजा होती है। मूल में ब्रह्मा, मध्य में विष्णु और अग्र भाग में शिव का निवास मानकर पीपल की पूजा की जाती है। यह पूजा भीष्म पितामह के बताने पर युधिष्ठिर ने की थी और उनके साथ द्रौपदी, सुभद्रा और उत्तरा ने भी पूजा की थी। जिससे उत्तरा के गर्भ में जाकर श्रीकृष्ण ने अश्वत्थामा के ब्रह्मास्त्र से परीक्षित की रक्षा की। जन्म के बाद परीक्षित ने चारों ओर देखा और परीक्षा लेने लगा कि वह स्वरूप कौन है जिसने मेरी रक्षा की। इसी कारण बालक का नाम परीक्षित हुआ।

इस व्रत का पहले, छठे या बारहवें वर्ष में उद्यापन किया जाता है। इसमें दान करके वेदपाठी ब्राह्मण को भोजन कराकर तब स्वयं सपरिवार मौन रहकर भोजन किया जाता है।

इस व्रत में सोना धोबन की कथा कही जाती है। जिसके आशीर्वाद से एक कन्या को वापस अपना सौभाग्य प्राप्त होता है।

कथा

इसमें दूसरी कथा समुद्र-मन्थन की कही जाती है। जिसमें लक्ष्मी और उनकी बहन दरिद्रा (अलक्ष्मी) की कथा कही जाती है। दरिद्रा को कोई पत्नी-रूप में अपनाने को तैयार नहीं हुआ तब एक ऋषि से विष्णु ने विवाह करने का आग्रह किया। ऋषि ने आदेश माना और आश्रम की ओर चले। आश्रम से हवन की सुगन्ध, घंटे-घड़ियाल और वेद-मंत्रों का स्वर सुनकर दरिद्रा ने कान और नाक बन्द कर लिये और बोली,

"मैं यहाँ नहीं रह सकती क्योंकि मेरा स्थान लड़ाई-झगड़े, चोरी-डकैती, जुआ-कपट आदि अधर्म के स्थान पर है।"

तब ऋषि ने दरिद्रा को पीपल के वृक्ष तले बैठाया और कहा, "जब तक मैं न आऊँ तब तक तुम यहीं निवास करना।" कहकर भगवान के ध्यान में लीन हो गए।

रात हो गई ऋषि नहीं लौटे तब अलक्ष्मी रोने लगीं। आवाज वैकुंठ पहुँची तब लक्ष्मी ने विष्णु से कहा, "चलकर देखिए बहन क्यों रो रही है?"

वे आए और यह जानकर कि ऋषि उसे छोड़ गए, विष्णु बोले, "तुम इसी वृक्ष में रहो। जो नर-नारी प्रातःकाल सूर्योदय से पहले इस वृक्ष की पूजा करेंगे उनकी मनोकामना मैं पूरी करूँगा।"

सोमवती अमावस्या और शनिवार को पीपल वृक्ष की पूजा विशेष फलदायी होगी।

सोलह सोमवार व्रत की कथा

यह व्रत सावन मास से प्रारम्भ किया जाता है और चार महीने में पूरा होता है। इस व्रत से शिव जी प्रसन्न होकर समस्त कामनाओं की पूर्ति का वर देते हैं। इसमें शिव-पार्वती से जुड़ी अनेकानेक कथाएँ कही जाती हैं।

कुम्भ / अर्द्धकुम्भ / महाकुम्भ

यह पर्व राशियों की स्थिति पर निर्धारित होता है। पुराण कथा है कि सागर-मन्थन से जब अमृत कलश निकला तो उसे लेकर असुर भाग गए। किन्तु विष्णु के वाहन गरुड़ उसे पृथ्वी पर ले आए। तब कलश जहाँ-जहाँ रखा गया वहाँ-वहाँ अमृत बिन्दु छलक गए और वह स्थान पवित्र हो गया। वहाँ उस नक्षत्र के ग्रह योग के अनुसार कुम्भ या अर्द्धकुम्भ अथवा महाकुम्भ का मेला लगता है। यह पर्व इस अमृत कलश की पावन स्मृति में उसके महत्त्व को दर्शाने के लिए मनाया जाता है। यह पर्व तीर्थराज प्रयाग, पुण्य नगरी हरिद्वार और नासिक तथा उज्जैन में जिस वर्ष जहाँ का योग हो वहाँ लगता है। वैसे बारह वर्षों के अन्तर से मुख्य चारों तीर्थों में स्नान-दान का महायोग होने पर यह कुम्भ पर्व लगता है। सूर्य और चन्द्र मकर राशि पर हों, गुरु वृष राशि पर हों और अमावस्या हो, यह समस्त योग एक साथ हों तो प्रयाग में कुम्भ का मेला लगता है। इस समय त्रिवेणी में स्नान करने से सहस्रों अश्वमेध यज्ञ, शत-शत वाजपेय यज्ञ और एक लाख पृथ्वी परिक्रमाओं से भी अधिक पुण्य फल बताया गया है।

जिस समय गुरु सिंह राशि पर और सूर्य तथा चन्द्रमा कर्क राशि पर हों तब पंचवटी का कुम्भ पर्व होता है।

हरिद्वार में कुम्भ का योग तब होता है जब गुरु कुम्भ राशि पर और सूर्य मेष राशि पर होता है।

जब सूर्य तुला राशि और गुरु वृश्चिक राशि पर होते हैं तब अवन्तिका (उज्जैन) में कुम्भ पर्व लगता है।

हर छह वर्ष के अन्तर पर कहीं-न-कहीं कुम्भ अवश्य लगता है। कुम्भ के अवसर पर स्नान-दान-पुण्य करने से मोक्ष व अमृत पद की प्राप्ति होती है। लोग एक महीने तीर्थ में कल्पवास करते हैं और सत्संग, चिन्तन-मनन, भजन-कीर्तन और स्नान आदि करके पुण्य प्राप्त करते हैं।

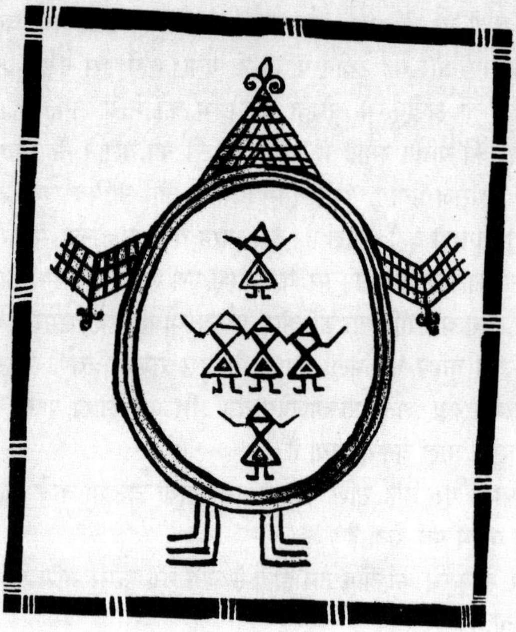

अन्य सम्प्रदायों के व्रत-पर्व-त्योहार

- मुस्लिम सम्प्रदाय के व्रत-त्योहार—मिलाद-उल-नबी, रमजान, ईद-उल-जुहा या बकरीद, ईद-उल-फितर या ईद, मुहर्रम
- पारसी समुदाय का उत्सव—नवरोज
- ईसाइयों के मुख्य पर्व-त्योहार—क्रिसमस, नववर्ष दिवस/ईस्टर/गुड फ्राइडे
- कुछ प्रमुख रीति-रिवाज एवं प्रथाएँ

मुस्लिम सम्प्रदाय के व्रत-त्योहार

मिलाद-उल-नबी

यह हजरत मोहम्मद की जयन्ती है। कहा जाता है कि हजरत मोहम्मद का जन्म सन् 571 में 12 अप्रैल को अरब देश के मक्का स्थान में हुआ था। इस दिन उनके उपदेशों को दुहराया जाता है। हजरत मोहम्मद ने ऊँच-नीच का भेद-भाव मिटाकर मानवता का सन्देश दिया था। उन्हें 'नवी' कहा जाता है।

रमजान

यह पवित्र महीना माना गया है। खुदा ने जिब्रील नामक फरिश्ते के माध्यम से अपने पैगम्बर मोहम्मद साहब के पास एक सन्देश भेजा था जिसे पैगम्बर ने पूरे विश्व में प्रसारित किया। ज़िब्रील फरिश्ता जब धरती पर उतरे थे तो रमजान के दिन थे। पैगम्बर के सभी सन्देश 'कुरआन शरीफ' नामक धर्मग्रन्थ में संकलित हैं। इन सन्देशों का पालन हर मुसलमान का फर्ज है।

मुस्लिम सम्प्रदाय में चन्द्रमास के आधार पर वर्ष के मास निर्धारित होते हैं। रमजान में पहले दिन चन्द्रमा के दर्शन कर रोजा प्रारम्भ करते हैं। रोजा ऐसा उपवास है जिसमें दिन-भर अन्न-जल कुछ भी ग्रहण नहीं किया जाता। सूर्यास्त के बाद प्रतिदिन नमाज पढ़कर तब रोजा खोलते हैं और अन्न-जल ग्रहण करते हैं। रात में इच्छानुसार भोजन करते हैं।

ईद-उल-जुहा या बकरीद

यह धर्मगुरु इब्राहीम की स्मृति में मनाया जाता है। इब्राहीम के दो पुत्र थे। एक बार खुदा ने इब्राहीम की परीक्षा लेने का निश्चय किया और एक दिन स्वप्न में उसको

कहा कि तुम अपनी प्रिय वस्तु का बलिदान करो। इब्राहीम ने पशु का बलिदान कर दिया। खुदा को सन्तोष न हुआ तो इब्राहीम ने फिर पूछा, "हे खुदा! आप किसका बलिदान चाहते हैं?" ख़ुदा ने कहा, "तेरे प्रिय पुत्र का।" इब्राहीम ने अपने प्रिय पुत्र के बलिदान का निश्चय कर लिया।

अपनी आँखों पर पट्टी बाँधकर उन्होंने अपने प्रिय पुत्र की गर्दन पर तलवार से प्रहार किया और गर्दन कटकर दूर जा गिरी। जैसे ही उन्होंने अपनी पट्टी खोली अपने पुत्र को पुन: जीवित देखा। उन्हें अत्यन्त आश्चर्य हुआ। तलवार से प्रहार करते समय उनके पुत्र के स्थान पर उस समय एक दुम्बे की गर्दन कट गई थी जो दूर पड़ा तड़फड़ा रहा था। उसी दिन से दुम्बे की बलि की प्रथा की शुरुआत हुई। तभी से ही वह मुसलमानों का धार्मिक पर्व माना जाने लगा। इसीलिए इसे ईद-उल-जुहा या बकरीद के नाम से जाना जाता है।

ईद-उल-फितर या ईद

यह हर्षोल्लास का त्योहार है। इस दिन सभी लोग नये कपड़े, जूते पहनते हैं। मस्जिद में एकत्र होकर नमाज पढ़ते हैं और बाद में एक-दूसरे से गले मिलकर ईद मुबारक बोलते हैं। अतिथियों का स्वागत मीठी सेंवई से होता है।

मुहम्मद साहब के जन्म के समय अरब में यहूदी धर्म का बोलबाला था। ईसाई धर्म और बौद्ध धर्म का भी बहुत प्रचलन था। उन्होंने रमजान के पवित्र महीने को मुसलमानों के लिए कठिन व्रत रोजा रखने का निर्देश दिया।

मुहर्रम

यह शोक का स्मृति-दिवस है। इसी दिन हजरत मुहम्मद के नाती इमाम हुसैन का बलिदान हुआ था। उसी की याद में वर्ष के प्रथम मास की प्रथम तिथि से दसवीं तिथि तक मुहर्रम मनाते हैं। हजरत इमाम हुसैन मुसलमानों के चौथे खलीफा हजरत अली के पुत्र थे। याजीद इमाम हुसैन को अपना शिष्य बनाना चाहता था। इमाम हुसैन को यह बात पसन्द नहीं आई और दोनों वंशों में शत्रुता बढ़ने लगी। जब हुसैन एक निमंत्रण में कूफा जा रहे थे तब याजीद के सेवकों ने उनको घेर लिया। रेगिस्तान में पानी बन्द कर दिया गया, उनके काफिले में स्त्रियाँ और बच्चे भी थे

जो सब तड़प-तड़पकर मर गए। मुहर्रम की तीसरी तिथि को पानी बन्द कर दिया गया था। दसवीं तिथि को हुसेन की बहन जैनब के दो बच्चों को मार दिया गया और करबला में दोनों में युद्ध हुआ था।

चालीसवें दिन चेहल्लुम मनाया जाता है। मुहर्रम में ताजिये बिठाए जाते हैं। सभी धर्मों के श्रद्धालु लोग सिन्नी (बताशा या मिश्री) चादर चढ़ाते हैं। मलीदा का प्रसाद बाँटा जाता है। चौक पर रात-भर स्त्रियाँ 'दाहा' रोती हैं जो अत्यन्त मार्मिक होता है। इन रुदन भरे गीतों में हसन-हुसैन की बलिदान की करुण गाथा है।

दूसरे दिन नदी किनारे सभी स्थानों के ताजिये एकत्र कर ले जाकर दफन कर दिये जाते हैं।

पारसी समुदाय का उत्सव

नवरोज

नवरोज वसन्त ऋतु के शुभारम्भ का पर्व 21 मार्च को मनाया जाता है। 20 मार्च को नववर्ष की पूर्व सन्ध्या से ही उत्सव प्रारम्भ हो जाता है और चौदह दिनों तक मनाया जाता है। पारसी इसे नववर्ष का प्रारम्भ मानते हैं।

प्रत्येक वर्ष 21 मार्च को सूर्य विषुवत रेखा पर पहुँच जाता है और पृथ्वी पर रात-दिन एक बराबर हो जाते हैं। इस उत्सव को जमशेद नवरोज भी कहा जाता है। इसका उल्लेख फिरदौशी ने शाहनामा में किया है। जमशेद बादशाह का नाम है। कहते हैं कि नवरोज जमशेद के शासन-काल से ही मनाया जाता रहा है।

पारसी लोग जरथुस्त (जरतुश्ती) को मानते हैं। नवरोज के दिन अग्नि की पूजा करते हैं। अग्नि मन्दिर में जाते हैं और वहाँ जल रही अग्नि में चन्दन की लकड़ी की आहुति देकर श्रद्धा-भक्तिपूर्वक अग्नि देव को प्रणाम करके वर्ष सकुशल बीते इसके लिए प्रार्थना करते हैं। परस्पर नववर्ष की शुभकामनाएँ सबके घर जाकर देते हैं। अतिथि का स्वागत-सत्कार परस्पर एक-दूसरे पर गुलाब जल छिड़ककर किया जाता है। इस उत्सव में मेज पर मेजपोश बिछाकर ऐसी सात वस्तुएँ सजाकर रखी जाती हैं जिनके नाम 'स' अक्षर से प्रारम्भ हों। सेब (जिसे वे शिव कहते हैं) सब्जी, सिरका (जिसे वे सरतिया कहते हैं) इम्बुल, सीर (लहसुन) और दो सुगन्धित जड़ी-बूटियाँ जिनके नाम समुख और सन्मूल हैं। उसी मेज पर जलपात्र में जीवित मछलियाँ डालकर सजा दी जाती हैं। परिवार के जितने सदस्य हों उतनी ही संख्या में मोमबत्ती और दर्पण तथा एक अन्य पात्र मेज पर रखे जाते हैं। घर की खिड़कियों और आलों पर गेहूँ के अंकुरित पौधे काटकर सजा दिये जाते हैं।

जैसे ही सूर्य का विषुवत रेखा में प्रवेश करने का समय होता है बन्दूक या पटाखे दागकर नववर्ष के आरम्भ की सूचना दी जाती है। पहले इस अवसर पर

तोप दागी जाती थी। यह उत्सव सबकी समृद्धि और खुशहाली की बधाइयों और शुभकामनाओं से प्रारम्भ होता है।

पारसियों में फसली वर्ग ही नवरोज का उत्सव मनाता है। पारसी मूलतः ईरान के हैं किन्तु भारत में पीढ़ियों से निवास करते हुए पूरी तरह से भारतीय हो गए हैं।

ईसाइयों के मुख्य पर्व-त्योहार

क्रिसमस

क्रिसमस में ईसा मसीह का जन्म-दिवस 25 दिसम्बर को मनाया जाता है। यीशु का जन्म 24 दिसम्बर की रात में हुआ था किन्तु रोम में 25 दिसम्बर को डायनोसियस (सूर्य देवता) की पूजा का विधान बहुत पहले से था। इसलिए यीशु का जन्म-दिवस भी 25 दिसम्बर के पवित्र दिन में मनाया जाता है। वैसे भी पाश्चात्य समय की गणना के अनुसार मध्य रात्रि के बाद अगला दिन प्रारम्भ हुआ माना जाता है। विश्वास है कि इसी दिन से बड़ा दिन होने लगता है इसीलिए इस त्योहार को बड़ा दिन भी कहते हैं। वैसे ईश्वर के जन्मदिन को बड़ा मानने का भाव इसमें है।

यीशु का जन्म बेथलेहम नामक ग्राम में हुआ था। वह ग्राम गड़रियों का था। एक देवदूत ने आकर सूचना दी कि इस ग्राम में भगवान का जन्म हुआ है। उस समय जन्म लेनेवाले इस बालक यीशु को मसीहा मानकर भगवान को अर्पित कर दिया गया।

तीस वर्ष की अवस्था में जोन नामक एक संत ने जाईन नदी के तट पर यीशु को दीक्षा दी। यीशु ने येरूशलम में प्रचलित अन्धविश्वासों, कुरीतियों और कुप्रथाओं के विरुद्ध जनता को जगाया था। परिणाम यह हुआ कि उन्हें राजद्रोही कहकर सूली पर चढ़ा दिया गया। क्रास पर इकतीस वर्षीय ईसा मसीह के शरीर को कीलों से जड़ दिया गया। उनके अनुयायियों का विश्वास है कि कब्र में तीन दिन विश्राम करने के बाद जीवित हो गए और अन्तर्धान हो गए।

क्रिसमस में परस्पर बधाइयाँ देते हैं, केक काटते हैं और दावतें देते तथा अन्य समारोह करते हैं, घरों तथा गिरजाघरों को दीपमालाओं, विद्युतमालाओं से सजाया जाता है। क्रिसमस ट्री बनाकर सजाया जाता है। तरह-तरह के खिलौने, मिठाइयों, गुब्बारों, फूल-मालाओं और दीपमालिकाओं से वृक्षों को सजाते हैं सेंटाक्लाज (संता)

बनते हैं जो बच्चों को मिठाइयाँ, फल, खिलौने छिपकर या सामने आकर बाँट जाते हैं। ईसा मसीह के नाम से ही ईसवी वर्ष का नाम पड़ा। पूरे विश्व में ईसा मसीह के श्रद्धालु भक्त हैं। देश के कोने-कोने में क्रिसमस का त्योहार पूरे हर्ष और उल्लास के साथ मनाया जाता है।

नववर्ष दिवस

भारतीय नव संवत्सर चैत्र शुक्ल प्रतिपदा से नये वर्ष का शुभारम्भ मानते हैं और ईसाई एक जनवरी से। भारत में भी अब प्रथम जनवरी को नववर्ष दिवस के रूप में धूमधाम से मनाया जाता है। 31 दिसम्बर की मध्यरात्रि को पुराने वर्ष की समाप्ति और नये वर्ष की शुरुआत पर परस्पर बधाइयाँ दी जाती हैं और नृत्य, संगीत उत्सव की धूम मच जाती है। पटाखे दागकर नये वर्ष का स्वागत होता है। डाक से भी बधाइयाँ देने का क्रम जनवरी-भर चलता रहता है। इसमें गिरजाघरों में विशेष उत्सव और प्रार्थना सभाएँ आयोजित होती हैं। गत वर्ष सकुशल सम्पन्न होने के लिए ईश्वर को धन्यवाद और आगत वर्ष में सुख-समृद्धि, पवित्रता तथा शान्ति के लिए प्रार्थना की जाती है और दावतों का आयोजन होता है।

ईस्टर

यह ईसाइयों का त्योहार है। ईस्टर की निर्धारित तिथि नहीं है। मार्च के बाद की पूर्णिमा के बाद के रविवार को ईस्टर का पर्व मनाया जाता है। जनश्रुति है कि ईसा की मृत्यु से उनके अनुयायियों में हताशा और उदासी छा गई थी। वे लोग एक कक्ष में बैठे थे, तभी कक्ष का द्वार खुला और वहीं खड़ी एक महिला ने कहा कि मैं आज फूल चढ़ाने गई थी, यीशु का शव वहाँ नहीं था। उसके स्थान पर श्वेत वस्त्र पहने दो देवदूत खड़े थे। उन्होंने मुझे बताया कि ईसा जीवित होकर यहाँ से चले गए हैं। यही शुभ समाचार मैं आप लोगों को सुनाने आई हूँ।

एक और शुभ समाचार मिला कि एक दूसरी महिला को यीशु ने 'मेरी' कहकर पुकारा और कहा कि जाकर मेरे भक्तों के मन से निराशा दूर करो। फिर यीशु ने अपने भक्तों को उपदेश दिया तो उनके मन से निराशा दूर हो गई और वे ईसा के सन्देशों को प्रचारित करने लगे।

गुड फ्राइडे

ईस्टर के बाद के शुक्रवार को 'गुड फ्राइडे' मनाया जाता है। 'गुड फ्राइडे' शोक-दिवस है। किन्तु ईस्टर का त्योहार हर्षोल्लास का है। इस दिन गिरजाघरों में विशेष प्रार्थना होती है। लोग श्रद्धापूर्वक पवित्र ग्रन्थ बाइबिल का पारायण करते हैं और ईसा के पावन उपदेश सुनते हैं।

कुछ प्रमुख रीति-रिवाज एवं प्रथाएँ

(लोक-साहित्य में वर्णित)

लोक-गीतों लोक-कथाओं में आदिकालीन परम्पराओं और प्रथाओं के दर्शन होते हैं, क्योंकि ये स्वयं परम्परा से ही प्राप्त होते हैं। ऐसी ही कुछ प्रमुख प्रथाओं का अध्ययन लोक-साहित्य के माध्यम से किया जा सकता है। लोक ने कुप्रथाओं के दर्द को वाणी दी है।

बाल-विवाह

गर्भकाल को भी जोड़कर तीसरे वर्ष या अन्य विषम वर्षों में ही बच्चों के विवाह कर दिये जाते थे। नाई, नाइन अथवा अभिभावकों की गोद में सोए अबोध बच्चों के कानों में विवाह के मंत्रों की ध्वनि भी नहीं पहुँच पाती थी। लोक-गीतों में गाते हैं—माँ की गोद में सोई कन्या विवाह का मंगल वाद्य सुनकर चौंककर उठ बैठती है और बाल-सुलभ जिज्ञासा से पूछती है—किसका विवाह है, कहाँ बाजा बज रहा है?

माँ कहती है मेरी नन्ही, बावरी लाड़ली! तेरा ही तो विवाह है। तुझे ही अब चतुर सयानी समझ लिया गया।

बाल-विवाह की प्रथा मध्यकालीन युग में एक सामान्य परम्परा थी। बड़ी उम्र के पति के साथ छोटी अवस्था की कन्याओं का विवाह हो जाता था।

बेमेल विवाह

प्रेम के प्रतिदान का रहस्य और बालिका की असमर्थता को प्रकट करते हुए लोक-गीतकारों ने रूपकातिशयोक्ति अलंकार के माध्यम से मनोभावों की सरस

अभिव्यक्ति की है। बाल विवाह में प्राय: बेमेल विवाह के अवसर अधिक होते हैं। कभी वर बड़ा, कन्या छोटी तो कभी वर छोटा, कन्या बड़ी। बेमेल विवाह से उत्पन्न क्षोभ के वर्णन भी लोक-साहित्य में सजीव हैं। एक लोक-गीत में कन्या अपने पिता से छोटा वर न ढूँढ़ने की प्रार्थना करती है, "बाबा! बालक वर मत ढूँढ़ना, मुझे बहुत दुख होगा। दिन-भर बालक खेल-कूद आएँगे, रात को माँ की गोद में सो जाएँगे।"

बेमेल विवाह से क्षुब्ध एक नारी कहती है : हे प्रभु! मुझे बालक पति क्यों दिया? उसे लेकर सेज पर सोती हूँ तो गीदड़ की बोली से डरकर चारपाई के नीचे छिप जाता है।

अब शिक्षा के प्रभाव से इस प्रथा पर नियंत्रण कर लिया गया है। क्योंकि शिक्षित वर-कन्या और माता-पिता जागरूक हो गए हैं।

वृद्ध-विवाह

वृद्ध-विवाह को कभी मान्यता नहीं प्राप्त हुई है। किन्तु समाज में इस प्रकार के बेमेल विवाह होते ही रहे। कभी उनका कारण आर्थिक विपन्नता रही, कभी लोभ तथा कभी सामाजिक स्थिति। लोक-गीतों में यत्र-तत्र इस प्रकार के वर्णन मिलते हैं : 'बाबा दान कन्या किहिन नौ सौ रुपया हो लिहिन, हमके बेचि डरी रे डरी।' (बाबा ने नौ सौ रुपये लेकर मुझे बेचकर कन्यादान किया।)

कन्या अपने पिता से प्रार्थना करती है कि मेरे लिए वृद्ध वर न ढूँढ़ना जो दिन-भर घूम-फिरकर आए और रात में अलसाकर सो जाए।

छोटे वर के पास विकास का अवसर है अत: मधुर क्षणों की प्रतीक्षा में मन को धैर्य मिल सकता है पर वृद्ध वर का एक-एक पल उसे अवसान की ओर ले जाता है। अत: लोककवि की वाणी नारी मनोभावों को अभिव्यक्त कर उठती है जो माँ की भाँति अपने पति की देख-रेख और सेवा करके सयाना बनाना चाहती है।

इस प्रथा के पीछे दहेज-प्रथा और गरीबी का हाथ है। किन्तु अब पढ़ा-लिखा समाज इसकी आलोचना करने लगा है इसलिए इस पर भी रोक लग रही है।

दहेज-प्रथा

वैदिक काल में कन्या की स्थिति हर्षसूचक नहीं तो दयनीय भी नहीं थी। कालान्तर में कन्या चिन्ता का विषय बन गई। योग्य वर ढूँढ़ना, दहेज जुटाना परिवार की अपकीर्ति का भय और उसके भावी सुखमय जीवन की आशंका ज्यों-ज्यों बढ़ती गई कन्या की स्थिति गिरती गई। कन्या भ्रूण हत्या या बालिका हत्या जैसा नृशंस कार्य भी होने लगा। दहेज के बढ़ते अभिशाप ने उसकी स्थिति को खराब कर डाला।

दहेज का दंश हमारे समाज को निरन्तर खोखला करता जा रहा है। हार्दिक प्रसन्नता के क्षण इसकी मार से क्षण-भर में विषादयुक्त हो जाते हैं। कितनी हिन्दू बालाओं का डोला उठते-उठते रह जाता है। कितने माँ-बाप अपना सर्वस्व स्वाहा करके भी बेटी को सुखी नहीं रख पाते। लोक-गीतों में इसकी मार्मिक व्यंजना हुई है। पुत्री की माँ सुन्दर वर को देखकर अपनी कोख को धन्य मानती है किन्तु दहेज का दंश उस माँ को खिन्न कर देता है, जब नौ लाख का दहेज भी वर पक्ष को कम लगता है।

लोक-गीतों में क्रोध, विवशता के कई उदाहरण मिलते हैं। माँ केवल अपने को कोस सकती है। घर का बर्तन उठाकर बाहर फेंकने में उस माँ की खीझ विवाह-गीतों में स्पष्ट परिलक्षित होती है।

स्वेच्छा से दिया गया दहेज कन्या के जीवन को प्रसन्नता और सन्तोष देता था। कालान्तर में प्रथा बन जाने के कारण ही दहेज समाज की भीषण समस्या बन गया।

किन्तु कन्या के मन में दहेज के प्रति लोभ नहीं वह प्यार को अधिक महत्त्व देती है इसीलिए उसे धन से अधिक प्यार और शुभकामनाओं सहित भाभी के आशीर्वाद रूप में प्राप्त सिन्दूर अधिक महत्त्वपूर्ण लगता है।

सुन्दर कन्या के अनुरूप वर न मिलने से पिता निराश होकर उसे कुमारी रहने को कहता है। कन्या के द्वारा अयोध्या के दो योग्य वर बताए जाने पर पिता दुखी होकर कह उठता है।

हाथी, घोड़े, पचास मोहरें, नौ लाख का दहेज देने की मेरी सामर्थ्य नहीं है। सुनकर कन्या दहेज-प्रथा पर करारा व्यंग्य करती है कि जिसकी सामर्थ्य इतना दहेज देने की न हो उसे तो हलवाहा श्रमिक वर ही ढूँढ़ना चाहिए। पुन: पिता को

धैर्य बँधाते हुए वह कहती है, कि शारीरिक श्रम से क्लान्त, म्लान मुखवाले वर से मेरा विवाह कर दीजिए। वह दहेज की माँग नहीं करेंगे।

पिता की चिन्ता को दूर करते हुए वह कहती है कि वर और वरयात्रियों की लोक-प्रतिष्ठा के अनुरूप उनके सम्मान की व्यवस्था करिएगा। अपनी सम्पत्ति के अनुरूप ही दहेज दीजिएगा। वर की योग्यता और अनुरूपता पर विचार कर कन्यादान दीजिएगा अर्थात् वर के धन-वैभव पर नहीं, उसके चरित्र, स्वास्थ्य, आयु, रूप, सौन्दर्य तथा कार्यक्षमता पर ध्यान दीजिएगा।

दहेज-प्रथा एक सुन्दर कन्या को मनचाहा वर प्राप्त करने में इस प्रकार बाधक सिद्ध होती है, गीतों में मनोवैज्ञानिक स्तर पर कथोपकथन में पिता और पुत्री के मन का अन्तर्द्वन्द्व स्वाभाविक रूप में अभिव्यक्त हुआ है। पिता की निराशा और पुत्री के द्वारा धैर्य प्रदान करना दोनों ही स्थितियाँ मार्मिक हैं। विषम परिस्थिति से पिता को बचाकर उसकी आर्थिक सामर्थ्य के अनुसार विवाह करने की बात स्पृहणीय है। अपने सुख-भोग और ऐश्वर्य के प्रति त्याग की भावना पिता को मानसिक दुश्चिन्ताओं से मुक्त करने के लिए है। गीत भारतीय ललनाओं के लिए अनुकरणीय आदर्श प्रस्तुत करते हैं।

सती-प्रथा

नारी धर्म का आदर्श भारत का गौरव है। युद्ध में पति की मृत्यु के उपरान्त विजेताओं के द्वारा शीलहरण के भय से अपमानित दुर्वह जीवन के भार को ढोने की अपेक्षा मृत्यु का वरण करना या युद्ध में वीरगति पाकर स्वर्ग में जानेवाले पति की अनुगामिनी बनने का मार्ग नारी ने स्वयं चुना था। वे युद्ध में भाग लेकर मृत्यु का वरण करना या स्वेच्छा से जौहर करके सती हो जाना अधिक श्रेयस्कर मानने लगी थीं। कालान्तर में यह प्रथा रूढ़ बन गई और बलपूर्वक नारी को सती होने के लिए बाध्य किया जाने लगा। राजा राममोहन राय एवं स्वामी दयानन्द आदि के सत्प्रयत्नों से यह प्रथा बन्द करने का कानून बना। नारी अपनी मर्यादा और लज्जा की रक्षा हेतु प्राणों का बलिदान करती रही। पति का पार्थिव शरीर लेकर चिता पर बैठी पतिव्रता को पूर्ण विश्वास था कि उसके आँचल से अग्नि प्रज्वलित हो जाएगी। ऐसे गीत मिलते हैं।

भारतीय धर्म ग्रन्थों में सती-प्रथा का समर्थन कहीं नहीं मिलता। आर्य संस्कृति में या देव संस्कृति में इसे आदर्श नहीं माना गया है। सती होने का उल्लेख राक्षस संस्कृति में है। मेघनाद वध के बाद उसकी पत्नी सुलोचना के सती होने का उल्लेख मिलता है। शिव की पत्नी सती ने अपने पिता दक्ष के यज्ञ में प्राणोत्सर्ग अपने पति की मान रक्षा के लिए किया था। 'सती' शब्द का अर्थ आगे चलकर जलकर मरने के लिए रूढ़ हो गया। लोकभाषा अवधी में 'सती' शब्द का अर्थ तप करने या कष्ट सहने के अर्थ में प्रयुक्त होता है।

पर्दा-प्रथा

मुस्लिम युग से पर्दा-प्रथा का प्रचलन कुल ललनाओं की मर्यादा-रक्षा के लिए प्रारम्भ हुआ जो कालान्तर में नारी-जीवन के लिए अभिशाप बन गया। पर्दा-प्रथा का प्रचलन शनैः-शनैः समाप्त हो रहा है किन्तु ग्रामीण कुल-वधुएँ अभी भी उसे छोड़ने में अमर्यादा की कल्पना करके झिझकती हैं।

लोक-गीतों में एक वधू अपने परदेशी पति को पहचान नहीं पाती, वह उसकी प्रणय-चेष्टा को किसी लोलुप व्यक्ति की दुष्टता समझकर अपनी सास से शिकायत करती है। सास उस दुष्ट व्यक्ति का हुलिया सुनकर उसे समझाती है कि वह तुम्हारा पति है।

वह अपने पुत्र से वधू के भोलेपन की चर्चा करती है तब वधू अपनी असमर्थता का कारण बताती है कि पर्दा-प्रथा के कारण उसने अभी तक अपने पति को देखा ही नहीं था।

उसने घूँघट की ओट से यदि पति की झलक देखी भी थी तो जोड़ा, जामा, सिर का मौर, एड़ी की महावर ही देख सकी थी। इस परदेशी में वे चिह्न तो थे नहीं फिर वह उसे कैसे पहचानती। इसका यह अर्थ भी हो सकता है कि मैंने तो उन्हें वर-वेश में भी नहीं देखा था। पर्दा-प्रथा के विरोधी स्वर भी लोक-गीतों में सुनाई पड़ते हैं। आधुनिक विचारों से प्रभावित वधू परदा करने से इनकार करती है।

बलि-प्रथा

देव-देवी को बलि चढ़ाने का प्रचलन पहले बहुत अधिक था। इसके द्वारा इष्टदेव या देवी को प्रसन्न करके मनोवांछित फल प्राप्त करने का उद्देश्य रहता था। लोक-गीतों में हिन्दू-मुसलमान दोनों के द्वारा बलि चढ़ाने का उल्लेख हुआ है।

बलि देवी के रौद्र, उग्र और तामसी रूप को ही चढ़ाई जाती है। जगदम्बा का सौम्य रूप हल्दी की धार से ही प्रसन्न हो जाता है।

एक गीत में एक स्त्री अपने भाइयों को बन्धनमुक्त कराने के लिए काली को बलि चढ़ाने की 'मानता' मानती है। बलि-प्रथा का रूपान्तर नारियल, नींबू और जायफल की बलि के रूप में अब प्रचलित है।

दिव्य या 'किरिया' लेने की प्रथा

प्रवासी पति के लौटने पर सास-ननद की ईर्ष्यामय शिकायत के परिणामस्वरूप कुलवधू को अपने सतीत्व की परीक्षा देनी पड़ती थी।

डॉ. कृष्णदेव उपाध्याय ने दिव्य की व्याख्या करते हुए लिखा है।

इन लोक-गीतों में दिव्य के लिए 'किरिया लेना' शब्द का प्रयोग किया गया है। 'विष्णु धर्म सूत्र' में अलौकिक प्रमाण को 'दैविकी क्रिया' कहा गया है। अत: 'किरिया लेना' शब्द इसी संस्कृत 'दैविकी क्रिया' का अपभ्रंश रूप है। धीरे-धीरे दैविकी शक्ति का लोप हो गया और क्रिया शब्द किरिया रूप में परिवर्तित हो गया।

दिव्य का प्रयोग प्राचीन-काल से ही होता आ रहा है। अपराधी का निर्णय करने के लिए अलौकिक साधनों का प्रयोग ही दिव्य कहा जाता था। नारद स्मृति में इसका उल्लेख हुआ है कि साक्षी के अभाव में विभिन्न प्रकार के दिव्य या शपथ के द्वारा निर्णय करना चाहिए :

यदा साक्षी न विद्येत, विवादे वदता नृणाम्,
तदा दिव्यैः परीक्षेत शपथैश्च पृथग्विधैः।

नारद-4/247

'किरिया' लेने का दंड लोक-गीतों में प्राय: अधिकतर स्त्री के लिए ही वर्णित हुआ है। स्त्री के पुरुष वेश में स्वयं जाकर भाइयों को बन्धनमुक्त कराकर लौटने

पर पवित्र होते हुए भी उसे 'किरिया' देनी पड़ती है। उसका पति कहता है कि द्वार तब खोलूँगा जब तुमसे 'किरिया' लूँगा। किरिया के विविध प्रकार हैं, लोक-गीतों में अग्नि, जल, सूर्य, पृथ्वी को साक्षी मानकर शपथ या किरिया लेने का वर्णन मिलता है।

सात भाइयों की बहन को भाभियों ने बहुत कष्ट दिया। विदेश से लौटकर भाइयों ने पूछा तो सभी ने कहा कि मैंने कष्ट नहीं दिया। उनकी अग्निपरीक्षा ली गई। बारी-बारी खौलते तेल में हाथ डालकर ये कहती थीं कि यदि ननद को सताया हो तो जल जाऊँ नहीं तो पार उतरूँ। कष्ट देनेवाली छह बड़ी भाभियाँ जलकर मर गईं, सबसे छोटी बच गई।

बायन बाँटने (मिष्ठान्न वितरण) की प्रथा

वधू के मायके एवं कन्या के ससुराल से आने पर तथा अन्य अवसरों पर जो मिष्ठान्न आता है उसे पूरे ग्राम में ही नहीं आसपास के ग्रामों में भी बँटवाया जाता है। बाँटने के लिए ले जानेवाले नाई या नाइन को उपहार में साड़ी दी जाती है जिससे डलिया में रखे 'वायन' को ढँककर ले जाते हैं। जिन घरों में ये बायन देते हैं वहाँ से उन्हें अनाज या पैसा मिलता है। इस प्रथा से सामाजिक भाईचारे का विकास होता है। संयुक्त परिवार के टूटने और एक परिवार में कई परिवार हो जाने तथा आर्थिक कठिनाइयों के कारण इस मिष्ठान्न की मात्रा घटती जा रही है। शुभ संस्कारों और पूजा, त्योहारों में भी बैना बँटवाया जाता है।

नेगचार की प्रथा

किसी भी शुभ कार्य या प्रसन्नतादायक अवसर पर नेग माँगने और देने की प्रथा है। नेग पाने का अधिकार गाँव के 'परजा' लोगों को भी होता है।

जो गाँव में रहकर एक-दूसरे की सेवा करते हुए प्रत्येक कार्य के सम्पादन में सहयोग प्रदान करते हैं उन्हें परजा (प्रजा) कहा जाता है। लोक-गीतों में प्रत्येक पुरुष राजा है और प्रत्येक स्त्री रानी। राजा रानी की संज्ञा प्रजा की दृष्टि से सचमुच यथार्थ है क्योंकि ये प्रजाजन गाँव के सभी लोगों की सेवा करते हैं।

पुत्र जन्म पर सास, ननद, जेठानी, देवरानी, देवर सभी को नेग दिया जाता है। जैसे ननद द्वारा शिशु, बरुआ या वर को काजल लगाने पर कंगन या तिलरी, दी जाती है अन्य शुभ कार्य सम्पन्न करने पर जेठानी को हार, देवरानी को साड़ी, देवर को घड़ी देने का उल्लेख मिलता है। नेगचार सम्बन्धों की घनिष्ठता के द्योतक हैं। नेगचार प्राप्त करने के लिए किया जानेवाला 'ठनगन' हमारे संस्कारों के अवसर पर घटित होनेवाली मौलिक सांस्कृतिक विशेषता है। ये पारस्परिक सम्बन्धों की सान्द्रता एवं स्नेह-सम्बन्धों की सघनता को प्रकट करते हैं। यद्यपि समय के प्रवाह में अब कई सामाजिक विकृतियाँ भी नेगचारों के अवसर पर दृष्टिगत होती हैं। विशेषत: जब जान-बूझकर आर्थिक विवशता एवं विपन्नता को ध्यान में न रखकर दुराग्रहपूर्वक माँग की जाती है तो मधुरता की अपेक्षा सम्बन्धों में कटुता और तनावपूर्ण स्थिति के उत्पन्न होने की अधिकाधिक सम्भावना होती है। किन्तु नेग पा जाने पर आशीर्वाद की वर्षा भी की जाती है। रोचना ले जाने पर नेग पाकर नाई प्रसन्न होकर ईश्वर से यजमान के कल्याण की प्रार्थना करता है। उसी प्रकार अन्य प्रजागण भी आशीष देते हैं।

गोदना गोदाने का रिवाज

लोक-जीवन में किसी समय गोदना गोदाने का विशेष महत्त्व था। गोदना सौन्दर्य वृद्धि के लिए और स्नेह के प्रतीक रूप में गुदवाया जाता था। प्राय: प्रिय का नाम गुदवाने की प्रथा थी। एक गोदना माँ के घर का दूसरा ससुराल का होना आवश्यक माना जाता था। गोदना गोदाने से भयभीत ग्रामीण ललनाओं के चित्र लोक-गीतों में मिलते हैं। गोदना गोदनेवालों को 'गोदनहारी' तथा 'गोदनहारा' कहते हैं। एक विशेष जाति 'नट' तथा 'नटिनी' घर-घर घूमकर गोदना गोदती हैं।

उपर्युक्त के अतिरिक्त तमाम तरह के रीति-रिवाज संस्कारों, अनुष्ठानों, व्रत-त्योहारों से जुड़े हैं। जिनका पालन बड़ी निष्ठापूर्वक लोक-जीवन में किया जाता है। स्थानीय भेद के अनुसार इनमें विविधता और भिन्नता है इनके अध्ययन से लोक-विश्वासों का मर्म समझने में आसानी होगी।

सखी जोड़ने का रिवाज

लड़कियाँ आपस में जब सखी बनती हैं तो सौगन्ध लेती हैं। सभी सहेलियाँ अपने हाथों में परस्पर अँगुलियाँ फँसाकर गोल घेरा बनाती हैं और अपने-अपने ओठों पर जुड़े हुए हाथों का अँगूठा रखकर कहती हैं कि 'माई छूटैं बाप छूटैं, सखी-सखी कबहूँ न छूटैं।' इसके बाद सखियाँ परस्पर एक-दूसरे का नाम लेती हैं और शपथ लेती हैं कि आज के बाद हम सखी को नाम से नहीं पुकारेंगे सखी कहेंगे या गंगाजल कहेंगे। (गंगा दृढ़ मैत्री की प्रतीक हैं।) इसके बाद फल या मिठाई का टुकड़ा बारी-बारी से जूठा करते हुए खाती हैं। यह इस बात का संकल्प है कि आज से हम परस्पर कोई भेदभाव, ऊँच-नीच या जाति का भेद नहीं करेंगे।

अन्त में निष्कर्ष रूप में यह कहना उचित होगा कि भारतीय व्रत-पर्व-त्योहारों और रीति-रिवाजों की धारा अबाध गति से प्रवाहित हो रही है और इन सबके पीछे मंगलभाव है, सबके कल्याण की प्रार्थना है। चर-अचर समस्त सृष्टि को एक सूत्र में बाँधे रखने के प्रयास का संकल्प है। संस्कृति की लोकधारा की यह यात्रा निरन्तर अविराम चलती रहे, यही एक उपाय है विश्व-कल्याण का। यह धारा मनुष्य को सन्मार्ग पर चलने का सन्देश देती है और सबके हित के लिए उत्सर्ग का भाव जगाती है। यह विश्वास दिलाती है कि जीवन एक तपस्या है पर उस तपस्या में भी उल्लास है, अपनाव है और सबके दुख-सुख में जुड़ने का आग्रह है। यह याद दिलाती है कि व्यक्ति एक समूह का अंग है इसलिए उसे समूह के साथ ही उल्लास का भागीदार होना चाहिए। इसीलिए व्यक्ति का आनन्द पर्व, त्योहारों में पूरे समाज का आनन्द बन जाता है।

आज जब हम समूह से निरन्तर कटते जा रहे हैं, संयुक्त परिवार भी छोटे होते-होते एकल परिवार के रूप में आ गए हैं और अकेलेपन का दंश झेल रहे हैं तब यह पर्व-त्योहार आमंत्रित करते हैं कि आओ! अपने व्यक्ति के दायरे से बाहर आओ, अपने स्व का विस्तार करो तब तुम आनन्द के भागी हो पाओगे। इसीलिए कोई भी व्रत-पर्व-त्योहार अकेले नहीं किया जाता। कोई भी पूजन अकेले नहीं किया जाता, उसमें कथा सुननेवाला आवश्यक है। यह व्यक्ति के स्व का विस्तार है और यही मुक्ति है।

भारतीय लोकोत्सवों, लोक-रीतियों, लोक-विश्वासों के अध्ययन से हम अपनी जड़ों की पहचान कर सकते हैं, उनसे जुड़े रहने के लोकमंगल भाव से जुड़ने का दृढ संकल्प पा सकते हैं।

भारतवर्ष कुरीतियों को होलिका दहन में अर्पित करने का संकल्प रखता रहा है।

आभार

मैं उन लोक चित्रकारों के प्रति हार्दिक आभार व्यक्त करना चाहती हूँ जिनके चित्र मेरी पुस्तक में दिये जा रहे हैं। इनमें से कुछ के नाम ज्ञात नहीं हो सके हैं जिन्हें गाँवों में बने लोक चित्रों से लिया गया है। जिनसे चित्र मुझे मिलते रहे हैं उनके नामों का उल्लेख कर रही हूँ।

श्रीमती प्रभा पँवार, श्रीमती चन्दानाथ, डॉ. मंजुला चतुर्वेदी, श्रीमती विद्या मिश्रा, श्रीमती यमुना अग्निहोत्री, कु. वसुधा योगी, डॉ. संगीता शुक्ला, श्रीमती अनुबेला चित्रम सिंह, श्रीमती रमा सिंह, डॉ. मनीषा सिंह, श्रीमती आकांक्षा सिंह, पूर्णिमा सिंह आदि के प्रति आभार।